主　编　钱乘旦
本卷作者　刘明周

国家出版基金项目

A HISTORY
OF THE
BRITISH EMPIRE

The End of the
British Empire

第八卷　英帝国的终结

英帝国史

江苏人民出版社

图书在版编目(CIP)数据

英帝国史.第三卷,英帝国的发展/张亚东著.—南京:江苏人民出版社,2019.10
ISBN 978-7-214-23285-4

Ⅰ.①英… Ⅱ.①张… Ⅲ.①英国-历史 Ⅳ.①K561.0

中国版本图书馆 CIP 数据核字(2019)第 043130 号

书　　　名	英帝国史·第三卷　英帝国的发展
主　　　编	钱乘旦
著　　　者	张亚东
策　　　划	王保顶
责 任 编 辑	张晓薇
装 帧 设 计	周伟伟
责 任 监 印	王列丹
出 版 发 行	江苏人民出版社
出版社地址	南京市湖南路 1 号 A 楼,邮编:210009
出版社网址	http://www.jspph.com
照　　　排	江苏凤凰制版有限公司
印　　　刷	江苏凤凰新华印务有限公司
开　　　本	880 毫米×1 230 毫米　1/32
印　　　张	91.375　插页 32
字　　　数	2 040 千字
版　　　次	2019 年 10 月第 1 版　2019 年 10 月第 1 次印刷
标 准 书 号	ISBN 978-7-214-23285-4
定　　　价	580.00 元(全 8 卷)

(江苏人民出版社图书凡印装错误可向承印厂调换)

本书获国家哲学社会科学基金经费资助，项目名称：
"英帝国的形成、发展及其在 20 世纪的崩溃"
项目号 11ASS001

谨此致谢

目 录

前言……… 1

第一章 重商主义与对外扩张……… 1
一、英帝国的思想基础……… 1
二、"光荣革命"的影响……… 22
三、对外战争与对外扩张……… 25
四、海上霸权的建立……… 70

第二章 重商帝国的统治机制……… 84
一、印度殖民地的公司管理……… 84
二、北美大陆的地方治理……… 112
三、加勒比地区的奴隶制种植园……… 118

第三章 海外移民与奴隶贸易……… 134
一、英国的海外移民……… 134
二、英国的奴隶贸易……… 161

第四章　对外贸易和经济发展……… 187

一、帝国的贸易与财政……… 187

二、农业、工业和运输业发展……… 201

第五章　美国独立与帝国危机……… 216

一、北美殖民地危机……… 216

二、北美独立战争……… 225

三、第一英帝国终结……… 233

结语：第一帝国的兴衰……… 241

附录……… 244

一、地图……… 244

二、大事年表……… 249

三、参考书目……… 252

四、译名对照表……… 264

后记……… 269

前　言

英帝国是指隶属不列颠王室宗主权和不列颠政府管理的一个世界范围内的依附体系,包括殖民地、保护地和其他领土。① 到 19 世纪,"英帝国"这个词就已经比较流行了,它是英国统治下的领土和人民的集合。这种用法明确地确立于 18 世纪后半期,但更早时这个词有不同的含义,反映出不同的愿望。英帝国最初只是英格兰的自称,正如亨利八世(Henry Ⅷ)在宗教改革法案中所说:"我们的国王在他的统治范围内,如同一个皇帝在他的帝国内,拥有最高统治权和自主权。"②一个帝国是单一的权力无上的政体。17 世纪中叶开始把英国周围的海洋也包括进了英帝国,约翰·赛尔登(John Selden)曾对查理二世(Charles Ⅱ)说:"不列颠海洋帝国的概念已被算进您帝国的皇家世袭财产中。"③从安妮女王(Queen Anne)和乔治一世(George Ⅰ)统治时期开始,英帝国是英格兰和苏格兰的结合。后来海洋帝国的概念在威廉三世(William Ⅲ)和安妮女王两次战争

---

① Rebort McHery ed., *The New Encyclopaedia Britainnica*, Chicargo, 1993, p. 528.
② *Commentaries on the Law of England*, 4Vols, Oxford, 1773, Ⅰ, p. 242.
③ David R. Aromitage, "The Cromwellian Protectorate and Languages of Empaire", *History Journal*, ⅩⅩⅩⅤ, 1995, p. 534.

期间进一步扩展,诗人詹姆士·汤姆森(James Thomson)把英国描写为"丰收的海洋帝国",18世纪早期的诗人和外交家马休·普赖尔(Matthew Prior)要求英国"统治一个没有海洋疆界的帝国"。① 从1685年开始的英国地图就已经画出了"英帝国在美洲"的范围。② 现代意义的英帝国是从16世纪开始,在追求商业利益以及与欧洲大陆国家尤其是法国开展竞争建立海上霸权、建立殖民地的过程中发展起来的。从英国现代化的角度来看,英帝国的发展史就是英国由弱而强又由盛而衰的历史,源于现代化,盛于殖民地的广泛建立和发展,衰于殖民地的解放和殖民体系的终结。20世纪英帝国的解体和英联邦的建立是英国走向相对衰落的重要标志。

本卷所讨论的是1689—1783年这一时期的英帝国,就时间跨度而言,是17世纪后半期到18世纪后半期,属于"第一英帝国"时期。对于第一英帝国的断代,史学界并没有统一的定论,基思(Berriedale Keith)认为第一英帝国始于1578年,③劳埃德(T. O. Lloyd)认为始于1558年,④马歇尔(P. J. Marshall)则把整个18世纪看作第一英帝国。⑤ 这是因为英帝国的存续并不像德意志帝国或法兰西帝国那样,是由于政权更迭而造成;英帝国的划分只是后人在分析和总结的基础上,根据不同的理解和叙述的方便而人为地将其分成若干阶段,因而出现断代的分歧是完全可以理解的。本卷涉及的是1689—

---

① Richard Koebner, *Empire*, Cambridge, 1966, p. 81.
② Ibid., p. 5.
③ A. Berriedale Keith, *Consititutional History of the First British Empire*, Oxford, 1930.
④ T. O. Lloyd, *The British Empire(1588-1983)*, Oxford, 1984.
⑤ P. J. Marshall ed., *The Oxford History of the British Empire*, Vol. II, the Eighteeth Century, Oxford, 1998.

1783年之间的英帝国,这是第一英帝国的重要时期,由英国史上两个标志事件作为首尾:1689年,英王詹姆士二世(James Ⅱ)被推翻,威廉三世和玛丽(Mary Ⅱ)即位,历史上称其为"光荣革命"(Glorious Revolution),这是一件被大多数英国人看作是保证他们自由的事件;1783年签订《美英凡尔赛和约》(*Treaty of Paris with the United States of America*),美国独立战争结束,英国承认美国的独立,英国失去北美殖民地。

1689—1783年是英国海外急剧扩张的阶段,这个时期也是英国在全世界利益巨大增长的时期之一。在17世纪,英国不仅实现了对爱尔兰(Ireland)的初步合并,而且得到了印度次大陆的苏拉特(Surat)、孟买(Mumbai)、马德拉斯(Madras)、圣乔治堡(Fort St George)和威廉堡(Fort William)、加尔各答(Calcutta),西非冈比亚(Gambia)的一个贸易点、西印度群岛(The West Indies)的一些岛屿和北美沿海地区,[①]形成了以美洲移民殖民地和以加勒比种植园为主体的重商主义殖民体系。[②] 早期殖民帝国的贸易方式、商业方式、商业规则和殖民政府,始建于17世纪中后期,完善于18世纪末。英国在这一时期开始工业化,并对制造业和战争技术产生了巨大影响,英国的工业化一直延续到19世纪初期。英帝国在欧洲之外的活动规模有巨大增长,英帝国统治下的地区和人口数量也大大地增加,更多的船只把大量的英国商品输往殖民地市场,同时带回更大数量的殖民地产品,满足英国国内市场

---

① 诺尔斯:《英国海外帝国经济史》第一卷,上海人民出版社1966年版,第76页。
② D. K. Filedhouse, *The Colonial Empires*, *A Comparative Survey from the Eighteenth Century*, MacMillan, 1982, pp. 84 – 86.

的需求。

英帝国史的研究一直受到西方史学界的重视。英帝国史研究源于英国国家制度史的研究,它是英国爱国主义教育的重要内容。①早在英国革命前后,英国学者就掀起了一个讨论帝国问题的热潮;现代英帝国史研究则开始于 20 世纪 20—30 年代。20 世纪 80 年代以来英国国内史学界在探讨英国衰落的研究中,英帝国史成为史学研究的重要课题。关于英帝国的研究,学术界出版了大量著作,这极大地促进了我们对英帝国兴衰发展的了解。从整体上论述英帝国的著作有:罗斯(John Holland Rose)的《剑桥英帝国史》②,马歇尔的《剑桥英帝国史》③,路易斯(William Roger Louis)的《牛津英帝国史》④,威廉森(J. A. Williamson)的《不列颠与英帝国》⑤、《英国扩张简史》⑥及《英帝国和英联邦》⑦,科伯纳(Richard Koebner)的《帝国》⑧和劳埃德的《英帝国,1588—1995》⑨等。关于第一英帝国史的断代史著作有:鲍温(H. V. Bowen)的《精英、冒险与海外帝国的形

---

① C. A. Bayly, *Imperial Meridian—The British Empire and The World*, 1780 - 1830, Longman, 1989, p. 1.
② J. Holland Rose, A. P. Newton and E. A. Benians eds., *The Cambridge History of British Empire*, Cambridge University Press, 1929.
③ P. J. Marshall, *The Cambridge History of British Empire*, Cambridge University Press, 1996.
④ William Roger Louis, *The Oxford History of British Empire*, Oxford University Press, 1998.
⑤ J. A. Williamson, *Great Britain and the Empire*, London, 1944.
⑥ J. A. Williamson, *A Short History of British Expansion*, London, 1947.
⑦ J. A. Williamson, *The British Empire and Commonwealth*, MacMillan, 1965.
⑧ Richard Koebner, *Empire*, Cambridge, 1961.
⑨ T. O. Lloyd, *The British Empire*, 1558 - 1995, Oxford, 1997.

成,1688—1775》①,斯通(Lawrance Stone)的《战争中的帝国:1689—1815年的英国》②,戴维斯(Ralph Davis)的《工业革命与英国海外贸易》③,凯恩(P. J. Cain)和霍普金斯(A. G. Hopkins)的《英帝国,变革与扩张,1688—1783》④,巴克斯特(Stephen B. Baxter)的《走向巨人的不列颠》⑤,朗夫特(Paul Langford)的《18世纪,1688—1815》⑥,马歇尔(Dorothy Marshall)的《18世纪的英格兰》⑦等。还有一些关于殖民地国家和地区的著作,也从不同方面展示第一英帝国时期英国的殖民统治、对外贸易和海外扩张等方面的历史。同时,西方国家还出版了许多历史文献档案资料集,主要有:道格拉斯(D. C. Douglas)主编的《英国历史文件》、威廉·斯塔布斯(William Stubbs)主编的《不列颠史料集成》和梅里尔·詹森(Merrill Jensen)主编的《英国历史文件》等,这些资料集为研究者提供了全面丰富的原始文献和档案,成为研究英帝国史的重要参考资料。除此之外,关于第一英帝国的政治、经济、军事、文化、对外贸易、奴隶贸易等各方面的专题著作和论文更是不胜枚举,这些著作和论文资料丰富,论证深入,从各个不同层面论述了第

---

① H. V. Bowen, Elites, *Enterprise and the Making of British Oversea Empire, 1688-1775*, London, 1996.

② Lawrance Stone ed., *An Imperial State at War: Britain from 1689 to 1815*, London, 1994.

③ Ralph Davis, *The Industrial Revolution and British Oversea Trade*, Leicester, 1979.

④ P. J. Cain and A. G. Hopkins, *British Imperialism Innovation and Expansion, 1688-1783*, London, 1989.

⑤ Stephen B. Baxter ed., *Britain's Rise to Greatness, 1660-1763*, Berkeley, 1983.

⑥ Paul Langford, *The Eighteenth Century, 1688-1815*, London, 1976.

⑦ Dorothy Marshall, *Eighteenth Century England*, London, 1974.

一英帝国历史发展的面貌。

总体上说,欧美学者尤其是英国学者对于第一英帝国史的研究比较深入和全面,成果也是极其丰富的,但是这些研究成果存在着一些缺陷和不足:(1)研究成果多集中在第一英帝国的某一方面或某一层面,缺乏对第一英帝国的整体研究,除了罗思(John Holland Rose)的《剑桥英帝国史》和路易斯(William Roger Louis)的《牛津英帝国史》外,很少有关于第一英帝国的通史著作,而且这两本书严格意义上来说也不是通史著作,它们并没有一个全书的指导思想或中心,基本上还是专题研究的综合;(2)西方学者尤其是英国学者大都站在本国和本民族的立场,存在着明显的大国思想和帝国情结,研究英帝国史的目的是为了宣扬英国对外扩张和建立帝国的合理性和正义性,带有爱国主义教育的功利目的,因而在研究中过分地宣扬英国殖民扩张的积极意义,推崇英吉利民族精神和文化价值观念,忽视和回避了殖民扩张的恶果尤其是英国殖民扩张给被征服、被殖民地区带来的消极影响,不能很好地把握第一英帝国的本质特征及其历史发展的全貌。

在国内史学界,英国史的研究是我国世界史学科中比较传统的学科,因为正是英国发动的鸦片战争打开了中国的大门,破坏了中国的传统经济,将中国纳入半殖民地半封建的发展轨道,所以对英国史的研究很早就引起国内学者的重视。近代以来许多学者曾发表过一些关于英国史研究的著述,这些学者大都有留学欧美的经历,他们或是对英国历史和文化及科学技术等方面都进行介绍,或是研究与中国有关的问题如中英关系。尽管这些著述受到资料的限制,有些研究现在看来比较肤浅,但他们开创了我国的英国史研究。英国是第一个工业化国家,最早实现了现代化,从某种意义上来说,英国现代化与英帝国同时启动,正是第一英帝国时期的对外扩张和海外贸易,使英国较早地完成资本的原始积累,为工业革命准备了条件。令人遗憾的是,对于这一时期英帝国史的研究十分薄弱,国内关于这一时期的著述主要集中在17世纪革命、美国独立战争等少数领域。尽管研究成果非常丰富,但都不是从帝国史的角度来研究的,因而我们缺乏对第一英帝国的本质特征和发展历史的全面认识。

由于当前我国史学界对于第一英帝国史的研究比较薄弱,本卷试图从以下几方面有所创新和突破,通过对第一英帝国史的整体研究,探寻第一英帝国的本质特征和发展脉络:第一,第一英帝国的本质特征是什么。笔者在吸收前人研究成果的基础上,提出第一英帝国的特点是重商主义(Mercantilism)。第一英帝国是以重商主义理论为指导思想的帝国,是一个商业帝国,它所关心的不是领土统治,而是殖民地带来的商业利润和财富。"英帝国"这个名词明确地确立于第一英帝国后期,英帝国的建立依赖于它在航运业和制造业的领先地位,帝国的基础是对外贸易,帝国的霸权是海洋霸权。第二,重商主义是一种经济理论,但在第一英帝国的殖民实践中,它与其说是一种理论,不如说是一种政策。因为这一时期帝国的政策无不体现着重商主义的色彩,重商主义渗透到了帝国政策的各个方面。在重商主义的指导下,帝国在政治上对殖民地采取比较宽松的管理办法,管理机构比较分散,总督的权力相对较小,但帝国在经济上严格控制殖民地的贸易,控制殖民地工业发展,将殖民地变成英国商品和资本输出场所及英国工业的原料基地,从而最大限度地获取商业利润。政治上的松弛和经济上的严格控制充分体现了第一英帝国的重商主义特征。第三,由于第一英帝国的本质特征是重商主义,因此在研究方法上,我们力图紧扣重商主义思想的几个主要方面来论述第一英帝国的特征,从帝国的财政政策、商业战争、海权与殖民战争、移民与奴隶贸易等方面来阐释第一英帝国是重商帝国,帝国实践与重商主义理论相吻合。

第一章　重商主义与对外扩张

一、英帝国的思想基础

重商主义是 15—17 世纪在欧洲盛行的一种经济理论,从西方经济思想发展史来说,欧洲的重商主义理论经历了两个发展阶段,即早期重商主义和晚期重商主义。早期重商主义和晚期重商主义的思想本质是一致的,它们都是资本原始积累时期商业资产阶级的意识形态,都把货币看成财富的唯一形态,但是,在如何增加货币财富的问题上,有不同的看法和主张,提出过不同的措施和建议。在英格兰民族国家形成的过程中,重商主义的商业扩张理论与加强新君主制、实现国家富强的殖民思想是一致的,重商主义成为这一时期海外扩张的思想基础。从 17 世纪开始,英国确立了对外殖民扩张和建立帝国的基本政策和原则,这一政策和原则的指导思想就是重商主义。先前体现为民间性的殖民拓殖逐渐转化为政府的有意识的政策行为,建立商业帝国成为英国国家追求的目标,到 17 世纪后期英国基本上形成了以重商主义为基本特征的殖民体系和殖民制度,形成了第一英帝国。第一英帝国形成后,在重商主义理论的指导下,英国以追求商业利益为目的,进一步加强了对外贸易和帝国扩张。重商主义是第一英帝国的重要国策,是立国之本。

重商主义一词是 1776 年亚当·斯密(Adam Smith)在《国富论》中最早提出和使用的,它是 15—17 世纪反映商业资本家观点的经济思想及政策体系。从 15 世纪末开始,城市工场手工业日益扩大,生产日益发展,封建自然经济日趋衰落和解体;又由于地理大发现的推动,资本主义的商品货币关系开始在全世界传播,对外贸易迅速兴盛起来。

资本主义经济只有经过资本原始积累才能迅速发展。资本原始积累的典型形式出现于英国,它开始于 15 世纪末 16 世纪初,完成于 18 世纪下半期。虽然封建社会末期已孕育着资本主义的生产力和生产关系,但是,资本主义生产方式的产生,仅凭反封建的暴力是不够的,还需要对小生产者实行暴力掠夺,这两种暴力加起来就起到"催生"的作用,但却充满着征服、压迫、劫掠和屠杀。正如马克思所说,资本原始积累"这种剥夺的历史是用血和火的文字载入人类编年史的"。[①] 英国采取的暴力掠夺,一方面是圈地运动,另一方面,是靠商人和高利贷者对小生产者的剥削,靠在海上抢劫其他国家运输金银的船舶,靠征服和掠夺殖民地,靠不等价的殖民贸易等。通过这些暴力手段,农民丧失了生产资料,能够自由出卖劳动力,于是大量劳动力有了来源。生产资料仰给于市场,从而扩大了国内市场。加之垄断殖民地贸易,又扩大了海外市场。这些都使得大量财富集中到少数人手中,形成货币资本。资本原始积累为资本主义生产方式的确立创造了必要的前提。

[①]《马克思恩格斯全集》第 23 卷,人民出版社 1972 年版,第 783 页。

地理大发现在资本主义生产方式的产生过程中具有重要意义。由于生产力的发展,需要同东方进行频繁的贸易,但是原有的通商路线受到了阻隔,寻找通往印度的新航线成为迫切的要求。同时,由于商品经济的发展,封建国家和统治阶级开支不断增加,因此西欧各国迫切需要黄金。而在当时欧洲同东方的贸易中,向外输出的黄金远远超过流入的黄金数量,大批黄金流出欧洲,造成了西欧各国黄金的匮乏,于是,在这些国家中产生了强烈的"黄金渴望"。恩格斯写道:"葡萄牙人在非洲海岸,在印度及整个远东地区搜寻着黄金;黄金这两个字变成了驱使西班牙人远渡大西洋的符咒;黄金也是白种人刚踏上新发现的海岸时所追求的头一项重要东西。"[①]地理大发现扩大了世界市场,给予商业、航海业和工业的发展以前所未有的刺激,极大地促进了封建生产方式的解体和资本主义生产方式的产生。

这段时期,西欧货币资本的积累是迅速的。地理大发现后,在被发现的新大陆上,殖民者大肆掠夺当地土著人和王室的金银财富,并利用廉价劳动力直接开采贵重金属。美洲的贵重金属矿,含量品位都很高,劳动生产率也高,导致金银价值下降,货币贬值。这些价值低廉的贵重金属大量流往欧洲,加之铸币成色降低,导致欧洲物价普遍上涨。16世纪,英法等国一般物价上涨三至四倍,即历史上所谓的"物价革命",致使商业资本空前活跃。

在资本主义的形成和发展过程中,商业资本曾起了相当重要的作用。马克思指出:"由于地理上的发现因而在商业上发生的并迅

---

① 恩格斯:《论封建制度的解体及资产阶级的兴起》,《封建社会历史译文集》,三联书店1955年版,第9页。

速促进了商人资本发展的大革命,是促使封建生产方式向资本主义生产方式过渡的一个主要因素。"①由于商业和商业资本的发展,引起社会分工的扩大,进一步引起对商品需求的增长,从而加速了商品生产的发展,并促进了小商品生产者的分化和资本主义生产关系的产生。同时,商业和商业资本的发展,也扩大了原有的市场和开辟了新的市场,促进了国内市场的统一和世界市场的形成。世界市场为商业资本的活动开辟了广阔的场所,推动了对外贸易的迅速发展。

对外贸易是资本原始积累的重要手段,英国大力发展对外贸易,结合着海盗行径和对殖民地人民残酷和血腥的掠夺,使英国积累了大量的货币资本。商业资本得到了迅速的发展和壮大,从而大大促进了资本主义生产方式的成长和确立。

商业资本在促进封建生产方式的解体和资本主义生产方式的产生过程中曾经起过重大作用,但是,商业资本本身并不能创造出某种新的生产方式。马克思在阐明商业资本的意义和作用时指出,商业资本"对旧生产方式的衰落和资本主义生产方式的勃兴,产生过非常重大的影响,那末,相反的,这种情况是在已经形成的资本主义生产方式的基础上发生的"。②

随着社会阶级关系的改变,作为上层建筑的政权组织也必然要改变,新兴的阶级逐渐把城市的管理权掌握在自己手中,开始考虑与自己有切身利害关系的新秩序的建立。那时摆在商业资产阶级面前的主要问题是:在国外要打倒国际贸易竞争者,攫取商业霸权,

---

① 《马克思恩格斯全集》第 25 卷,人民出版社 1974 年版,第 371—372 页。
② 同上书,第 372 页。

争夺殖民地,聚集贵金属;在国内要彻底战胜封建领主,扫除各自为政的障碍,以便于商品流通顺利进行。要实现这两个目的,必须有一个统一的中央集权国家,因此,新兴的商业资本家竭力拥护加强和集中国家政权,而这一点正是国王梦寐以求的事情,于是在两相情愿的基础上,双方结成了紧密的联盟。国王除自办皇家企业外,还通过财政渠道及借款方式从商业资本家手中获得巨额资金,以供宫廷开销,特别是供养庞大的国家军队及官僚机构,以便对内与封建主作斗争,对外与列强争霸,目的在于建立一个统一、强大而富足的帝国。按当时流行的观点,衡量强国的标准是从事战争的能力。但是这个时期已不同于中世纪,以前的庄园领主是从自己的领地上来补充战争需要的人力和物力,近代国家则是依靠雇佣军队和国家储备,这就需要大量的货币以供应战费开支,于是追求贵重金属便成为国家的目标。英国没有金矿来源,只有靠剥夺殖民地,靠商人的对外贸易来加强积累。商人则仰仗国家强大的武力来保护他们在国内外的商业利益,并利用其财力向国王购买一切可能的垄断权利。这样,英国在新兴商业资产阶级财力的支持下向中央集权过渡,民族国家也在这个过程中形成。

为了实现追求金银的目的,一些思想家和商业资产的代表人物开始研究积累金银的方法,提出了一系列的政策建议及其理论依据,这是重商主义产生的背景。还有,随着社会关系的变化,人们的思想意识也必然发生变化。当时的人文主义者、宗教改革家以及早期空想社会主义者纷纷起来要求思想上的解放,因为陈旧的世界观、陈旧的宗教意识、陈旧的学术命题,已被认为不适用了。人们呼吁破除一切宗教束缚,保护个人权利和人格,恢复人的健康感情,让人的智力自由发展,用人的意志来考察一切事物,以科学代替教条,以人权代替神权。在这个思想巨变中,代表商业资本的重商主义者要求将经济思想从教条主义中解救出来,他们研究现实生活中的经济问题,为观察到的经济现象寻找理论依据,力图建立适合于自己需要的经济学理论体系,这是重商主义产生的又一重要原因。重商主义是资本主义最初的经济学说,重商主义者从现实生活中研究问题,把观察到的经济现象加以简单的综合、整理、分析和归纳,最后得出一系列经验主义的结论,构成他们的经济观点。因为当时流通支配生产,商业资本具有压倒一切的影响,致使重商主义对问题的探讨局限在流通领域,在今天看来相当幼稚。

14世纪末15世纪初,重商主义思想就已出现。早在查理一世(Charles Ⅰ)统治时期,重商主义的思想就在英国初见端倪。[①] 国王曾向伦敦造币所人员提出这样的问题:应该采取什么手段才能使英国逃出财政绝境? 当时造币所的理查德·艾尔斯伯利(Richard Ellesbury)回答说:英国没有金银矿藏,所有的金银都是从外国输入的,如果英国向外国购买的商品少于我们所出售的商品数额,那么,大量货币就会从外国流向英国。这个回答的中心思想就是说,应当竭力做到向外国人"少买多卖"。我们当然不能认为在这个回答中,伦敦造币所人员有什么理论,或者预先已经考虑到什么原理和原则。但是他们的答复反映了当时商业资本对货币的迫切需要,其中包含了后来的重商主义的基本思想。由于商业资本的发展,以及国家实际采用了重商主义的政策和措施,产生了从理论上阐述这些经济政策的要求,于是逐渐形成了重商主义理论。

---

① 卢森贝:《政治经济学史》,生活·读书·新知三联书店1959年版,第39页。

重商主义学说是以商业资本的运作作为其考察对象的，从流通领域研究货币——商品——货币的运动，它反映了在封建社会内部逐渐成长起来的商业资本的观点，马克思认为重商主义是"对现代生产方式的最早的理论探讨"。[1]

重商主义者对经济现象的研究深受当时人文主义思想的影响。人文主义是适应资本主义关系的产生和成长而出现的资产阶级的意识形态，人文主义者以"人"作为中心，他们用人性来对抗神性，用人权来反对神权，用个性自由来反对宗教道德的束缚。重商主义者从人文主义思想出发抛弃了从神学观点来观察经济现象的方法，而主张用人的观点，更确切地说，用商人的观点来研究一切事物和社会生活的一切现象，他们反对古代思想家和中世纪经院哲学家维护自然经济和反对货币财富的观点，而把自己的注意中心放在论证与商品货币关系发展有关的"世俗利益"上。这就摆脱了宗教伦理观念的束缚，开始对社会经济现象进行研究，并在研究中开始注意事物之间的因果关系。

重商主义者从商业资本的运动出发，认为金银（即货币）是财富的唯一形态，一切经济活动的目的就是为了获取金银。重商主义者对财富的观念，反映了当时流行于西欧的追求黄金的狂热，反映了新兴阶级对货币资本的渴望。他们从货币是财富唯一形态这一基本观念出发，认为除了开采金银矿藏之外，只有对外贸易才是货币的真正来源。在他们看来，国内商业虽然有益处，但是不能增加国内的货币总量，因为国内贸易只是使一部分人从另一部分人手中获取金银，甲之所得，不过是乙之所失，一国的货币财富并没有因此而

---

[1]《马克思恩格斯全集》第 25 卷，人民出版社 1974 年版，第 376 页。

增加，而只有对外贸易才能使一国的金银货币增多，从而使国家富裕起来。重商主义由此得出结论：国家为了致富和防止贫困，必须发展对外贸易。而在对外贸易中又必须遵守多卖少买、多收入少支出的原则。为了达到这个目的，国家必须积极干预经济生活，以保证货币尽量多地流入国内和尽量少地流向国外。重商主义的这些思想不过是根据商人的经验得出的结论而已。

重商主义是作为传统农本经济的对立面而出现的，重商主义在其发展过程中经历了两个阶段：大致15世纪到16世纪中叶为早期重商主义阶段，16世纪下半期到17世纪为晚期重商主义阶段。

为了增加货币财富，限制货币输出，英国就曾根据早期重商主义的主张，采取了一系列措施，颁布了各种法令，甚至规定严厉的刑罚，禁止货币输出国外。英王爱德华四世（Edward Ⅳ）于1478年把输出金银定为大罪，在禁止货币外流的同时，又想方设法汲取国外货币。政府通过法令，规定外国商人必须将出售货物所得的全部货币，用于购买当地的商品。此外，国家还加强对对外贸易的管制，采取措施对本国和外国商人实行严格管理。英国曾颁布过一整套法令，规定本国和外国商人只能在指定的市场进行交易。英国出口商人运到规定的国外市场上的货物是羊毛、皮革、锡、铁皮及其他普通商品，他们从外国换到的则必须是各种国内生活必需品。国家还专门设立了一些机构监督羊毛输出时是否照章缴纳了出口税，监督商人在国外出卖商品时，必须回收一部分外国铸币或贵金属，以便运回英国。

早期重商主义者大力倡导在国内把货币以贮藏的形式积累起来，达到积累财富的目的，这种思想被称为货币差额论或货币平衡论，马克思称其为货币主义。恩格斯曾形象地指出，这个时期的重商主义者"就像守财奴一样,双手抱住他心爱的钱袋,用嫉妒和猜疑的目光打量着自己的邻居"。①

与早期重商主义不同,晚期重商主义认为,国家可以将货币输出国外,以便扩大对国外商品的购买。不过他们要求在对外贸易中必须遵守一个原则:购买外国商品的货币总额必须少于出售本国商品所取得的货币总额,其目的仍然是要保证有更多的货币流回本国。为此,晚期重商主义者提出对外贸易必须做到输出超过输入,即保持顺差。在他们看来,国家的物质财富虽然随着顺差而减少,但是货币的数量却增加了。晚期重商主义的基本原则是发展对外贸易,扩大商品输出,限制商品的输入,其特点是通过调节商品的运动,达到积累货币财富的目的。晚期重商主义的这种思想被称为贸易差额论或贸易平衡论。为了发展对外贸易,达到顺差的目的,晚期重商主义者支持采取扶持和鼓励手工业的政策,所以,马克思又把晚期重商主义称为重工主义。

16世纪前后,西欧的一些主要国家都先后出现了著名的重商主义者:在西班牙有马里安纳(Juan de Mariana)(1536—1624),著有《改铸货币的批判》。意大利有伽斯巴罗·斯卡卢菲(Scaruffi)(1519—1584),著有《货币讨论》;贝纳多·达旺查蒂(B. Dawanzati)(1529—1606),著有《论货币》;安东尼·塞拉(Antonio Serra),著有《略论无贵重金属矿藏国家使金银充足的手段》。法国有安徒安·德·孟克列钦(Anthony Montchretien)(1575—1622),著有《献给国王和王后的政治经济学》;让·巴蒂斯特·科尔贝(Jean Baptiste Colbert)(1619—l683)虽然没有什么著作,但他是一个重商主义的实

---

① 《马克思恩格斯全集》第1卷,人民出版社1956年版,第596页。

践家；还有德·马勒斯特芦亚，著有《异论集》；博丹（Jean Bodin）（1530—1596），著有《对马勒斯特芦亚异论的答复》《物价上涨和货币减少问题言记集》等。由于各国历史条件不同，重商主义的政策和学说也有各自不同的特点。

英国是西欧各国中资本主义生产方式发展较为典型的国家，从16世纪后半期起，它开始效仿西班牙，加强海外拓展和海外贸易，正如约翰·洛克（John Locke）所说，对于缺少金银矿藏的国家来说，"通向财富的道路只有两条：掠夺和贸易"。① 因此，英国的国内外贸易得到迅速和广泛的发展。随着对外贸易的发展，英国大力进行对外扩张，很快拥有大量的殖民地，对殖民地人民进行掠夺，积累了大量的货币财富，所以，英国的重商主义思想的发展比较典型。英国重商主义的真正产生和全面发展是在都铎时期，特别是16世纪后期的伊丽莎白时代。②

英国早期重商主义的代表作是1581年出版的《英吉利王国公共福利对话集》，发表时署名为 W. S.。③ 那时英国的情况是：由于圈地运动，大批农民失去土地，无以为生，到处流浪；由于新大陆的发现，大量价值较低的贵金属流到欧洲，英国物价陡涨不已，人民生活水

---

① 汉斯·豪斯赫尔：《近代经济史》，商务印书馆1987年版，第228页。
② 埃德蒙·惠特克：《经济思想潮流》，上海人民出版社1974年版，第40页。
③ 该书有多种中文译名，主要有：《对我国同胞某些控诉的论述》《关于英国公共福利的对话》《对本国同胞若干不平意义之批判的记述》《关于近来我国同胞常有的一些抱怨的简单考察》等。该书是用问答体形式写的，而署名又是 W. S.，所以在很长一段时间内，人们推测该书是威廉·莎士比亚写的，后来又认为作者是威廉·斯塔福德。现在一般认为作者是约翰·海尔斯，出版者是威廉·斯塔福德，只是出版者对该书作了补充，换了书名，并以自己的名义出版，所以，可以将两人都看作是该书的作者。

平趋于下降;由于皇室开支无度,国家支出浩繁,财政上只得求助于劣质铸币的发行,造成足值的铸币大量流往国外。所有这些经济上的变化,引起了英国社会的普遍不满。

约翰·海尔斯(John Hales)和威廉·斯塔福德(William Stafford)的这部著作,主要讨论了物价问题。他们把当时英国的社会问题归之于四种罪恶:宗教的罪恶、市镇衰落的罪恶、圈地运动的罪恶和物价高涨的罪恶。全书用对话体裁写成,对话的人物有骑士、商人、手工业者、农场主和牧师。他们相互指责,把造成社会痛苦的责任诿诸对方,各方都从自己的利益讲话。当时神学的影响尚未消除,牧师是对话的中心人物,他们倾向于商业资本,力图证明一切不幸都是经济政策不当所造成。牧师的主要观点是:(1)反对劣质货币,认为货币的名义价值必须与实际价值相等,反对铸造分量不足的货币。(2)反对金银出口,认为金银输出国外,是国家和社会的极大损失,强调从国外输入商品是有害的,认为进口商品就会引起金银外流,英国只有尽量多输出少输入,才能吸收贵金属,增加金银库存。他们把保存金银当作国际贸易的指导原则,为此,他们还主张高关税政策,阻止金银外流。(3)反对原料输出,认为防止足值货币外流只是消极措施,还必须采取积极措施,即纠正贸易政策。他们反对那种运出英国羊毛和输入羊毛制品的办法,主张重税于羊毛出口,发展英国毛纺织工业,以成品形式代替原料形式输出,凡是英国能生产的商品,即使价格较外国商品为高,也最好使用国货,禁止从外国输入,促进本国工业的发展。

总之,英国的早期重商主义,极力提倡吸收国外货币到国内,禁止货币输出国外,国家应力图通过行政手段,调节货币的流动,达到国家贮藏尽量多的货币、积累尽可能充足的货币财富的目的。但是,货币与金银是有区别的,它不是一般的商品,同时,在流通中不足值货币贬值的现象只在它超过必要的流通量时才会发生，并不是在一切情况下都会出现，而且，当时物价高涨的原因不止铸币贬值一项，生产金银的必要劳动量下降也是其原因。

重商主义理论并不是英国学者首先提出来的，但是贸易差额论的创始人托马斯·孟（Thomas Mun），是英国乃至欧洲晚期重商主义最权威的代表人物。晚期重商主义者大多数是新兴的资本家，孟本人就是一个大商人，担任过东印度公司的董事。由于英国船舶运输的黄金在航海中发生损失，遭到重金主义者对出口黄金的攻击。孟为东印度公司的特殊利益辩护，1621年发表了他的代表作《论英国与东印度的贸易》，他在该书中指出：只要英国的出口总值超过进口总值，则黄金出口是没有问题的。因为从转口东印度的货物中所获得的售价超过了为支付这些货物而付出的黄金价值，这就首次提出了贸易差额论。后来该书经过改写，于1664年以《英国得自对外贸易的财富》为书名出版，书中所提出的理论，是从掠夺印度的经商实践中得来的，他力图宣传这个经验总结，使其成为英国对外贸易的指导思想。托马斯·孟写该书的初衷是为反驳早期重商主义对东印度公司海外贸易的攻击，证明该公司是增加英国财富的重要源泉，他并未想到这一著作会为后来的学术界作出理论上的贡献，影响到英国政府的外贸立法。马克思曾对该书评价说："这一著作早在第一版就有了特殊的意义，即它攻击当时在英国作为国家政策还受到保护的原始的货币制度，因而它代表重商主义体系对于自己原来体系的自觉的自我脱离。这一著作已经以最初的形式出了好几版，并且对立法产生了直接影响。"[1]马克思接着指出，这部书"在一

---

[1]《马克思恩格斯全集》第20卷，人民出版1971年版，第252—253页。

百年之内，一直是重商主义的福音书。因此，如果说重商主义具有一部划时代的著作，作为'某种入门牌号'，那末就是托马斯·孟（Thomas Mun）的著作"。① 该书的主题思想非常明确：重商的目标就是让商品冲出国门，去赚外国人的钱。

孟认为商人在国家经济中占有重要地位。他说"商人肩负与其他各国往来的商务而被称为国家财产的管理者"。② 他把商人这种职业看作是可贵的职业，并提出了一个全才的对外贸易商人所必需的 12 种品质。

孟反对重金主义，反对当时的货币政策，要求取消禁止货币输出的早期法令，提出了与之相反的应该准许货币输出的主张。他说："货币产生贸易，贸易增加货币。"③他还现身说法，叙述他曾向斐迪南一世公爵借款一万英镑，输出到土耳其经营贸易，结果"口里叼着一只肥鸭回来"，所以投入流通的货币越多越好。为了说明货币能繁殖财富，他还形象地作了描绘，他说，这就好像耕种一样，要多得粮食，就必须多撒种子。他还嘲讽坚持早期重商主义原则的人，说他们是一些蠢人，因为他们只见农夫的播种，不见农夫的丰富的收获，也就是说禁止金银输出，就像反对农夫播种一样荒谬。他在说明对外贸易的原则时提出："我们还要指出的，只不过是如何将我们的金钱加在我们的商品上面。使他们一块儿输往外国，从而我们可以获得更多的财富。"④输出商品的同时也输出货币，是为了先买进更多的商品来扩大对外贸易，再在适当的时候以高价卖给外国

---

① 《马克思恩格斯全集》第 20 卷，人民出版 1971 年版，第 252—253 页。
② 托马斯·孟：《英国得自对外贸易的财富》，商务印书馆 1997 年版，第 1 页。
③ 同上书，第 4 页。
④ 同上书，第 3 页。

人,增加国家的财富。

孟极力主张扩大对外贸易,认为对外贸易才是国家致富的手段。他在著作中着重论述了对外贸易问题,认为国内贸易不能使一个国家致富或贫困,因为贸易中双方买卖的结果,不会使国家的货币财富增加,它只是对外贸易的辅助。对外贸易的好坏,是检验一个国家贫与富的标准,他说:"对外贸易是增加我们的财富和现金的通常手段,在这一点上我们必须时时谨守这一原则:在价值上,每年卖给外国人的货物必须比我们消费他们的为多。"[1]孟在论述发展对外贸易时阐述了贸易差额理论,同时,他还认为扩大出口、发展对外贸易,对于发展工农业、国防、科学技术,都有极其重要的作用,可以扩大就业,富裕人民。

孟还提出和论证了为保护贸易顺差应采取的途径和手段。他认为必须增加本国的产品输出,缩减外国货物的进口,并采取措施使本国商品在国际市场上顺利地排挤外国竞争者。他并不要求在每次对外贸易中和每个国家都必须出超,而是要求国家每年出口商品的总值要大于进口商品的总值,实现总体出超。孟十分重视发展航运业和转口贸易,这既是对外贸易的手段又是贸易的内容。他提出,出口商品要用英国自己的船舶运输,以减少支出,增加收入。他还热衷于发展同遥远的殖民地,特别是同亚洲一些国家的贸易,因为这样的贸易带来了特别大的好处。他公开承认,英国人是靠亚洲人民而发财致富的,关于这一点,他在书中写道:"我们在这些印度商品上所得到的财富,是大于出产它们的国家和本来拥有它们的那

---

[1] 托马斯·孟:《英国得自对外贸易的财富》,商务印书馆1997年版,第4页。

些人民的,这些商品本是他们的国家的自然财富。"①根据他的计算,用10万英镑从东印度买的胡椒,在意大利和土耳其至少可以卖70万英镑,所以他说"我们的国王和王国的最有利的贸易是在东印度的买卖的比例上"。②

孟从发展对外贸易出发,提出了他对人口问题的看法。他认为生产者人数愈多,生产出来的产品就愈多,因而可以输出的商品就愈多。"因为在人数众多和技艺高超的地方,一定是商业和国家富庶的地方。"③由于当时资本主义还处于初始阶段,发展工业深感劳动力的不足,所以孟在主张发展对外贸易的同时,重视鼓励增加人口。托马斯·孟既羡慕又嫉妒荷兰的经济成就,他还主张禁止荷兰在英国沿海捕鱼,反对荷兰在与亚洲若干贸易联系方面超过英国。

托马斯·孟提出了英国经济扩张的纲领,他力图推广英国东印度公司的经济,使英国尽力对外扩张,垄断整个欧洲的对外贸易,称霸天下。他力主通过贸易对亚洲农业国进行剥削,推行殖民扩张政策,对殖民地进行掠夺和侵略。他的这些思想,表明了英国在资本原始积累时期的贪婪欲望,也表明其为发财致富而对殖民地进行剥削和掠夺的本质。托马斯·孟的思想对于英国的经济政策无疑产生了重大的影响。

继托马斯·孟以后,英国重商主义思想中的商业扩张和殖民理论得到不断的丰富和发展,其主要代表人物就是威廉·配第(William Petty)和查尔斯·达维南特(Charles D'avenant)。

---

① 托马斯·孟:《英国得自对外贸易的财富》,商务印书馆1997年版,第9页。
② 同上书,第9页。
③ 同上书,第12页。

严格说来,重商主义不能称为一个学派,因为它既没有学派的领导人物,也没有授业传道的门徒。虽因时间地点不同,重商主义者互有差别,但总结起来,他们的思想具有共同性,主要是:(1)国家主义的观点。重商主义者认为国家力量的强大是发展经济和聚集金银财富的重要条件,他们反对封建割据,主张中央集权,反对分散的封建经济和地方主义,提倡国家经济、民族经济,使本国自给自足,不依赖外国;强调一切经济活动都应服从于增进国家富强及战胜外国劲敌这一目标,凡有利于这个目标的就加以鼓励,否则就加以干涉。(2)奖励人口和管制食物价格。重商主义者主张增加人口有两个理由:第一,大量的人口是军队的来源,从而可以增强国防力量;第二,大量的人口是劳动力的巨大源泉,从而会压低工资,使出口商品价格便宜,既可加强竞争力量,击败外国商人,又可通过出超,换回大量金银。为了增加人口,他们鼓励早婚,奖励多子女家庭,劝阻独身和当修道士,限制人口移出,鼓励人口移入;禁止人口迁移时把生产工具和制造图纸携带出国,以免别国得到科学技术上的好处。为了维持众多的人口,由国家管制食物的进出口贸易,降低劳动力价格和成本。(3)尽力积累贵重金属。重商主义者认为金银是天然货币,一个国家必须金银多,才能使经济繁荣,才可以扩大贸易,振兴工业。(4)对外贸易是财富增殖的源泉。(5)强调生产劳动的重要性。要创造尽可能多的出口盈余,必须使生产要素的利用达到最大限度,以增加生产,增加商品出口。重商主义思想家认为自然资源是财富的基础,劳动是比自然资源更重要的要素。(6)航运政策。他们认为航运是重商主义国家对殖民地掠夺的重要工具,发展航运事业有极其重大的意义,它不仅能给国家带来荣誉,而且运输收入也能给国家带来直接的利益。尤其是,强大的舰队实质上是殖民帝国的支柱,是统治和镇压殖民地人民的工具。(7)殖民地理论。重商主义者把殖民地看作是宗主国的补充,认为一国工业原料不足而仰赖外国资源是违背重商主义原则的,只有从殖民地获得原料产品,才可以使外来的商品也具备本国的性质。但是要做到这一点,必须依靠商业这个"经济纽带",把帝国各部分结成一体,使宗主国与殖民地互相依存,让殖民地滋养宗主国,限制殖民地同其他国家贸易,限制殖民地生产对宗主国有竞争性的商品。他们要求独占殖民地,将其作为母国的销售市场及原料供应地,并且认为一旦宗主国控制了殖民地同宗主国的贸易联系,一个新的产品销售市场就形成了。①

新航路开辟以后,人们原本狭隘的视野骤然开阔起来,前所未有的发展机会展现在人们面前,商业活动日趋频繁,以商立国成为欧洲国家的潮流,向外扩张被奉为富国强邦的必由之路。商业资本家表现出积累财富和向外扩张的强烈欲望,商业资本与国家利益找到了一致的契合点和突破口。英国与法国、西班牙等国展开了以争夺殖民地、海上霸权和商业霸权为核心的商业战争,民族国家间的竞争成为世界历史的主题。在这个背景下,英国政府完全接受了重商主义的原则。

随着商业活动范围及规模的迅速扩大,对外贸易显示出前所未有的魅力,特许公司应运而生,在政府支持下募集社会资金,成为英国这一时期典型的组织形式。商业资本与政府联合起来,力图促进贸易顺差的实现,以使别国的金银尽可能多地流入英国。因而在实

---

① J. H. Rose, eds., *The Cambridge History of British Empire*, Vol. I, Cambridge, 1929, p.65.

践中，重商主义就体现为运用国家的力量奖励工商业，发展航运，鼓励出口，限制进口，大力推进商业活动，加紧殖民掠夺。

英国是一个典型的重商主义国家，与其他欧洲国家相比，英国能够最大限度地发挥重商主义的历史作用，同时又能最大限度地克服重商主义的消极影响。重商主义的这些理论对英帝国的影响是巨大的。自16世纪以来，重商主义就已风行英国，而18世纪是重商主义的顶点，有人认为，"重商学派是随17、18世纪英国海外贸易的增长一同兴旺起来的"。[①]

重商主义思想中的国家主义观点促进了英国民族国家的形成与巩固，因为海外贸易和殖民扩张必须要有强大的民族国家做后盾，借助国家的力量占有殖民地或武力夺取殖民地，国家干涉是重商主义理论的重要部分。[②] 可以这么说，"重商主义是统一的动因"，重商是为了"适应国家政治威力，尤其是军事威力的需要"。[③] 重商主义强调经济力量服从于政治目的，力图用国家的经济政策代替地方性的或区域性的经济政策；它既代表商业资本占统治地位的意识形态，又符合当时迫切要求扩大国家疆域和集中国家权力的王朝的利益。重商主义的人口理论促使人口增加和移民涌入，国家的陆、海军力量不断壮大，海外移民的不断发展也促使帝国疆域的扩展。重商主义的货币理论也使得英国颁布了一系列法令，禁止货币输出国外。重商主义关于发展对外贸易的思想，受到政府的采纳，由此英国以"贸易立国"，加速原始资本积累。第一英帝国时期，英国的

[①] 琼·罗宾逊等：《现代经济学导论》，商务印书馆1982年版，第7页。
[②] 埃里克·罗尔：《经济思想史》，商务印书馆1981年版，第62页。
[③] Eli F. Heckscher, *Mercantilism, Vol. II*, London, 1935, p.31.

对外贸易全面扩大,与重商主义的政策是分不开的。重商主义政策充分表现在《航海条例》(Navigation Acts)上。1651年英国颁布了第一个近代的《航海条例》,它规定从殖民地输往英国的物品必须由英国船只运载,因此有学者说:"1651年通过的《航海条例》(这是长期议会的产物)中英国商业利益是至高无上的,这一点在先前的法令中已见端倪,而在王室复辟后更永久固化了。"[①]第二个《航海条例》于1660年通过,这个法案不仅规定殖民地的出口货物必须由英国船只装载,而且禁止把某些商品特别是烟草和白糖等直接运往欧洲大陆。也就是说,它们必须首先运往英国,在那里付了关税,然后才允许运往别处。由此可见,殖民地是以宗主国的富强为鹄的的。[②]《航海条例》是典型的重商主义产物,后来,《航海条例》又被多次修改补充,日趋完善。英国靠航海政策来鼓励造船业,壮大海军力量,取得了海上霸权。这些法令都是专门针对殖民地贸易的,它们的目的是要在英国与殖民地之间沟通贸易,把购买殖民地的有价值的产品的权利留给英国买主,同时把殖民地市场留给英国的制造商,由此有意识地建立起自己的商业地位。英国通过采用重商主义的殖民地理论剥夺殖民地,借助奴隶贸易和殖民地贸易获取高额利润,将一个没有资源的国家变成了庞大的自给自足的英帝国。

晚期重商主义十分强调国家对经济活动进行干预,尤其是实施贸易保护。托马斯·孟十分看重权力的干预作用,认为许多治理得好的政府,都极其重视对外贸易,精心爱护这方面工作,"不仅施行

[①] 阿萨·勃里格斯:《英国社会史》,中国人民大学出版社1991年版,第196页。
[②] 爱德华·麦克诺尔·伯恩斯等:《世界文明史》第二卷,商务印书馆1987年版,第236页。

使之日益增进的政策,而且还用实力来加以保护,以防外来的种种损害",这是"一个国家的正当原则"。① 达维南特则主张:"关于贸易,政策应当在总体上像上帝那样加以仁慈的照管"②,并认为,"如果立法机构和行政机关不运用其全部聪明才智积极干预的话,我们恐怕就会丧失我国对外贸易中最大、最有利可图的那一分支"。③

英国重商主义者不仅从观念上强调国家干预,而且还就国家干预的具体施行即政府行为提出了一系列主张。托马斯·孟曾强烈要求政府准许货币输出以扩大对外贸易,尤其还明确主张,政府应制止大麻、亚麻等货物的进口,严格执行防止"过分浪费的法律",以纠正过多地消费外国货物所造成的大量浪费和开支这一恶习。④ 达维南特提出,政府可依法设立贸易委员会,通过该委员会来维持良好的经济活动秩序。⑤ 英国重商主义者还竭力主张颁发特许状,建立专门公司,签订国际通商条约;为护卫国家和社会安全,要求维持一支强大的海军。

英国政府完全接受了重商主义者的主张,加强国家干预,以国家的权力来推进国内工商业的发展;加强对外贸易,积极拓展殖民地,并在此基础上,通过不断的商业战争和对外贸易,建立起了以重商主义为特征的英帝国——第一殖民帝国。

总而言之,重商主义与其说是一种理论,不如说是一种政策,它

---

① 托马斯·孟:《英国得自对外贸易的财富》,商务印书馆1997年版,第89页。
② 查尔斯·达维南特:《记英国的公共收入与贸易》,商务印书馆1995年版,第301页。
③ 同上书,第177页。
④ 托马斯·孟:《英国得自对外贸易的财富》,商务印书馆1997年版,第6页。
⑤ 查尔斯·达维南特:《记英国的公共收入与贸易》,商务印书馆1995年版,第198—201页。

体现和影响着帝国政策的各个方面。第一英帝国的根本特征就是重商主义,它是以重商主义殖民理论为指导思想的帝国,是一个商业帝国,它所关心的是商业利润。在重商主义指导下建立起来的第一英帝国,集中体现在殖民地的贸易垄断和帝国内的关税优惠政策上:一方面严格控制欧洲其他国家与英国殖民地的直接贸易,另一方面对由殖民地输入英国的货物实行低关税的特权保护。帝国希望通过这两方面的政策,限制殖民地与宗主国及其他国家的商业关系,以此来保护英国的商业和航运业,维持商业和贸易霸权。在英国人看来,帝国就是对"殖民地、保护性商业制度、奴隶贸易、蔗糖贸易以及对印度的掠夺"。[1] 英国的重商主义,是以英国民族国家为后盾争夺海上及殖民地优势、直至商业垄断独占的经济民族主义,也是利用国家权势,发展本国工商业,以增强国家实力的政策。从表面上看,重商主义对第一英帝国的政策影响,并不像后来自由贸易理论盛行时那样直接或明显,因为第一英帝国时期没有任何政治家或政府宣布自己实行重商主义,重商主义与其他经济学说不同,它既没有学派的领导人物,也没有授业传道的门徒,而19世纪时期的很多政治家都标榜自己是亚当·斯密的学生,公开主张实行自由贸易政策。但是,重商主义对第一英帝国的影响又是显而易见的:一方面,重商主义的产生和发展是适应这一时期经济发展的需要和要求的,这一时期的政治家们和帝国政府深受重商主义理论的影响;另一方面,第一英帝国对殖民地的统治表现为政治上的控制松弛、经济上的管控严格,建立在重商主义基础上的垄断性贸易政策就是一个充分利用英国当时在地理上和政治上的优势地位,使之服务于

---

[1] Andrew Gamble, *Britain in Decline*, London, 1981, p.49.

英国国家利益的政策。因此,第一英帝国深深地打上了重商主义的烙印,重商主义是第一英帝国的本质特征,是第一英帝国的立国之本。

二、"光荣革命"的影响

17世纪中叶,出于王权与议会的主权之争,引发英国的内战,使英国在20年中陷于内乱。1660年,保守的英国人支持斯图亚特王朝(The House of Stuart)复辟。1688年,詹姆士二世得获一子,对此英国举国上下惴惴不安。支持议会的辉格党人(Whig Party)和部分托利党人(Tory Part)为避免詹姆士二世把王位传给其必定受天主教影响的刚出生的儿子,而致信给詹姆士二世的女儿玛丽和时任荷兰执政的女婿威廉,请他们前来挽救英国的自由和信仰。威廉带兵进入英国,兵不血刃便使詹姆士二世落荒而逃。议会重掌大权,而威廉亦即位,成为英王威廉三世。至此,英国议会与国王近半个世纪的主权之争以议会的胜利而告结束。"光荣革命"提出了一种全新的解决矛盾的方式,将议会置于国王之上,从此建立起"宪制政府"。通过"光荣革命",英国人民制止了暴君的专制横暴统治,抬升了议会的法律地位,为日后英国君主立宪制的完善及宗教解放运动提供了法理保障、奠定了思想基础,并由此建立了成熟的资本主义国家体制。

在第一英帝国时期,英国政坛大多由辉格党人占据主导地位,并采取了有利于自己发展的政策。他们在政治上积极争取议会权利,发展政党政治;在经济上积极发展资本主义经济,开展奴隶贸易,进行资本主义的原始积累;在思想上奉行重商主义;在外交上积极进行对外殖民扩张,同荷兰、西班牙、法国争夺世界霸权。1688—1689年发生的这起被称为"光荣革命"的事件,不仅改写了英国和荷兰的历史,并且使整个世界都因之而改变。①

对于"光荣革命",辉格派的史学家是持完全肯定态度的,马考莱伯爵(Lord Macaulay)、托马斯·厄斯金·梅(Thomas Erskine May)、莱基(W. E. H. Lecky)及两位屈维廉(G. O. and G. M. Trevelyan)都倾向于把"光荣革命"视为辉格党的胜利。他们认为:"光荣革命"建立了君主立宪制,为两党政治及现代内阁制的出现提供了可能,这些都是英国在政治上取得的进步;但是在1760年以后,乔治三世(George Ⅲ)企图恢复斯图亚特王朝的专制作风,就是在开历史的倒车。② 马考莱认为英国的伟大源起于"光荣革命",他所著的《英国史》即以1688年为开篇。大部分学者都认为英国第一英帝国的政治基础由此建立。确实,"光荣革命"对英国的产生的影响是其他任何事件都无法替代的。

18世纪,英国人为了解决摆在他们面前的各种挑战,采取了相当复杂的手段。在大多数时候,他们的努力获得了惊人的成功,但有时——比较显著的是他们处理帝国治理问题时——则必须暂时接受失败。不过,结果"他们总是表现出一种活力,一种张力,一种复原力,一种极强的适应能力,这些是他们在17世纪中传承下来的,这些将使他们占尽优势"。③

---

① Cathal J. Nolan, *Wars of the Age of Louis XIV, 1650－1715: An Encyclopedia of Global Warfare and Civilization*, London, 2008, p.176.
② John B. Owen, *The Eighteenth Century 1714－1815*, London, 1974, p. xiv.
③ Ibid., p. xii.

"光荣革命"对当时的西方世界来说犹如一股清流,特别在法国,专制主义似乎蒸蒸日上,不容置疑。"光荣革命"无论是在理论上还是在实践上都为其他国家提供了参考,其中的例子不胜枚举。举简单的例子来说,英国在"光荣革命"后不久又确立了一些比较激进的措施,比如民众的出版自由权,这些都极大地激励了法国和美洲殖民地的政治思想家。①

"光荣革命"后,英国内政相对稳定。有了这样的政治保证,英国政府在国内采取了一系列有利于资本主义工商业发展的措施,尊重自然科学技术的发展,推进和利用工业革命;在国外,则通过和平或战争的手段积极开拓殖民地,巩固和扩大了横跨几大洲的第一英帝国。

"光荣革命"确立了土地阶级的政治优势,商人以及其他有产者集团是地位相对较低、资质相对较浅的同盟。土地贵族与其他有产者集团经常发生激烈的冲突,特别是在对外战争的问题上,议会内部及整个民族会产生严重的分歧,并主要以政党为喉舌。一般情况下,辉格党主张发动战争,他们支持非国教徒占多数的商业集团的主张,与对外贸易有密切的联系。托利党更注重国内事务,倾向于和平,支持英国国教会,为土地阶级、尤其是乡绅阶级的利益代言。大体上说,辉格党代表势力最大的土地贵族及其海外商业利益,托利党代表地方中小地主的利益;辉格党眼界广阔,支持对外殖民和扩张,托利党眼界相对狭小,大多更具地方性的保守色彩。与此同时,同它的劲敌法国一样,英国也被17世纪的政治动荡搅得精疲力竭,受财政亏空的困扰。政治稳定、经济发展以及帝国扩张,全都依

---

① John O'Farrell, *An Utterly Imperial History of Britain*, London, 2007, p.259.

赖于统治集团能否在追求共同目标时协调一致。①

从1688年"光荣革命"的发生到1783年北美独立战争的结束，英国政坛除去1710—1714年这几年以外，辉格党都主导政权。占据优势地位的辉格党自然而然地采取了有利于自己的政策，他们在政治上扩大议会的权利，发展政党政治；在经济上发展对外贸易，进行资本主义的原始积累；在思想上奉行重商主义；在外交上执行扩张政策，同荷兰、西班牙、法国争夺世界霸权。

自从1640年内战爆发以来，英国就陷于政治动荡中。现在，通过"光荣革命"，英国国内长期的政治纷争终于结束，殖民扩张成为国家关注的重点。在"光荣革命"后的近一个世纪中，英国积极参与了同欧洲各国争夺世界霸权的斗争。到1763年英法战争结束时，英国获得一个以北美殖民地为中心的庞大帝国，成为世界上最主要的殖民帝国，为以后成为"世界工厂"提供了广阔的外部市场。

三、对外战争与对外扩张

随着英吉利民族国家的形成，英国开始参与殖民扩张。1584年，理查德·哈克卢伊特（Richard Hakluyt）就提出了殖民帝国的问题，他认为殖民地是英格兰制造品的销售市场和原料供应地，还可迁徙"过剩"人口，建立袭击西班牙帝国的基地。② 斯图亚特王朝统治者查理二世、詹姆士二世曾对欧洲以外的世界产生过兴趣，而且

---

① John B. Owen, *The Eighteenth Century 1714-1815*, London, 1974, pp. xii - xiii.
② 杨生茂、陆镜生：《美国史新编》，中国人民大学出版社1990年版，第18页。

也很积极。1688年,詹姆士二世曾支持东印度公司加入反对印度莫卧儿帝国(Mughal Empire)和暹罗(Siam)(今泰国)王国的战争,最终失败。"光荣革命"后,英国具备了向外扩张的优越条件,走上了建立海外大帝国的道路,在北美和印度表现出颇具实力和肆意扩张的态势。

英国在北美的拓殖者主要由三种人组成:一种人是在英国国内受到宗教迫害的人,他们希望在北美找到自由的天地,找到逃离欧洲后的自由天堂;第二种人是英国送往北美的囚犯和不安定分子;第三种人是身无分文的穷人或胆大妄为的冒险家,他们到北美去寻找发财机会,即土地和黄金。

在西班牙强悍之时,英国在美洲殖民的政治目的,是建立对西班牙的战斗基地,经济目的是探测金银矿产。但1585年和1587年在弗吉尼亚(Viginia)设立殖民地的努力都失败了,结果,不是殖民地振兴了英国的势力,而是对西班牙战争的胜利奠定了英国建立殖民地的基础。1607年,英国在北美的第一个殖民地——弗吉尼亚殖民地正式诞生。这一年,伦敦的贸易公司根据英王的特许状,获得在北美大西洋沿岸北纬34度至41度之间的移民权,在詹姆士河口(James River)建立了有一个炮台、一所教堂、几间薄板房的詹姆士城。1620年,一群清教徒乘"五月花"号(The Mayflower)船抵达北美马萨诸塞(Massachusetts)的科德角(Cape Code)港口。经过十年艰苦的开拓,1630年马萨诸塞殖民地建成。弗吉尼亚和马萨诸塞殖民地的建立,对拓殖者无疑是一种鼓舞,也勾起了英国在北美继续扩张的意图。继此之后至1733年,英国在大西洋沿岸到阿巴拉契亚(Appalachia)山脉之间的狭长地带建起了11个殖民地,即马里兰(Maryland)(1632)、罗得岛(Rhode Island)(1636)、康涅狄格

(Connecticut)(1638)、北卡罗来纳(North Carolina)(1663)、纽约(New York)(1664)、新泽西(New Jersey)(1664)、南卡罗来纳(South Carolina)(1670)、新罕布什尔(New Hampshire)(1679)、宾夕法尼亚(Pennsylvania)(1688)、特拉华(Delaware)(1703)和佐治亚(Georgia)(1733),这些殖民地代表了这个时期英国殖民事业的辉煌成就。英国虽然没有大规模派遣皇家海军和陆军部队驻扎美洲,但詹姆士二世仍取得了对新英格兰的统治权,控制了美洲北部殖民地区,形成了与法属加拿大的对峙。威廉三世1689年入主英国后,先后将美洲的大部分公司殖民地和业主殖民地转变为皇家殖民地,马萨诸塞、宾夕法尼亚、特拉华、新泽西、南卡罗来纳、北卡罗来纳、佐治亚等先后都成为皇家殖民地,但康涅狄格和罗得岛保持了公司殖民地的地位,马里兰保持了业主殖民地的地位。英属美洲殖民地人民以极大热情支持了"光荣革命",却为此而卷入了持续20多年(1689—1713)的旷久之战。这些战争并非为了给帝国带来财富,而只是为了保护英国殖民地不受法国攻击。

经过三次英荷战争,英国沉重地打击了荷兰的海上力量,取代荷兰成为海上霸权国家,而在英国确立海上霸权的同时,法国成为欧洲大陆上的霸权国家。17世纪80年代,法国在欧洲大陆的霸权达到顶点,它趁神圣罗马帝国虚弱之机尽量割取与之接壤的领土。[①]"光荣革命"引起的首要军事动向是英国决心通过结盟来遏制法国路易十四(Louis XIV)在欧洲的野心,以及创建英国第一支真正意义上的军队。为了牵制英国在欧洲大陆的兵力,法国从加拿大向英属北美殖民地施加压力。1689年英国参加奥格斯堡(Augsburg)同盟

[①] 波将金:《外交史》第一卷,三联书店1979年版,第352页。

战争,法属加拿大新任总督弗龙特纳克(Le comte de Frontenac)突袭纽约和新英格兰边界,结果损失正规军1 500人、加拿大当地民兵2 000人,他的惨败表明新英格兰殖民地不是一个容易被征服的地区,因而对英国北美殖民地的巩固有重要意义。

威廉来到英国,转变了英国对外政策的走向,有学者说:威廉"是一个冷血无情的大陆政客,他把与路易十四之间可能进行的无休无止的战争当做他一生的事业,把获得英国王位作为实现他这一事业(指抗衡路易十四)的筹码",他与玛丽的婚姻不过是他实现他的政治和外交目的的工具。事实上,他确实把他的整个成年时代都献给了一个目标:抵抗法国国王路易十四称霸西欧的野心。① 威廉三世继承王位不久,英国就被拖进了旷日持久的对外战争。英国参与的第一场战争是1689年至1697年具有帝国规模的奥格斯堡同盟战争;第二场战争则是1702年至1714年同样具有帝国规模的西班牙王位战争。不过,由于威廉意外去世,他未能领导英、荷联盟对抗法国直到最后胜利,这一责任由安妮女王指派的马尔博罗公爵(John Churchill, 1'st Duke of Malborough)来完成。在威廉和安妮在位的25年统治时期里,英国处于战争状态的时间长达21年。

因此,"光荣革命"引起的首要军事动向和外交变化是成功当上英国国王的威廉三世决心通过英、荷结盟来遏制法国路易十四在欧洲的野心。在参加对法战争的意图上,国王与主要由两大政党把持的议会达成了一致意见,英国适时参与对法战争便也是顺理成章的了。

---

① C.P. Hill & R.R. Sellman, *A Survey of British History*, Vol. III :1688-1815, Arnold, 1968, p.18.

恰在此时,欧洲大陆的政治军事局面为英国对法作战提供了有利的国际背景——欧洲各国对于法国的扩张恐惧不已。

经过 16、17 世纪的经济发展和红衣主教黎塞留(Armand Jean du Plessis de Richelieu)、马扎然(Jules Cardinal Mazarin)等人的良好治理,法国到 17 世纪时国力雄厚。野心勃勃的路易十四即位后,积极寻求对外扩张。经过三十年战争及尼德兰(Nederland)革命的打击而衰弱不堪、但所辖领土仍旧广阔的西班牙成为其首要的打击对象。1661 年,西班牙国王腓力四世(Philippe Ⅳ)死,其子查理二世(Charles Ⅱ,1665—1770 在位)继位。路易十四以其王后玛里亚·特瑞丝(Maria Therese)是腓力之长女为由要求继承西属尼德兰,这一要求被拒绝,法国于是在 1667 年对西班牙宣战,并在三个月内占据了尼德兰大部分地区。1668 年,在英、荷、瑞典的介入下,法西签订《亚琛和约》(*The Treaty of Aachen*),战争结束,法国如愿得到了南尼德兰的某些地区。

1672 年,路易十四又挑起了法荷战争。法国对荷兰此前干预其入侵西班牙不满,在确保瑞典、英国中立后,于 1672 年派遣 12 万大军进攻荷兰,旗开得胜。后来,由于其他国家的参战,演变成欧洲战争。战争一波三折,直到 1678 年《奈梅亨条约》(*The Treaty of Nijmegen*)签订,战争才结束。荷兰恢复国土并得到低关税的优惠,瑞典重新收复西波美拉尼亚(West Pomerania),法国获得对西班牙领土如弗朗什孔泰(Franche-Comte)、佛兰德(Flanders)和埃诺(hainaut)等地区部分城市的占领权,成为最大赢家。各国开始承认路易十四自诩的"太阳王"的称号,法国取代荷兰成为欧洲的仲裁者。此后,在法荷战争中表现突出的奥伦治的威廉决心以终身的精力来阻止法国的扩张。

经过两次战争,法国领土得以扩张,军事力量空前强大,其陆军实力位居欧洲首位,海军数量比英、荷总数还多,路易十四称霸欧洲的野心受到进一步的激励而越发膨胀起来。此时,在法国的东部,神圣罗马帝国在维也纳城下大破土耳其军队,激发了欧洲各国的十字军情结。奥地利哈布斯堡家族的国际地位空前提高,这引发崇尚权力的路易十四内心的强烈不平衡,"一山不能容二虎",路易十四决定趁神圣罗马帝国军队在东线作战之时,计划以速战速决战略,扩张法国在德意志的势力范围。

面对法国的强势扩张,欧洲大小国家都惊慌不已、惴惴不安,生怕法国把刀剑对准自己,他们认为只有联合起来才能与之抗衡。1686 年,在奥地利皇帝哈布斯堡家族的利奥波德一世(Leopold I)的号召下,这些国家在德意志的奥格斯堡聚会,组成了以结合地命名、以神圣罗马帝国为核心的"奥格斯堡同盟"。奥格斯堡同盟的主要意旨在于遏制法国在欧洲的扩张,因而淡化了宗教因素。它既包括荷兰、瑞典、勃兰登堡(Brandenburg)这些新教国家,也包括奥地利、巴伐利亚(Bavaria)等信仰天主教的国家。[①] 不过,此时,奥格斯堡同盟的大多数成员国还在密切关注法国的军事动向,尚没有实际的联合作战大行动。

1688 年 10 月,法军攻占帕拉蒂纳特(Palatinate),并于次年攻克此地。时为神圣罗马帝国皇帝的利奥波德一世察觉到路易十四的意图,马上派军迎战,虽然开局不利,但终于稳定战局。路易十四速战速决的战略计划破产了。但欧洲各国对路易十四的举动仍旧大

---

① Cathal J. Nolan, *Wars of the Age of Louis XIV, 1650 – 1715: An Encyclopedia of Global Warfare and Civilization*, London, 2008, p.320.

感震惊,从而加速了与哈布斯堡王朝的联盟。1689 年 5 月 12 日,荷兰和神圣罗马帝国皇帝缔结了《维也纳条约》(*Treaty of Vienna*),宣布共同对抗法国,恢复 1648 年的《威斯特伐利亚和约》(*The Peace Treaty of Westphalia*)和 1659 年的《比利牛斯和约》(*Peace of the Pyrenees*)。在其后仅仅一年半的时间里,英国、西班牙,以及勃兰登堡、萨克森(Saxon)、巴伐利亚这三个德意志诸侯国均相继加入,组成了反法大同盟。

1688 年的 9 月份,路易十四对哈布斯堡家族的利奥波德二世(Leopold Ⅱ)宣战,并向帕拉丁(Paladin)领地发起攻击,路易十四在位时的第三场大战——奥格斯堡同盟战争由此爆发。此时,法国已经是欧洲最为强大的国家,拥有实力雄厚的军队和颇有名望的将领。路易十四这位伟大的君王想要通过把法国领土扩展至莱茵河(Rhine River)流域,获得更为广阔的领土和更大的权力。[1] 为了实现上述目的,路易十四指挥法国军队直逼莱茵河西部地区,袭击位于莱茵河上游的菲利浦斯堡(Philipsburg)。这一举动使奥伦治的威廉可以无后顾之忧地进军英国,并且兵不血刃就取得了胜利,登上了英国王位。这是路易十四始料不及的,他以为威廉入侵英国会被拖入旷日持久的英国内战,这才发动了对莱茵河的进攻。

威廉获得英国王位之后,就把曾经在詹姆士二世统治下与法国结盟的英国拉到了法国的对立面。1689 年,威廉正式加入了包括神圣罗马帝国、荷兰在内的大联盟,抗衡路易十四。此前,他迎娶詹姆士二世之女玛丽、受七位政要之邀冒险领兵前去英国从而发动了

---

[1] C. P. Hill & R. R. Sellman, *A Survey of British History, Vol. Ⅲ :1688 - 1815*, Arnold, 1968, p.19.

"光荣革命",都是为了寻找机会把英国纳入荷兰阵营,因此在坐上英国王位宝座后,他也没有忘记自己最终的目的:与路易十四抗争,抑制法国的势力。他生怕当初查理二世时法英联盟的局面再度出现,因此在即位后不久,就利用国王的外交权把英国拉入了反法大同盟。这样,英荷两国同在威廉三世领导下合力抗法的局面就形成了,威廉三世实际上成为大同盟的领袖。英国参战后,很快成为反法同盟的盟主,威廉也担任了反法联军的主帅。随后,西班牙、萨伏伊(Savoye)、德意志的勃兰登堡等都加入了大同盟,随之而来的是长达八年时间的规模大、遍及地域广、错综复杂的战事。战争波及的地区包括欧洲大陆的佛兰德斯(Flandes)、莱茵河流域、多瑙河(Danube River)流域、北意大利、爱尔兰,以及北美洲和远海地区。①

奥格斯堡同盟战争可分为两个阶段:1688年至1692年、1693年至1697年。从1688年奥格斯堡同盟战争开始,至1692年,战争几乎在各个主要战场同时展开,双方战事不断。然而,从1693年起至1697年战争结束,由于双方物力耗竭,尤其是饥荒问题的困扰,双方甚至避免作战,且战且和成为这一阶段的主要特征。

但美洲殖民地的情况却不同。威廉国王参加这场战争带有自救性质,由于他对殖民地事务不感兴趣,加之又滥用英国皇家海军和荷兰海军的力量而相对忽视了对大西洋和地中海地区的商业贸易保护,这使得英属美洲殖民地失去保护,暴露于法国偷袭的威胁之下。由于法国路易十四允诺恢复被废黜的詹姆士二世的王位,纽约和新英格兰殖民者估计,如果法国赢得战争而让詹姆士二世恢复

---

① C.P. Hill &. R.R. Sellman, *A Survey of British History*, Vol. Ⅲ :1688 -1815, Arnold, 1968, p.19.

王位,将会在殖民地进行专制统治,因此纽约和新英格兰下决心自卫,动员殖民地组建当地民兵团。1690年,马萨诸塞殖民地派出总督威廉·菲浦斯(William Phips)征服法属阿卡迪亚(Acadia)一些主要的殖民地。同年,纽约、马萨诸塞、新普利茅斯(New Polymouth)和康涅狄格召开殖民地大会,计划经由乔治湖(Lake George)取道圣劳伦斯(Saint Lawrance)水路双面夹击,攻占加拿大,但恶劣的天气和缺乏合作导致了失败。印第安人(Indians)在战争中起了重要作用。1689年后,北美印第安人之间、印第安人与欧洲国家之间的冲突逐渐融入了英法帝国的争霸战争,①法军强迫印第安人两次签订中立协定,英国则在纽约边界与易洛魁人(Iroquois)缔结了长期共存联盟。战争爆发后,纽约方面物质匮乏,英国政府并未提供真正意义上的军队支持,结果,几乎全是易洛魁人在与法军及其印第安人联盟作战。②然而到了1694年,易洛魁人向纽约殖民地总督求援受阻后,与弗龙特纳克开始谈判并签订停战协定。1701年,弗龙特纳克的继任者制定了一份全面的停战协议,要求易洛魁人在今后的英法战争中保持中立。这对英国的纽约殖民地来说,无疑是一场灾难。

与英国一样,法国的路易十四也不理会弗龙特纳克的多次请求增派足够兵力以扩张其原有属地来驱逐英国殖民者,所以在这种情况下,1697年战争结束时,美洲殖民地边界仍保持原样,尽管法国占有非常明显的优势。在德农维尔(Denonville)的领导下,法军曾攻占了英国防御薄弱的哈德逊湾公司(The Hudson's Bay Company)要

---

①② D. W. Jones, *War and Economy in the Age of William Ⅲ and Marborough*, Oxford, 1987, p.354.

塞,并在该地区保持权势日隆的地位。法军在新英格兰海岸外大肆进攻纽芬兰(Newfoundland)英属殖民地,直至1697年英国派遣一支强大的海军收复圣约翰(St. John's),并加强了在那里的防御工事。

这时英国还没有在西印度群岛(The West Indies)展开大规模军事行动,经济是首要考虑因素。在加勒比海(Caribbean Sea)的英国殖民者遭遇了法国人致命的反抗,而且也没有得到当地殖民者的支持。奥格斯堡同盟战争期间英国政府派往西印度群岛的远征军队力量薄弱,且常受疾病、法军顽强抵抗的困扰。牙买加(Jamaica)是靠自己组织民兵击退法国侵略军的,战争的经历使西印度群岛及其他殖民地更深切地意识到,争取自治在弱肉强食的殖民地区是切实可行的选择。

1589—1697年,英属东印度公司(British East India Company)遭到战争的严重伤害,商船一进入南大西洋便易受到法军袭击。所有前往英国的商路充满危险,英国在该地区的军事防御力量严重不足。尽管如此,东印度仍是英国制造火药的重要原料硝石的主要来源,根据政府授权,公司需每年以固定价格提供2 000—3 000吨硝石,战争使东印度公司蒙受了价值100万英镑的损失。

基于海洋霸权对于英国的商业霸权及殖民帝国的重要性,海洋霸权对于第一英帝国的意义不言而喻。总体而言,对于英国来说,海战比陆战要进行得顺利一些。[①]

路易十四对英作战的主要目标是废黜威廉三世,拆散英荷联盟。为此,他在1689年至1690年时,先后派出两支法国军队前往爱尔兰。当时,就军舰数量来说,法国足以在英吉利海峡与英、荷两国

[①] John O'Farrell, *An Utterly Imperial History of Britain*, London, 2007, p.262.

相抗衡,因为早在17世纪60年代,路易十四的大臣让·巴蒂斯特·科尔伯特(Jean-Batiste Colber),就设计出了一个重新武装海军的宏伟蓝图。作为一个重商主义者,他把法国的未来设想成一个伟大的、商贸繁荣的殖民帝国,可以通过国际贸易扩张自己的势力。不过,路易十四则显得要传统一点:他想逐个征服周边国家,把低地和莱茵河谷都收入法国的囊中。他派军远征的主要目的是推翻威廉三世的统治,恢复詹姆士二世的王位,进而在荷法战线打开缺口,而不是与英国争夺海权。① 当然,基于法军的实力,这两支法国军队都没有被英国皇家海军阻挡住,英荷联军此时因为后勤供应不佳、所处位置易攻难守、两军联合作战默契不足等问题而频频战败。②

由于长年的战争,法国财力受到严重打击,希望尽快摆脱战争,而同盟方也对战争的胜利前景感到渺茫。于是,交战双方于1697年9月20日签订了《里斯维克条约》(Treaty of Ryswick)。自英国1689年加入对法战争,直到1697年结束战争,英国总共与法国作战九年,因此,奥格斯堡同盟战争又称为"九年战争"。根据《里斯维克条约》,英国获得了派遣舰队进入地中海的权利,法国归还了除斯特拉斯堡(Strasbourg)以外所夺取的一切领土,并承认威廉三世为英国国王。

然而这只不过是一个休战协定,给所有参战国一定的时间恢复元气,并为下一场战争——西班牙王位战争作准备。从短期来看,对奥格斯堡同盟战争最为满意的是威廉三世和他领导的英国:威廉三世的国王身份为各国所公认;英国人捍卫了"光荣革命"的成果,

---

① Lawrence James, *The Rise and Fall of the British Empire*, London, 1994, p.54.
② Cathal J. Nolan, *Wars of the Age of Louis XIV, 1650-1715: An Encyclopedia of Global Warfare and Civilization*, London, 2008, p.322.

夺回了爱尔兰,抑制了法国的势力,维持了欧洲大陆各国之间的均势局面。此外,或多或少有点满意的是荷兰人以及尼德兰的商人:荷兰人为他们的亲王获胜而欢欣鼓舞,尼德兰商人则因保住了荷兰海外商贸帝国、获得了在西属尼德兰设置堡垒保卫本土的权利而感到高兴。除此之外,《里斯维克条约》既没有解决莱茵河或意大利的边境问题,也没有解决西班牙的属地问题,在海上,它也仅仅是简单地恢复战前的局面,这就为法国和英荷未来几十年的争斗埋下了伏笔。最为重要的是,路易十四的勃勃野心和傲慢自大并没有受到抑制,尽管法国人力、物力、财力和幸福感都在流失,他作为法国国王,仍将在四年之后再次把法国拖入西班牙王位战争(1701—1714)。[1]

奥格斯堡同盟战争是一场相当枯燥乏味的战争,没有决定性的战役,也没有决定性的战果。但是,对于英国来说,这场战争在某些方面显得特别重要。首先,它是一场关乎民族存亡的战争,或至少是关乎1688年"光荣革命"成果能否保留的战争。其次,奥格斯堡同盟战争使国王的权力进一步萎缩,对扩张英国议会的权力起了推动作用。长达九年的战争经费开支巨大,迫使国王一步步地依赖议会的拨款,一次次地接受议会提出的各种条件。结果,议会权限扩大,并日益成为一个独立的机构。国王的对外宣战权被剥夺,议会和臣民获得了宗教、司法等其他诸多权利和自由,政党政治也得到进一步的发展。奥格斯堡同盟战争不仅有利于英国政治体制的变革,还有利于英国财政体制的变革:战争使得建立更高效率的财政机构和财政机制成为必要,英国的国债机制和英格兰银行在奥格斯堡同盟

---

[1] Cathal J. Nolan, *Wars of the Age of Louis XIV, 1650 - 1715: An Encyclopedia of Global Warfare and Civilization*, London, 2008, pp. 329 - 330.

战争中应运而生。

总的来讲,奥格斯堡同盟战争历时九年,其结果是推进了《王位继承法》(Act of Settlement)的出台,维护了"光荣革命"的成果;促进了英国政治体制的改革,议会成为国家必不可少的一个组成部分;激发了英国经济体制的改革,英格兰银行(Bank of England)国债制度因之诞生。奥格斯堡同盟战争的结果并没有从根本上缓和英法矛盾,双方之间的对立仍在继续。法国虽然还掌握着欧洲大陆霸权,但海上力量受到了沉重的打击。奥格斯堡同盟战争后,英法之间的矛盾成为欧洲的主要矛盾,从此开始了旷日持久的英法争霸斗争。

英国的商人及殖民地团体由衷地赞同积极进取的、侵略性的、有利可图的反法和反西班牙政策,之所以这样,是因为他们认为这样的政策有利于商业利益。战争给英国带来了兼并土地,也给英国带来了有利于海外贸易和海外投资的机会。如同后来乔治三世在1762年作御前宣言演讲时提醒下议院时所说的那样,"我的领土不断地扩张","这为贸易和制造业都提供了丰富的资源"。就国内发展来说,战争同样刺激了国内的生产力,特别是英国中部地区的船只制造业和冶金业,伯明翰(Birmingham)制造生产的毛瑟枪和刀剑为东印度公司的军队提供武装,日益扩大的贸易使国家关税收入更加丰厚,土地阶级就不用额外多交土地税了,这使得他们非常满意,这些人当时是占社会支配地位的一大群人。

在18世纪关注政治的人当中,兴起了一种普遍的兴趣,不论是属于辉格党还是属于托利党,人们都一致认为,为了使英国变得富裕并争得海洋统治权,英国参与战争是必要的、甚至是合意的,没有人对增加海军军费持反对意见。更为重要的是,好战的政策不再引起纳税人、商人和制造商的苦恼,因此,不管是传统的土地集团还是新兴的商业利益集团,都渐渐地接受了重商主义价值观,并支持可以为之带来商业利益的战争融资及战争本身。①

奥格斯堡同盟战争不仅有利于英国政治体制的变革,还有利于英国财政体制的变革:战争使得建立更高效率的财政机构和财政机制成为必要。在奥格斯堡同盟战争期间,国债机制和英格兰银行应运而生。1692—1693年,当时的贷款机制处于崩溃边缘,政府采取了发行所谓"国债"的权宜之计。公司和个人受邀把钱借给政府,政府先给他们股票,将来再以年度红利的形式对他们进行有偿回报。这种形式,使得投资者可以获得可靠的收入,而政府在需要时可以找到必要的资金,尤其是在战时支付陆军和海军的必要资金。如果说英国能够成功抵御法国的入侵,原因之一在于威廉三世本人的外交手腕和军事能力,那么其原因之二则在于建立了一个有效的、有独创性的支持战争进行的金融机制,这个因素在长远意义上显得更加重要。②

可见,由于英格兰银行和国债机制的建立,英国相较于法国具有获取战争军费的明显优势。③ 更重要的是,英格兰银行和国债同样也强化了《王位继承法》,因为那些借了钱给威廉政府的人,是绝不想要詹姆士二世再回来做他们的国王的,就像那些已经在亨利八世时代与宗教改革结成连理的人,并不希望恢复罗马教皇的统治。③ 因此,在

---

① Lawrence James, *the Rise and Fall of the British Empire*, London, 1994, p.53.
② C.P. Hill & R.R. Sellman, *A Survey of British History, Vol. III :1688-1815*, Arnold, 1968, p.22.
③ Lawrence James, *the Rise and Fall of the British Empire*, London, 1994, p.56, pp.52-54.

英格兰银行建立之后,有产阶级中的绝大多数都开始支持威廉三世的统治。

但是1697年的《里维斯克条约》不意味着和平时期已经到来,路易十四之所以愿意停战,结束奥格斯堡同盟战争,一个重要的原因是因为他要把注意力转向争夺西班牙王位。① 当时,西班牙国王查理二世卧病在床,随时都可能撒手人寰。查理二世没有子嗣可以承继王位,他的性格又软弱无比、缺乏决断力。而此时的西班牙,是一个雄霸欧洲长达两个世纪之久的(15—16世纪)、占据庞大领土的帝国,其统治范围包括意大利的米兰(Milan)、那不勒斯(Naples)、西西里(Sicilian)及撒丁岛(Sardinia),尼德兰的南部(今比利时),中美洲和南美洲的大片地区,远在太平洋的菲律宾群岛(Philippines),等等。但是,曾经称霸欧洲的西班牙在三十年战争后渐渐没落了,空有其躯壳。这就意味着,法国若得到西班牙的王位,就可以得到许多殖民地。在18世纪之初的欧洲,各个列强争夺殖民地已发展到了发狂的程度,因此德意志各邦、英国、法国、荷兰等均对西班牙的领地虎视眈眈。在此时,谁将承继查理二世登上西班牙王位? 这是欧洲国家热切关切的问题。

按照亲属血缘关系,当时西班牙王位主要有三个可能的继承人:第一个是法国国王路易十四的孙子菲利普(Philip),时为安茹公爵(Duke of Anjou)。第二个是巴伐利亚的王子约瑟夫·费迪南(Joseph Ferdinand),他还是个年仅6岁的小孩。第三个是奥地利哈布斯堡王朝的皇帝利奥波德的小儿子查理大公(Archduke

---

① C.P. Hill & R.R. Sellman, *A Survey of British History*, Vol. Ⅲ :1688-1815, Arnold, 1968, p.21.

Charles）。这三个人都有权要求得到西班牙的王位及其广大的领土。西班牙人当然希望王位由一个人来继承,这样就不会因为帝国被瓜分而导致国力减弱,但是其他国家,不管是威廉三世主政的英国还是路易十四世主政的法国,都希望西班牙由以上三个人分别继承,这样西班牙帝国就会被瓜分,国力也就被削弱。并且,如果西班牙由哈布斯堡家族的查理继承,就会使奥地利过于强大;如果由波旁王朝的菲利普继承,就会使法国过于强大。此外,法国、英国和荷兰此时都希望避免又一场欧洲大战。

因此,1698年,法、英、荷三个国家签定了《第一个分割条约》(*The First Partition Treaty*),规定,在查理二世死后,由巴伐利亚的小王子继承西班牙的大部分领土。不幸的是,这个小王子却在第二年就夭折了。这样,西班牙领土要么由哈布斯堡王朝的人继承,要么由法国波旁王朝的人继承。于是,几个国家又设法缔结了《第二个分割条约》(*The Second Partition Treaty*),这一条约规定:把西班牙、尼德兰以及西印度地区交给查理大公继承,把意大利各部分交给菲利普继承。这个条约不如第一个条约能有效地解决分歧,希望承继整个西班牙帝国的哈布斯堡王朝对此并不满意,甚至拒绝签约。但是,这个条约还是可能生效的。

然而,法国积极开展外交活动,赢得了西班牙国王查理二世的好感。查理二世在临死之际立下遗嘱,要把王位及其所附属的所有西班牙领土都交给路易十四的孙子菲利普继承,随后,他于1700年11月1日去世。路易十四兴高采烈,他撕毁了《分割条约》,以菲利普的名义接受了遗嘱。他当然知道这个遗嘱给予法国太多好处,可能会引起其他国家的不满,从而引发一场欧洲大战,但是想要他拒绝这么大的诱惑,实在是不可能。

此时，法国已经拥有遍及亚、非、北美洲的广大的殖民地。在亚洲，占据了印度的本地治里（Pondicherry）等地；在非洲，占领了马达加斯加（Madagasca）；在北美，除继续加强对加拿大的殖民统治外，又在密西西比河（Mississippi River）流域建立了广大的路易斯安那（Louisiana）殖民地。有了这样多的殖民地，才使得路易十四狂妄自大、肆意妄为起来。在国内，他一方面穷奢极欲，大兴土木，包括修建富丽堂皇的凡尔赛宫殿、开辟巨大的园林，显示他的无限权威；另一方面加强宗教控制，不容国人中存在天主教以外的宗教，政治上又大肆宣扬法国只能有"一个国王，一个法律，一个上帝"。对外方面，路易十四野心勃勃，力图扩张领土，其主要目标一是先拓展法国的东北部疆土，以取得易于攻守的天然疆界；二是把波旁王室的一个王公扶上西班牙的王位宝座，控制西班牙的海外殖民地，以扩大法国在海外的势力。

这引起了奥地利哈布斯堡王室的不满，他们宣称西班牙的王位应该由哈布斯堡王室的奥地利大公查理（即后来的神圣罗马帝国皇帝查理六世）继承。这同样也引起了威廉三世的不满，遏制法国势力扩张的目的没有达到，威廉三世不愿意眼见他一生付出的努力付之东流。不过，在起初，这两方面并没有采取行动，而是接受了现状。也许是因为查理二世遗嘱中的附属条约规定西班牙和法国永远不得合并，也许是因为这两个国家都还没有准备好再次投入一场新的大战。

战争的导火索并不是查理二世的这份遗嘱，而是路易十四接下来所做的三件事。第一件是，用武力保证法国对西班牙土地的控制，拒绝让菲利普作出法西永不合并的承诺。路易十四把军队派到米兰和西属尼德兰，占据其"障碍堡垒据点"，清除了荷兰人设立的障碍堡垒,使得荷兰暴露在外敌入侵的范围内。根据此前签定的《里维斯克条约》,荷兰有权设置障碍堡垒抵御外敌的入侵。这显示出路易十四侵犯低地国家和德意志领土的野心,①因此,法国的邻国们心怀忐忑,生怕法国把战火燃烧到自己的国土上。为此他们积极寻找同盟,以求能够在必要时刻对法宣战,不仅求得自保,还可以一并夺得西班牙的王位及其广大的殖民地。为此,1701年,英国、荷兰和奥地利三国联合起来,组成了"大联盟"。不过,英国和荷兰仍然对和平抱有希望,并没有对法国宣战。

第二件事是,关闭所有法国和西班牙对英贸易的港口,强迫西班牙与法国公司签订将非洲黑奴输送美洲的合同。当时英国的商人已经在西印度地区及其他地区开展起了商业贸易,并且做得有声有色,他们当然不能容忍别人抢走他们的摇钱树。如果英国袖手旁观,任由法国占领西班牙本土及西属意大利和最为重要的横跨大西洋两岸的广大领地,那将是不可想象的。从一开始,路易十四就下定了决心,要独吞所有原属于西班牙的商业贸易,要把英国和荷兰排斥在这个商贸圈之外。这对于英国来说无疑将会是一个大灾难:它的海外市场将会丢失,对海洋的控制权将转而易手至法西舰队。这件事使得代表英国商人利益的辉格党人坚定地站到了路易十四的对立面。

第三件事是最为不明智的,对战争是否爆发起了决定性的作用。路易十四居然在詹姆士二世死后,宣布詹姆士二世之子詹姆士·爱德华(James Francis Edward Stuart)为英国的国王詹姆士三

---

① C. P. Hill & R. R. Sellman, *A Survey of British History, Vol. Ⅲ: 1688 - 1815*, Arnold, 1968, p. 21; Cathal J. Nolan, *Wars of the Age of Louis ⅩⅣ, 1650 - 1715: An Encyclopedia of Global Warfare and Civilization*, London, 2008, p. 37.

世,这给英国人造成一种印象:路易十四又要给英国指派一个天主教国王了。这就把托利党人也推向了对法主战派。

于是,威廉三世准备好再和法国大干一场。他在1701年夏天,就巧妙地就路易十四的所作所为大做文章,使议会支持对法战争。在当年9月,他又同荷兰、神圣罗马帝国缔结盟约。可惜的是,他没能亲自参加战争,因为当这场战争正式发生时,威廉已经去世了。不过,他是组建大联盟对抗法国的总设计师,而且,他明智地选择了一个比他更有军事才能的将领来做他的军队指挥官,这个人就是后来功勋卓著的马尔博罗公爵,不过此时只是个普通的布衣——约翰·丘吉尔(John Churchill, 1'st Duke of Malborough)。①

1702年,西班牙王位战争爆发了,英法于1702年5月正式宣战。② 这是一场大规模的战争,就参加的国家来说,一方有组合成大联盟的英国、荷兰、神圣罗马帝国;另一方主要是法国,巴伐利亚因为在1699年与奥地利皇帝利奥波德一世不和闹翻了,反而成为法国的盟军。西班牙理所当然地与法国站在一起;此外,科隆等德意志选帝侯国也与法国结盟。

西班牙王位战争由西班牙王位继承问题而引起,与奥格斯堡同盟战争一样,其主要战场在欧洲大陆,作战方式是陆上作战,主要指挥官是陆军将军,主要作战部队是陆军。这在英国历史上是极少的作战案例。西班牙王位战争的决定性战役,是由马尔博罗公爵指挥

---

① C. P. Hill & R. R. Sellman, *A Survey of British History, Vol. III: 1688 - 1815*, Arnold, 1968, pp. 26 - 28.

② Jeremy Black ed., *The Origins of War in the Early Modern Europe*, Edinburgh, 1978, pp. 151 - 175.

下的陆军在陆上完成的。①

就战场来说,欧洲大陆可以分为四个小战场:第一个是包括今荷兰、比利时、卢森堡等国家在内的低地国家,这里是传统的"欧洲战场";第二个是西班牙,其王位和领土的归属权是这场战争试图解决的问题;第三个是今意大利北部的平原地区;第四个是今德国中部。在奥格斯堡同盟战争时,威廉把主要部队用于长久围攻已经精心设计好防御工事的城镇;在西班牙王位战争中,同样也有很多的围攻战,但不是主要的。与之相比更重要的,也是最主要的、起决定性作用的是大军之间正面交锋的大规模战役。

对英国军队和它的盟国来说,最主要的变化在于指挥官的变化。在奥格斯堡同盟战争中,威廉国王是主要统帅,而在西班牙王位战争中,威廉已经去世,安妮女王继承大统,②安妮任命了她那个时代最为优秀的指挥官——约翰·丘吉尔出任主帅。

马尔博罗是一个伟大的军人,他是有史以来英国最伟大的军事指挥家之一。他在与知名法国军官交手的过程中屡战屡胜,造就了不败的传奇,他在布伦海姆(Blenheim)和拉米伊(Ramillies)指挥的战役充分证明了这一点。有人统计,在西班牙王位战争中,马尔博罗发动过四次战役,指挥过四次大战,攻城三十余座。他不仅仅是一个军人,还是一个继续威廉三世未竟事业的政治活动家。他按照自己的策略进行外交活动,通过与欧洲各国各地区的政治领袖会晤,加强、巩固和壮大了大联盟的势力。③

---

① Lawrence James, *The Rise and Fall of the British Empire*, London, 1994, p. 56.
② C. P. Hill & R. R. Sellman, *A Survey of British History, Vol. III :1688 - 1815*, Arnold, 1968, p. 29.
③ Ibid., pp. 31 - 32.

大联盟于 1704 年派出查理大公带领一支联合军队前去西班牙,正是这支军队的一部分在英国海军上将乔治·鲁克爵士(Rooke George)的指挥下,于同一年夺取了直布罗陀(Gibraltar)。此后,直布罗陀及通往地中海海域的通道就一直为英国军队所控制。①

到 1704 年 8 月,在布伦海姆大战中,马尔博罗指挥军队取得了彻底的胜利。英奥联军以 1.2 万人的伤亡,歼灭法军 3.1 万人。此外,他俘获的战俘就有将近 1.5 万人。布伦海姆大捷"取得了对法国令人震惊的胜利",是英国军队在欧洲大陆上取得的最辉煌的军事胜利,使马尔博罗的威名远震整个欧洲。如此一来,就沉重地打击了法军与巴伐利亚军队的联军,同时也挽救了维也纳,维持了大联盟。②布伦海姆战役是路易十四的军队自西班牙王位战争开战以来所遭受的最大损失,正是这场大战使得欧洲东部和欧洲中部摆脱了法国的控制。

虽然在西班牙王位战争中,陆上战场是决定性的战场,海外战场只起辅助性的作用,但海外战场不仅仅影响整场大战的进行与结束,对英国海上力量的发展更是意义重大。

直布罗陀位于西班牙南端附近的狭窄海角上,英国 1704 年从在西班牙驻守的法国军队手中夺过来并用作海军基地,使英国取得了对从大西洋进入地中海的门户的控制权。夺取直布罗陀四年之后,在 1708 年,英国采取进一步的军事行动,夺取位于地中海西部的梅诺卡岛(Minorca)上的内陆港口——马翁港(Port Mahon),这里是从

---

① C. P. Hill & R. R. Sellman, *A Survey of British History, Vol. Ⅲ :1688 -1815*, Arnold, 1968, p.32.
② Ibid., p.33.

巴利阿里群岛（Baleares）对法国南岸作战的最佳基地。① 对直布罗陀和梅诺卡岛的攻占对英国的战略攻势有极其重大的意义。在整个18世纪，英国在地中海的战略计划都是以直布罗陀为防御基地，以梅诺卡岛为进攻基地的，因此人们说："攻占了它们后，英国军队可以在地中海永久驻扎，英国还可以对沿海的小国家施加本国的政治影响。"②"有了这些港口，英国在地中海海域进可攻，退可守。"③

英国的战争是为了消灭法国的海上力量，是纯粹的商业战争。④从商人的视角来看，这些军事行动有保护英国同利凡特（Levant Company）的商业往来的目的，事实也证明起到了这样的效果。在欧洲之外的作战，相比之下就显得不那么重要了，其中也没有给人留下特别深刻印象的战役。英国皇家海军在欧洲水域之外，对法国和西班牙的船只和殖民地只采取过一些小规模的小动作。

在北美，英政府最初没有采取什么行动。西班牙王位战争从战略上看，原因与此前的战争不一样。路易十四及其大臣于1700—1701年改变政策，决定不仅要保持法属新殖民地路易斯安那，而且还要把它与加拿大连接起来，作为抵抗英属美洲殖民地的屏障，企图将英属殖民地控制在阿勒格尼（Allegheny）山脉的东部，这将严重威胁到英属殖民地的资源。正如法国财政大臣科尔伯特（Jean-Batiste Colbert）所预见的那样，这将引发一场持久战。⑤

---

① C. E. Carrington, M. A., *The British Overseas: Exploits of a Nation of Shopkeepers*, Cambridge, 1950, pp. 60 – 61.
② Lawrence James, *The Rise and Fall of the British Empire*, London, 1994, p. 56.
③ C. E. Carrington, M. A., *The British Overseas: Exploits of a Nation of Shopkeepers*, Cambridge, 1950, p. 61.
④《马克思恩格斯全集》第7卷，人民出版社1974年版，第248页。
⑤ W. J. Eccles, *Canada Under Louis XIV, 1663—1701*, London, 1964, pp. 247 – 249.

1704年英军取得了布伦海姆大捷,还一举拿下了直布罗陀,取得了对从大西洋进入地中海门户的控制权。尽管这两个胜利对英国具有重大意义,但法国仍然不肯收敛其扩张的欲望,企图利用国家的财富将欧洲均势的天平永远投向法国这一边:由波旁王室继承西班牙王位,还能够从内部控制西印度群岛。法国这种想法使争夺新世界更为重要,于是马尔博罗将战略重心转移到欧洲以外。它担心西班牙在西属美洲骚乱和经济危机中兵力不足,使法国趁机干涉西班牙事务。事实上,当时法国已经开始在美洲有所作为了,比如,1702年法属几内亚公司被授权贩卖奴隶,随后11年间法国不仅控制了从加的斯港(Cadiz)至西属美洲之间的贸易,而且提供军船保护贸易正常进行。① 相对于陆军,英国的海军力量在这次战争中所起的作用是次要的、辅助性的。这期间没有发生大规模的海上作战,也没有出现起决定性作用的海军战役。不过,战争还是为海军在将来发挥更大的作用提供了经验和教训。②

1710年,英国"主和"的托利党政府上台执政,开始独自与法国进行和谈,停止对法的战事。由于英国态度发生转变,反法同盟各国先后停止了主动进攻,逐渐与法国停战,战争进入了僵持状态。但和平姗姗来迟,1713年4月11日,以法国和西班牙为一方,以英国、荷兰、勃兰登堡、萨伏依和葡萄牙这些大联盟的成员国为另一方签订了《乌特勒支条约》(*Treaty of Utrecht*)。奥地利与法国于1714年签订了《拉什塔特和约》(*Treaty of Rastatt*)。而西班牙则于1713年7月与英国和萨伏依分别签订《英西条约》和《西班牙-萨伏依条

---

① Leslie Bethell ed., *Cambridge History of Latin American*, Cambridge, 1984, I, p. 383.
② Lawrence James, *The Rise and Fall of the British Empire*, London, 1994, p. 56.

约》,于1714年6月与荷兰签订了《西荷条约》,于1715年2月与葡萄牙签订《西葡条约》。

通过缔结条约,法王路易十四承认战败并退还大部分的占地、让出大量商贸权利,同时承认反法同盟对西班牙领土的占领。至此,西班牙王位战争正式结束。《乌特勒支条约》首先解决了西班牙和英国的王位继承问题。根据这一和约,法国承认了威廉三世的英王继承权,放弃詹姆士二世及后代的继承权利;路易十四的孙子菲利普继承了西班牙的王位,并且领有西班牙在全世界的殖民地,但西班牙不得与法国合二为一,同时规定他的后代也永远不能继承法国,法西两国永远不得合并。根据和约,法国将早先侵占的西班牙在北美的部分领地划归英国,将阿卡迪亚(Acadia)殖民地割让给英国[英国将它改名为新斯科舍(Nora Scotia)]。法国还承认了英国对纽芬兰和哈得逊湾(Hudson Bay)周围地区的权利要求。在西班牙,英国除得到直布罗陀外,还有梅诺卡岛的一部分。

西班牙王位战争是以西班牙哈布斯堡王室绝嗣、法国的波旁王室(House of Bourbon)与奥地利的哈布斯堡王室争夺西班牙王位为导火索,而引发的一场大部分欧洲国家参与其中的长达13年的大规模、长时间的战争。但王位继承问题是一个幌子,其根本原因还在于欧洲列强,特别是在"光荣革命"后确立了自己政治体制的英国,要争夺世界殖民地、开辟世界市场。利益之争使战争在所难免,短暂的几年和平时光不过是在为又一次大战作人力、物力和财力上的准备。在双方互不让步的情况下,战争又一次爆发了。当时大部分的欧洲国家都参与了争夺。

西班牙王位战争"在欧洲公共历史上具有某些为人所不齿的特

征,但是对于英国却具有划时代的意义"。① 这场战争主要是在欧洲大陆进行的,其结果是极大地改变了西欧国际舞台上的各国力量的配置。首当其冲的是法国——法国在欧洲大陆的霸主地位发生动摇,海外殖民势力受到削弱。首先,法国遭受了巨大的领土损失:根据和约,法国在中欧和低地国家侵占的土地几乎全部归还,法国早先侵占的西班牙在北美的部分领地以及阿卡迪亚殖民地也都丢失,在纽芬兰和哈得逊湾周围地区也不再享有特殊地位和特别权利。虽然西班牙的王位被波旁王朝的菲利普五世(Felipe V)继承,但《乌特勒支条约》规定了法国与西班牙不可合并,法国在这场战争里损兵折将。法王路易十四称霸全欧的计划被制止,从此法国被英国压制,直至拿破仑战争时局面才有所改观。

其次,法国的经济因为战争遭受严重创伤。由于参战,法国付出了沉重的财政代价,国家财政亏空,国民经济受到严重破坏,人民民不聊生,法兰西国力大为削弱,从盛极一时到开始走下坡路了。到1715年路易十五(Louis XV)继承这个残破衰败的国家时,法国国库入不敷出,债台高筑。巴黎人民越来越忍无可忍,当他们觉得无需再忍时,一场革命就爆发了,法国的专制统治开始面临危机。

西班牙王位战争宣告了路易十四的野心受挫。② 虽然他的孙子菲利普继承了西班牙的王位和海外帝国,但法国和西班牙的王冠没有合一,法国也放弃了与西班牙贸易的特权,这实际上表明法国没有实现其战争目标,因为1709年路易十四曾说战争的主要目的是有

---

① C. E. Carrington, M. A., *The British Overseas: Exploits of a Nation of Shopkeepers*, Cambridge, 1950, p.62.
② C.P. Hill & R.R. Sellman, *A Survey of British History, Vol. Ⅲ :1688 - 1815*, Arnold, 1968, p.40.

利可图的商业。①

英国是这场战争最大的赢家。英国在这场战争中大量夺取法国的海外殖民地,成功地巩固了海上优势,从而走上了殖民大国之路。

尽管英国在新法兰西的大规模军事行动失败了,1711年的远征又遭受重创,但英国通过《乌特勒支条约》获得了广大的殖民地,其中包括原属于西班牙的、位于地中海范围的直布罗陀和梅诺卡岛;原属于法国的、位于美洲的圣基茨岛(St. Kitts)的一半土地;纽芬兰、新斯科舍以及哈得逊湾周围土地。同时,英国还得到了其他特殊权利和诉求,其中包括:向西属美洲殖民地贩卖黑奴的为时30年的垄断权,以及每年向该地区派出一艘620吨的商船的权利。西班牙允许英国在巴拿马地峡(Isthmus of Panama)进行有限额的贸易,允许英国在莫斯克托海岸(Moskito Coast)采伐洋苏木。这些使英国海军掌控了地中海,打开了曾经为西班牙所垄断的封闭的海外贸易的缺口,明确地缩小了法国在北美的据点。②

"通过和约,英国得到了所有她在开战初期想要得到的",甚至比所预想得到的还要多。可以说,对于英国来说,西班牙王位战争成了它继续扩张的基石。通过这场战争,它想实现的都实现了,想得到的都得到了,想打击的都打击了。首先,英国扩大了帝国版图,扩大了其在北美的殖民地,奠定了未来殖民霸权的基础。1689年至1697年奥格斯堡同盟战争期间,英国在欧洲以外的殖民地甚少,威廉三世主要把精力放在欧洲大陆,对海外殖民地也几乎不感兴趣。

---

① Ragnhild Hatton, *Europe in the Age of louis XIV*, London, 1969, pp. 99–100.
② C. E. Carrington, M. A., *The British Overseas: Exploits of a Nation of Shopkeepers*, Cambridge, 1950, p. 62.

但西班牙王位战争中,马尔博罗充分地考虑到了英属殖民地和海外战场对英国的重要性,结果,《乌特勒支条约》使英国获得了广大的殖民地,其中包括位于地中海领域的重要关隘——直布罗陀和梅诺卡岛,而这原本是属于西班牙的。它还获得了位于美洲的圣基茨岛的一半土地,纽芬兰、新斯科舍以及哈得逊湾周围土地,而所有这些原本是属于法国的。此外,还不应该忘记,在安妮女王即位时的1707年,辉格党联合托利党在议会通过了《合并法案》(*The Act of Union*),实现了英格兰与苏格兰的合并。英格兰和苏格兰分治的局面结束了,大不列颠整合成一个国家,国内政治也相对稳定。

其次,英国发展了对外贸易,初步确立起了商业霸权。从表面看,这与英国建立和发展其商业贸易没有很大的关系,但实际上,这是一个标志:标志着英国可以更加自由地在美洲发挥自己的商贸优势了。英国的商品贸易必将战胜西班牙的金银掠夺,而美洲终究会是英国商人的天下。

在18世纪,单单为了西印度群岛的蔗糖贸易,英国和法国就战事频频。它们之间的战争在时间上是连续的而不是断断续续的,在空间上是全面的而不是分区域的。18世纪与法国的争夺,更多地具备商业性质和政治性质。《乌特勒支条约》宣告了过去西班牙为反对他国"越线"而随时可能爆发战争的局面终于结束。之后,英国可以放手在北美竞争,商业贸易对第一英帝国如此重要,以至于史家经常把第一英帝国和"商业帝国"作为同义词。[1]

再次,英国发展了军事力量,开始建立其在地中海和北大西洋

---

[1] Robin W. Winks, Ph. D. & Alain Low, L. Phil., *The Oxford History of the British Empire (volume V)*, New York, 1999, p.44.

的海上霸主地位。在西班牙王位战争中,英国出现了"有史以来最为杰出的军事指挥官之一"马尔博罗公爵,有人甚至称他是英国最伟大的军事家。① 以前,在为詹姆士二世镇压蒙默思起义(Monmouth Rebellion)的塞奇莫尔(Sedgemoor)战役中,马尔博罗就以其独特的战略眼光体现和证明了他出色的军事才能,在此次战争中他更是以布伦海姆战役、拉米伊战役、奥德纳尔德(Oudenarde)以及马尔普拉凯(Malplaquet)战役等创造和延续了他一生的战争神话。在1711年马尔博罗被免职后,他把注意力放在建设宏伟壮观的马尔博罗宫上,其资金来源于英国议会的赠送。在这一宫殿里,丘吉尔家族的下一个佼佼者将会在下一个世纪出生,那就是温斯顿·丘吉尔(Winston Churchill)。丘吉尔为自己祖先的所作所为颇感自豪,当别人说"不列颠之战"是他的滑铁卢的时候,他回应道:"哦,不,我想这是我的布伦海姆。"②

更为重要的是英国海军力量的增长和海上作战的成熟。虽然西班牙王位战争的主要战场是在低地国家,在西班牙领土,在德意志中南部等等这些欧洲大陆地区,但是马尔博罗公爵的政治才能和战略眼光远远超出了他在传统欧洲的作战场地。他独具匠心地把对地中海的控制设想成为对"欧洲软肋"的威慑,他是第一个产生这一战略构想的英国人。在1704年之后产生的所有英国战略模式中,一个决定性的构成因素就是在地中海维持一支英国舰队,以阻止敌军舰队在南欧港口或大西洋港口汇合。

因此,从一开始,英国的战略就旨在消除法西联盟在地中海的

---

① Cathal J. Nolan, *Wars of the Age of Louis XIV, 1650 – 1715: An Encyclopedia of Global Warfare and Civilization*, London, 2008, p.282.
② John O'Farrell, *An Utterly Imperial History of Britain*, London, 2007, pp.265 – 266.

势力。要使这种战略富于侵略性和可操作性,这首先需要在该地区获得一个海军基地,并把战火燃烧至敌人的海岸。由于认识到这一点,马尔博罗才在指挥军队占领地中海边沿的直布罗陀和梅诺卡岛后,又时不时地占领过进一步深入地中海腹部的巴利阿里群岛、科西嘉岛(The island of Corsica)、西西里岛、马耳他岛(Malta)、科孚岛(Corfu)、克里特岛(Crete)、塞浦路斯岛(Cyprus)等等。① 这样做还能达到他的战略计划的另外一层效果:即通过这些行动迫使法国分散陆军去欧洲南部迎敌。如果没有英国海军在大西洋和地中海地区的控制权,如果没有英国海上力量的防护,马尔博罗的陆地作战计划是不可能维持下去的。②

其实,海上力量对英国一直非常重要,在西班牙王位战争中,它成功地阻止了西班牙和法国的进攻,在未来,它还将阻止拿破仑法国和纳粹德国的进攻。从根本上讲,是奥格斯堡同盟战争和西班牙王位战争使英国军队获得了战争经验,使一支没有战斗经验的偏安一隅的武装力量发展成为一支备受推崇的职业军队。在18世纪接下来的年月里,英国军队再也不是欧洲最弱的军队了。③

这次战争不仅对马尔博罗本人非常重要,对英国的军事史和政治史甚至是外交史都有深刻的影响。④ 西班牙王位战争后英法关系

---

① C. E. Carrington, M. A., *The British Overseas: Exploits of a Nation of Shopkeepers*, Cambridge, 1950, p.60.
② Lawrence James, *The Rise and Fall of the British Empire*, London, 1994, p.57.
③ Cathal J. Nolan, *Wars of the Age of Louis XIV, 1650 - 1715: An Encyclopedia of Global Warfare and Civilization*, London, 2008, p.61.
④ John O'Farrell, *An Utterly Imperial History of Britain*, London, 2007, p.265.

有所缓和,在随后 20 年内基本上维持了均势,双方都怕打破现状。①在此次战争及之后,英国的陆军和海军并驾齐驱,全面发展,英国成了军事强国。

最后,战争最终解决了英国的王位继承问题,"这场被大部分史家称为'西班牙王位战争'的战争,实际上也是一场英国王位继承战争"。② 因为,路易十四曾叫嚣要打败英国,并把詹姆士·爱德华·斯图亚特(James Francis Edward Stuar)扶上英国王位。英国如果战败的话,詹姆士·爱德华·斯图亚特就会被路易十四送到英国,做他在英国的傀儡国王。如果是这样,"光荣革命"的成果就功亏一篑,这是辉格党人所不能接受的,大部分的托利党人也无法接受,因此他们才联合起来作战。而《乌特勒支条约》规定法国承认英国的新教国王,不再扶植詹姆士二世之子,这使得英国的王位继承问题变成了相对简单的内政问题。

奥格斯堡同盟战争和西班牙王位战争是由大联盟国家参战的,而英国是大联盟的主心骨。在两场战争之后,英国在商业贸易和海军力量上都获得了极大的优势,这也是英国参战的初衷。对于英国来说,西班牙王位战争使英国大发"战争财"——它扩大了帝国版图,加强了英国在地中海的地位,扩大了其在北美的殖民地,增强了海上力量,发展了对外贸易,英国的商业霸权初步确立,其海上霸主地位在西地中海和北大西洋建立起来,还奠定了未来世界商业和殖民霸权的基础。在战争中,荷兰和法国的力量都受到重创,而荷兰

---

① 保罗·肯尼迪:《大国的兴衰》,四川人民出版社 1988 年版,第 130 页。
② John O'Farrell, *An Utterly Imperial History of Britain*, London, 2007, p. 266.

和法国是英国在海外的最大竞争对手。① 正如法国一位历史学家所说:这场战争"确立了英国在欧洲的霸权"。② 英国放弃了英法大陆联盟,这一举动乃为英帝国史上最为轰动的事件之一。

西班牙王位战争后,英国维持了一支强大的海军,它的商业触角已伸向全世界,它在建立世界帝国的道路上迈出了重要的一步。大英帝国的前景才刚刚开始展现,它的未来会震惊全世界。对于那些和亚当·斯密一样,把第一英帝国定义为一个重商主义帝国的历史学家来说,帝国的生命就是从《航海条例》或《贸易法》(the Acts of Trade)开始的。③ 因此,西班牙王位战争对于英国的发展及第一英帝国的建立其意义是不言而喻的。

西班牙王位战争后英法关系有所缓和,两国对外扩展殖民地,对内发展经济,实力有所上升,在随后20年内基本上保持着均势,双方都欲维持表面的平静,等待时机,再图进取。④

欧洲两强的和平有利于欧洲的整体稳定,这种局面持续到1739年才被新一轮的贸易战争所打破。在1713—1739年的和平时期里,英国在殖民地上的主要对手不是法国这个劲敌,而是西班牙,较劲的地方在美洲。西班牙在美洲殖民和贸易的时期久远,根深蒂固。英国利用从《乌特勒支条约》取得的权利,不断扩大在南美洲的贸易规模。在美洲的贸易活动中,奴隶贸易是很重要的一

---

① C.P. Hill & R.R. Sellman, *A Survey of British History, Vol. III :1688 -1815*, Arnold, 1968, p.42.
② K.O. Morgan, *The Oxford Illustrated History of Britain*, Oxford University Press, 1984, p.356.
③ Robin W. Winks, Ph.D. & Alain Low, L. Phil., *The Oxford History of the British Empire (Volume V)*, New York, 1999, p.46.
④ 保罗·肯尼迪:《大国的兴衰》,四川人民出版社1988年版,第130页。

个部分。奴隶贸易本身风险不大,利润却巨,历来让各国商人眼红心热,英国和西班牙都虎视眈眈,矛盾也因此而来。西班牙王位战争后,英国取得了在美洲贸易的权利,如向西班牙帝国提供奴隶和每年向贝洛港(Portobello)派遣一艘船只。一艘船只提供的货物和有限制的奴隶贸易当然不能满足英国商人的胃口,精明而胆大的商人们很快就开始了非法贸易。非法贸易是由私商进行的,多年来在美洲已是司空见惯。西印度群岛的地理位置对于这种贸易十分有利,这里盛行的季风和潮流对于往来的船只都有利,不管是驶向美洲英国殖民地的船只,还是返回欧洲的船只,都要紧靠伊斯帕尼奥拉岛(Hispaniola)和古巴岛(Cuba)的南岸航行,然后再向北穿过巴哈马海峡(Bahamas)。从17世纪后期到18世纪初,西班牙当局对英国走私商的活动采取了容忍的态度。1713年后,西班牙殖民当局转变态度,加强了对外国走私船的缉查,导致了1718年和1727年英国与西班牙之间的两场战争。1731年后,两国关系改善,西班牙政府为了政治的原因对英国人的非法贸易再次采取忍让态度,却引起了西班牙各殖民地总督的不满。1732年,英国建立了佐治亚(Georgia)殖民地,对英国而言,这是一个具有战略意义的殖民地,但对西班牙而言,这是对西班牙在佛罗里达(Florida)北部殖民权的挑战,这使得本已紧张的英西关系更具火药味。在两国的摩擦中,法国利用形势,极力拉拢西班牙共同对付英国。1733年,法国和西班牙签订了秘密的"家族协定",商定以英国为对象,共同保护两国的殖民和商业利益。法国答应帮助西班牙夺回直布罗陀,西班牙则许诺把英国在西班牙殖民地的商业特权转交给法国。此后,西班牙加强了在南美的缉私活动。早在1721年,英国贸易委员会的报告就指出在美洲南部与西班牙发生冲突的可能性，着重指出南加利福尼亚（Southern California）可能遭到印第安人的威胁，大西洋沿岸受到来自西佛罗里达（West Florida）的压力，而中间部分可能面临路易斯安那的法军沿阿尔泰马哈河（Altamaha River）东下的威胁。① 然而，不到最后关头，双方都不想付诸战争，在1729年的《塞维利亚条约》（*Treaty of Seville*）和1739年的帕得（Pardo）会议中，英西都试图调解矛盾，但最后却无济于事。

1738年，"詹金斯耳朵事件"引发了英西之间的战争。罗伯特·詹金斯（Robert Jenkins）是英国商船"丽贝卡"号（Rebecca）的船长，在1731年报称自己在加勒比海遭到西班牙人员登船搜掠，他不但被野蛮地吊上桅杆，而且还被割下了一只耳朵。加勒比海的英军总司令曾就事件撰写报告，詹金斯船长返回英国后也向英王申冤。不过事件最初没有成为舆论焦点，到1738年，詹金斯再度讲述其遭遇，而且还戏剧性地在下议院一个听证会上展示"相信是"被割下的耳朵。此事一出，舆论哗然，把这件事情提高到国家荣辱的地步，认为"詹金斯耳朵事件"不仅仅使英国殖民地商业受到压制，整个国家也蒙受羞辱。这之前，英国国内已有声音提出希望在商业上和军事上主导大西洋海盆地带，在这次事件的刺激下，要求对西班牙开战之声更不绝于耳。英国的好战派把这件事情看作一个很好的开战理由，为了帝国的商业贸易利益，打败西班牙而获取它的广阔的腹地，尽管首相罗伯特·沃尔波尔（Robert Walpole）并不希望与西班牙开战，西班牙也不希望与英国争吵。但是，反对沃尔波尔的人借此大做文章，煽动英国人的爱国热情，再加上担心法国会配合西班牙联

---

① T. R. Reese, *Colonial Georgia：A Study in British Imperial Policy in the Eighteenth Century*, Athens, Ga., 1963, p.13.

合行动,沃尔波尔还是于 1739 年 10 月向西班牙宣战,这场战争被称为"詹金斯耳朵之战"(War of Jenkins' Ear)。这是英国单纯为殖民地问题而介入的第一场战争,至少表面上可以这么说。

自战事开展以来,英、西双方的海军和武装民船队的势力不相上下。一方面,英方的乔治·安森(George Anson)意外地掳获了极具价值的马尼拉大帆船,但这只是补偿了英国在大西洋地区贸易停顿的损失。相反,西班牙在加勒比海地区的贸易往来却没有因战争而受到很大的影响,尤其当战争成为奥地利王位战争的一部分以后,英方船舰更在公海受到法国商船队的攻击,使其贸易活动更受困扰。更重要的是,1740 年 10 月,奥地利王位战争爆发,各方都把军事焦点和资源移回欧洲大陆,"詹金斯耳朵之战"最终陷入休止状态,而各方也未因战事而取得任何新的领土。

1740 年 10 月 20 日神圣罗马帝国皇帝查理六世逝世。这位没有男性后裔的皇帝对继承人的问题早已做出安排。1713 年,他颁布《国事遗诏》,规定其长女玛丽娅·特蕾西娅(Maria Theresia)有权承袭奥地利君主国所属之各个领地。大部分神圣罗马帝国内的诸侯和一些欧洲国家都是诏书的签署国。查理六世为了把继承人限制在哈布斯堡家族内部可谓苦心孤诣,但他的设想没有顺利地实现,权力斗争因此展开。1740 年 12 月,普鲁士的腓特烈二世(Friedrich II)率领 32 000 名士兵侵入富庶的西里西亚,奥地利王位继承战争爆发。

战争的起因与殖民地联系紧密,关系到英国与法国之间的世界霸权之争。在 1713 年的《乌特勒支条约》之后的年份里,英国人和法国人都在殖民地上积极进取,造成摩擦。在印度,两国的东印度公司为了贸易、战略地带、对土著的影响而竞争。在西印度的岛屿上,为了糖贸易和奴隶贸易英法两国的商人相互争夺,西班牙也参与其中。在北美,英国大陆东岸殖民地的人口飞速增长,同时,法国控制着圣劳伦斯(St. Lawrence)和深入大陆内部的密西西比河(Mississippi River)水路,建立起一条要塞线,阻止英国移民越过阿巴拉契亚山脉(Appalachian Mountains)向西扩张。在不断的冲突中,英国人惊讶地发现,法国和西班牙的波旁王朝已经做好准备对英国一战,英国人也要做好准备才可以。对英国来说,不管是在西班牙获得对商船有搜查的权利这个小问题上,还是在与法国争夺世界范围的商业利益这个大问题上,都要通过战争来解决,不是这一场,就是那一场,所以后来有人说奥地利王位继承战争更像是七年战争(The Seven Years War)的序曲。

这样,普鲁士与奥地利之间的领土争端很快就触及其他国家之间的敏感问题,奥地利王位战争的范围迅速扩展。在神圣罗马帝国内部,有奥地利、普鲁士、萨克森、巴伐利亚等诸侯之间的斗争;在意大利,西班牙、法国、撒丁、奥地利等力量在角逐。法国、低地国家和英国则在欧洲西北地区争斗。当然,各个地区的争斗不是相互孤立的,而是相互联系、相互影响的。

法国在1744年3月15日向英国宣战,4月26日向奥地利宣战。在海外殖民地,战争依然主要靠殖民地军队进行。法国和英国为加拿大同新英格兰的边界以及争夺俄亥俄河谷(Ohio Valley)发生战争,它同英国与西班牙的商业战,以及奥地利王位继承战争复杂地扭结在一起,是英国和法国争夺北美殖民地的第三次大交锋。在东方的印度,英国的势力受到来自法国的挑战,法属本地治里总督迪普莱克斯(Joseph Francois Dupleix)派出一支海军摧毁了英国海军在孟加拉湾(Bay of Bengal)的优势。1746年法军又对英国主要殖民据点马德拉斯(Madras)水陆并攻,大获全胜。1748年,英国虽派遣一支强大海军舰队增援也未能扭转形势,直至战争结束。①

1748年英法双方缔结了《艾克斯拉沙佩勒和约》(Treaty of Aix-La-Chapelle),法国收回了路易斯堡,英国收回了马德拉斯。这场战争的结果对英国而言并不令人满意,它与法国的矛盾丝毫没有缓和,相反在殖民地问题上的争夺越来越激烈。② 英国并没有达到占领西属美洲殖民地的目的,因为西属美洲殖民地领地规模较大,完全自给自足,其政治经济中心常处于内陆且海拔较高,英国殖民地人口距离这些中心地带很远,因此英国发动的水陆两路战争不能奏效,战争的效果大打折扣。战争的目的是追求西属美洲贸易的巨额利润,而战争结果并没有解决英法在西印度群岛的矛盾,双方的殖民地也没有易手。向风群岛(Windward Islands)中四个有争议的岛屿多米尼加(Dominican)、圣卢西亚(Saint Lucia)、圣文森特(Saint Vincent)和多巴哥(Tobago)宣布为中立地区,双方撤出这些岛屿。英国与西属美洲的贸易没有得到发展,这不是英国商人愿意看到的结果。从某种意义上说,英法缔约只是暂时的休战,矛盾和战争的根源并没有消除。相反,英法两国在印度和北美的争夺愈来愈激烈;在西印度群岛,英法关于四个"中立"岛屿的新一轮争夺已经开始;在印度,以马德拉斯为中心双方多次发生冲突;在北美,俄亥俄河流域成为双方争夺的焦点。整体而言,英国在殖民地的势力上升了不少,但要一家独大,还需要时间,也需要一场战争来驱逐对手,夯实帝国。

奥地利王位战争结束后,八年中欧洲没有爆发大规模战争,各

---

① R.C.马宗达、H.C.赖乔杜里等:《高级印度史》,商务印书馆1986年版,第669页。
② 钱乘旦、许杰明:《英国通史》,上海社会科学院出版社2012年版,第201页。

国都在积蓄力量,伺机而动,整体局势暗流涌动,难以预断。

英国对大陆欧洲兴趣不大,乔治二世(George Ⅱ)一是希望汉诺威(Hannover)不受威胁,他是那里的领主,对其有着深厚的乡土情结;二是希望大陆没有霸主,不影响英国的利益。英国的心思主要用在殖民地上,一直都在想方设法打败法国,夺其殖民地,占其商业利润,进而垄断整个制海权。西班牙王位战争结束后签订了《乌特勒支条约》,英国垄断了大西洋两岸的三角贸易,急速地扩充舰队,到1758年,英国已有156艘外洋军舰,而法国只有77艘。要想真正建立殖民地霸权地位,与法军的战争不可避免。此计划由于法国黎塞留公爵在梅诺卡岛的胜利而受到阻挠,但是英国海军上将爱德华·博斯科恩(Edward Boscawen)1759年4月在葡萄牙外海摧毁了一支法国舰队,在基伯龙湾(Quiberon Bay)又取得另外一次胜利。结果是法国与其殖民地的贸易,从1755年的3 000万里尔降到1760年的400万里尔。法国当然知道自己对手的计划是扩大殖民地并且攻击自己的贸易,但是这时候法国的局势不容乐观,①政府始终摆脱不了财政危机;穷人越穷越要承担赋税,富人不纳税的局面更加严重。为了从平民身上压榨出更多的油水,政府恢复了早已被人忘记的封建捐税和劳役。这使得国内政局很不稳定,而国外形势也让人担忧。路易十四雄霸欧洲的时代早已过去,海外殖民地面临着英国巨大的压力。当时法国海军能在大洋上航行的船只只有45艘,而英国却有130艘。两国在东印度和加拿大的小冲突时有发生,法国往往败多胜少。

英国和法国已成世仇。英国政客老皮特(William Pitt, 1st Earl

---

① Lawrence James, *The Rise and Fall of the British Empire*, Abacus, 1994, p.66.

of Chatham)经常在议会发表演说,鼓吹只有通过军事手段才能真正解决问题。这时英国与奥地利、俄国是盟友,皮特认为只要把法国的同盟者普鲁士拉过来,组成英、奥、普、俄对法大同盟,那么法国就会被围困于欧洲大陆。1756年1月,普鲁士与英国签订《威斯敏斯特条约》(Treaty of Westminster),规定英国和普鲁士将共同抗击入侵德国的外国军队,普鲁士希望该协定可防止俄国攻击普鲁士,英国却希望该协定能震慑法国,顺便还可以保护汉诺威。

当欧洲大陆还在拉帮结派的时候,英国和法国在北美的斗争已经延续了几年,英国在俄亥俄河岸边遭遇挫折,预示着更大的失败将会到来。1756年5月17日,英国对法宣战,英法之间的战斗率先开始;1756年8月29日,奥地利与普鲁士之间的战争也再次爆发,由此而启动了欧洲历史上著名的"七年战争"。

七年战争使整个西欧的资源几乎耗尽。法国濒临破产,它失去了殖民地,海外贸易几乎停顿,英国也急需和平来巩固他所获得的财富。1762年9月,英国首相布特(John Stuart, 3rd Earl of Bute)派遣使节赴巴黎会见法国陆军大臣舒瓦瑟尔公爵(Duke of Choiseul),表示如果法国愿意割让加拿大,英国将同意归还西印度群岛的贸易中心瓜德罗普岛(Guadeloupe)和马提尼克岛(Martinique),同意把菲律宾和古巴归还给西班牙,同意法国在印度保留五个非武装的贸易点。11月,英、法、葡、西签订《枫丹白露条约》(Treaty of Fontainebleau)。这以后只剩下普奥两军还在相互对峙。1763年2月,玛利娅·特蕾西娅为情势所迫,不得不与普鲁士签订和平条约,腓特烈二世答应接受特蕾西娅的儿子约瑟夫(Joseph II)成为罗马国王,继承神圣罗马帝国。战争结束了。

从殖民扩张的角度来看,七年战争是法国与英国之间在海外长期冲突的一个关键。两国都想控制殖民地和支配海洋,但1748年的《艾克斯拉沙佩勒和约》没有解决问题,双方的竞争只是越来越尖锐。两国都在东印度、西印度群岛和美洲大陆拥有殖民地,在印度,两国都仅仅占有沿海一些互不关联的商业据点,这些据点好像散布在广阔印度土地上的微小的斑点。两国都在广州与中国进行贸易;都在通向亚洲的航路上占有一些停泊地:英国人占有圣赫勒拿岛(Saint Helena),法国人则占有更有价值的毛里求斯岛(Mauritius)和留尼汪岛(Reunion)。法国积极在马达加斯加沿岸活动,最大的停泊地——好望角(Cape of Good Hope)属于荷兰。在西印度群岛,英国人的种植园主想得到牙买加、巴巴多斯(Barbados)和背风群岛(Leeward Islands)中的一些岛屿,法国种植园则在圣多明戈(Santo Domingo)、瓜德罗普和马提尼克。所有种植园都得到兴旺的非洲奴隶贸易的支持。[1]

在美洲大陆,法国拥有较多的领土,居住在上面的移民数不多,不到10万人。英国移民的人数是法国的20倍,在从佐治亚到新斯科舍的英国殖民地上,大概居住着200万白人。英国人的人口优势非常明显,相当于母国的1/4,虽然那里还包括了大量的苏格兰人、爱尔兰人、荷兰人、德国人、法国人和瑞典人等。发展的程度也不错,约有4万人口的费城(Philadelphia),其规模可与英国除伦敦外的任何一个城市相比。英国殖民地的缺点是地方性非常明显,只关心本地,不能一致行动。法国殖民地人口虽少,却有一些值得依赖的优势。法国控制着进入美洲大陆心脏地区的两大水系,圣劳伦斯河和密西西比河;法国的主要城市,魁北克(Quebec)、蒙特利尔

---

[1] Brandon Hill, *A Survey of British History* Ⅲ, London, 1976, p.78.

(Montreal)和新奥尔良(New Orleans)等都在这两条河边上。此外，法国构建了一条要塞线，从五大湖区沿着俄亥俄河连通密西西比河，其中最著名的是莫农加希拉(Monongahela)的迪凯纳要塞(Fort Duquesne)，[①]该要塞建于1754年。法国想利用这样的地理优势包围英国殖民地，把英国殖民者限制在阿巴拉契亚山到大西洋之间的狭长地带。这是法国在北美殖民地的宏观计划，如果这个计划实现了，那么北美历史和世界现代史都要重写。法国的殖民地直接受中央集权政府的控制，直接受宗主国的监督，如果有必要，他们可以快速有效地联合行动。英国的13块殖民地各自为政，外表上看起来非常的独立和不团结，并且不愿意合作，哪怕共同防御法国人和印第安人。还有，法国人同印第安人的关系更好，也许是因为法裔人口少，没有威胁印第安人的土地，但也与天主教在印第安人中间的传教活动更为活跃有关。一个势力庞大的印第安人部落联盟——易洛魁人，占据了直到安大略湖(Dntario Lake)西部和南部的很多战略要地，这是一支很不错的战略力量，他们大体上是反英国的。两相对比，尽管英国人口上有优势，法国似乎更有可能永久占据北美大陆。法国人占有布雷顿角(Cape Breton)岛上的路易斯堡，这是路易十四时期创建的、位于圣劳伦斯湾的一个要塞，建筑该堡的目的在于建立北大西洋的海上统治，控制进入圣劳伦斯河、大湖以及现在称为中西部的广阔地区的通路。法国人虽然经常穿越这一地带，但只在南方的新奥尔良周围和北方的魁北克周围有较大的法国人居住点。而英国则在哈利法克斯(Halifax)建立要塞，这是1749年在新斯科舍建立的据点。

---

① John O'Farrell, *An Utterly Impartial History of Britain*, London, 2007, p.298.

从两国国内来看,英国的整体氛围比法国更有利于殖民地的发展。法国和英国这两个帝国很大程度上都执行重商主义的政策,在一些方面,英帝国要比法帝国更为自由。它允许殖民地自治,允许来自欧洲其他国家的移民进入。但在另一些方面英国的制度更为严格,例如,根据《航海法》要求,英国臣民必须使用英帝国的船舶和雇佣英格兰、苏格兰或殖民地的海员,而法国人则可以比较自由地利用其他国家的运输工具和人员。英国的蔗糖种植园主必须把粗糖运回国内,在国内精炼后向欧洲出售,而法国种植园主则可以自由地在产地精炼自己的糖。北美英国殖民地被禁止制造铁器以及许多其他商品,他们只能指望从英国买到此类产品。由于西印度群岛的奴隶没有收入,无法购买货物,英国人几乎没有向那里出售什么东西;而北美大陆殖民地却是英国货物相当重要的市场。对比之下,英国的做法明显更有利于工商业的发展。虽说这些限制很容易招致殖民地人民的反感,但在七年战争期间,因为战争带来的外部压力,这种反感没有引发大的内部冲突,殖民地居民只是想办法尽可能逃避,还没有想要彻底改变。

在领导人的注意力上,英国对殖民地的重视,不单单是法国在这方面不能与英国比,世界上任何一个国家都没有达到这样的高度。在这个非常关键的问题上,老皮特比他的同僚们都要有远见,这个问题事关北美殖民地上的英美关系。在内阁讨论关于1748年的《艾克斯拉沙佩勒和约》时,老皮特反对归还路易斯堡,他认为路易斯堡处于圣劳伦斯河的入口处,对加拿大来说非常重要。他还指出这个要塞处于对波士顿和纽约的进攻位置上,有利于法国发动进攻。但皮特的意见被否决,法国如愿以偿重新得到这个要塞。这对法国来说至关重要,在法国与英国开战后,英国无奈之下又把老皮特［后成为查塔姆伯爵（1st Earl of Chatham）］召回指导战争。老皮特是个高瞻远瞩且大胆自信的人："我知道我能拯救这个国家"，"我也知道别人谁都不行"。他让英国集中力量于海军和殖民地，同时资助普鲁士的腓特烈在欧洲战斗，以使英国能如他所说的那样，在德意志平原赢得一个帝国。①

两个国家在这样的竞争中，即使在欧洲的和平年代，战斗也是不新鲜的事情。在不同的地区，不同的冲突随时在酝酿，新斯科舍是一个引起麻烦的地点。按照《乌特勒支条约》，此地的法国人被英国所管理，但新斯科舍与路易斯堡靠近，这里的人与法国人的联系又比较多，与英国人的联系反而少，因此成为一个经常动荡不安的地点。1755 年，英国政府预见到将与法国打仗，遂将阿卡迪亚（原法国殖民地，新斯科舍的一部分）说法语的 7 000 人迁移，这占当地居民的大部分。他们要被分散到整个英属北美各殖民地，但最终不少人移民到路易斯安那，并在法国阿卡迪亚文化中保留了独特的认同。更大的冲突地点在阿勒格尼山（Allegheny Mountains）。英国殖民者开始探索穿越该山脉往西去的道路。法国商人和士兵则从密西西比河和大湖向东朝这条山脉移动。双方在这里的摩擦必不可少。还有，法属美洲殖民地严重依赖于外来物资补给，与印第安人的贸易往来也容易被英国海军切断。在北美洲，英国货价廉物美，大量流入市场，严重威胁到法国对西部印第安人的稳固统治。1749 年英国政府应弗吉尼亚和伦敦资本家的请求，特许一家土地开发公司——俄亥俄公司（Ohio Company）在法国人已经提出要求的土地上经营业务。法国人匆忙在俄亥俄河附近建造一座迪凯纳堡，后来

---

① Brandon Hill, *A Survey of British History* Ⅲ, London, 1976, p.91.

称为匹兹堡(Pittsburgh)。商业竞争很容易引发军事冲突。1749年夏,法军在布莱恩维里的率领下占领了俄亥俄河谷,驱逐外来商人,为法国日后的统治打下基础。这一举动引起了英国殖民地的反对。1754年4月,弗吉尼亚民军上校乔治·华盛顿(George Washington)率领部队打响了山区战斗的第一枪,他们试图抵抗法军,将法国人驱逐出俄亥俄河谷,但是遭到失败。面对法军在俄亥俄河的新攻势,英军于1755年初由爱德华·布拉多克(Edward Braddock)统率两个步兵团充当先锋队,发动了一系列反攻。英国的纽卡斯尔(Duke of Newcastle)内阁反对这些行动,结果在俄亥俄河迪凯纳堡一战中,布拉多克全军覆没,他自己也死于印第安人之手。英国的战意被激发了,便积极开始准备战争,为此它开始与普鲁士结盟,这与其传统外交政策正好相反。所有这些冲突累积起来,最终导致了七年战争的爆发。

在西印度和北美殖民地英国都取得了决定性的胜利,而在印度,英国和法国同时从混乱不堪的状况中获得好处。[①] 在七年战争中,无论英国政府还是法国政府,都无意在印度进行领土征服,他们在这方面的政策与对美洲的政策根本不同。在印度的争夺中,英国的海上力量明显是英国的支柱,它确保英国可以在东方战胜法国。英国政府仍然无意管理印度,但它不能容忍东印度公司被法国公司代理人排挤。因而,英国海军被派往印度洋,他们不仅允许克莱武(Robert Clive)从马德拉斯转往加尔各答,而且逐步切断了法国据点与欧洲的联系,以及据点之间的相互联系。到

[①] C. A. Barly, *The New Cambridge History of India*, Cambridge University Press, 1988, p.13.

战争结束时,英国已成为争夺印度殖民地的最终胜利者。

1763年2月10日,以英国、葡萄牙为一方,法国、西班牙为另一方签订了《巴黎和约》(Peace of Paris);2月15日,以普鲁士为一方,奥地利、萨克森为另一方签订了《胡贝尔茨堡和约》(Treaty of Hubertsburg)。《巴黎和约》的签订,标志着英国的势力范围达到一个顶点,英法的霸权之争有了初步结果:加拿大和印度都落到了英国手中。

七年战争是第一英帝国时期最后一次争夺殖民地的战争,战争的结果是法国在北美和印度的殖民统治宣告结束,英国得到了加拿大,以及佛罗里达河以西直到密西西比河口的所有土地。作为对西班牙盟国的补偿,法国将密西西比河以西的路易斯安那和重要港口城市新奥尔良给予西班牙。法国在北美的势力几乎被清除了。在印度,英法双方交换了相互占领的土地。在加勒比海,英国得到了圣文森特(Saint Vincent)、多巴哥(Tobago)、多米尼加和格林纳达(Grenada)等岛屿;在西非,英国得到了塞拉利昂(Sierra Leone)、冈比亚(Gambia);在欧洲,英国收回了梅诺卡。这样,英国牢固地树立起了世界殖民霸权和商业霸权,一个世界范围的英帝国初步形成,英国成为了世界上最强大的海上强国。保罗·肯尼迪(Paul Kennedy)就此评论道:"在这一个世纪里,在欧洲的侧翼,乃至更边远的地区,大国的格局的确出现了重大的调整。某些西欧国家不断将其位于热带地区(尤其是在印度、东印度群岛、南非和遥远的澳大利亚)的一些不稳定的小块飞地变为大得多的领地,其中殖民地最成功的国家是英国。"[1]殖民地成为英国商业资本主义原始积累的

---

[1] 保罗·肯尼迪:《大国的兴衰》,中国经济出版社1989年版,第92页。

财源。

同时,七年战争和《巴黎和约》对欧洲历史进程产生了重大影响。《巴黎和约》成为法国的屈辱,法国在战争中不仅一无所获,而且大伤元气,放弃了印度、加拿大、密西西比河东岸。虽然法国仍然拥有密西西比河西面的新奥尔良(尽管是临时的)和瓜德罗普岛,但是这次失败标志着法国失去了新大陆。法国的外交策略黯然失败,声望也显著下落。英法之间近百年争夺海上霸权的斗争以法国的失败告终。法国在战争中的失败使其国际地位大大下降,从而结束了三十年战争以来法国的欧洲霸主地位。

英国从战争中获得了巨大好处。老皮特在接受年度国家和帝国奖项的颁奖典礼时变得非常谦虚,他老套地说:"女士们先生们,这个奖项不属于我,而是属于所有在背后默默奉献而使得我们成功的人……"正是在这个时候,英国成了最具实力的国家、殖民的霸主、拥有最好技术的国家。[1] 英国夺得了海上霸权和更多的殖民地,一个世界范围的英帝国初具雏形。[2] 殖民地的财富,特别是印度的财富源源流向英国。海上霸权和殖民地的财富推进了英国的工业革命,使它在 19 世纪成了最强大的工业国和"世界工场"。但英国将这次扩大帝国战争的费用转嫁给北美殖民地,引起了当地居民的不满。七年战争结束后的第 13 年,美国独立战争爆发,揭开世界历史新的篇章。

---

[1] John O'Farrell, *An Utterly Impartial History of Britain*, London, 2007, p.299.
[2] 钱乘旦、许杰明:《英国通史》,上海社会科学院出版社 2012 年版,第 202 页。

四、海上霸权的建立

今天,在位于查塔姆①(Chatham)的海军造船厂的行政长官房屋里,沿着它最主要的楼梯一直走,抬头时可以发现天花板上有一幅大油画。这幅油画已经有300多年的历史了,它是1705年画的,延用了巴洛克式风格,基调欢快,象征着和平、富足、正义和宽容。整幅画比喻英国:一个因统治海洋而繁荣昌盛、公平正义的国家。最令观众惊奇的是油画中庄严宏伟的海神形象,人们很快会把它看作英国海军掌管海洋的象征,这种典故为英国的敌国法国所深深知晓。1775年,一位法国官员在赞叹英国海上力量的扩张时曾感叹道:"海神的三叉戟已经成为整个世界的权杖!"这幅油画是在英国与法国之间第一回合的全球性战争中完成的,这些战争从1689年开始,此后一直持续,少有停歇,直到1783年才结束。这其中贯穿着两条线:其一是阻止法国在欧洲建立霸权;其二是牺牲法国和西班牙的利益,扩大英国的海上贸易及殖民地。由于法国对于海洋霸权的漠视与英国对于海洋霸权的重视,法国失去了它原本拥有的很多东西,而英国通过海洋获得了它所不曾期许的许许多多。

英帝国的建立和发展依赖于强大的海军,第一英帝国在某种意义上可以说就是一个海洋帝国,或者说是大西洋帝国。第一英帝国是在重商主义指导下的帝国,它所追求的就是商业利益,而这一切利益的获得离不开其海上霸权,早期欧洲殖民国家的建立和强大无

---

① 查塔姆(Chatham)是英国东南沿海重要的港口城市。

不是由于强大的海权而取得的。为了保护日益发展的海上贸易,一支强大的海军和完整的海军基地系统是不可缺少的,从某种意义说,贸易和海上力量只是一个问题的两个方面而已。没有强大的海上力量,《航海条例》就只能是一纸空文,殖民地就始终会有遭受攻击的危险。因此,英国与法国、荷兰、西班牙、葡萄牙等欧洲大陆国家的竞争实际上就是海权的竞争,海权是英国商业的命脉。

英吉利民族国家形成后,英国逐渐成为欧洲的一大强国,它十分关注欧洲大陆的权力均衡问题,这是因为荷兰或汉诺威王室控制着王权,而且英国还不断受到来自欧洲大陆强邻的威胁。英国有意识地推行海军优势政策,把掌控制海权作为进行战争的主要手段。这种政策与英帝国日益增长的贸易重要性和不列颠岛国易遭海上封锁却又能免遭陆上进攻等因素有关。英国掌握了制海权,欧洲大陆上的围城攻坚战就能得到海上封锁的支援,还可以切断敌军的供应。在17世纪50年代英国首次创建强劲的海军,并逐渐发展成为欧洲最为庞大的舰队。就其最初建立的目的而言,海军主要是用于自卫,它的基本义务就是保卫英吉利海峡(English Channel),所以,当时英国海军大量采购的舰船通常都是停泊在国内水域。法国在英吉利海峡轻而易举就能组建一支强大的海军舰队,这对英国是一个极大的威胁,英国的海军是自身唯一可依赖的防御力量。英国海军建立之初力量相对薄弱,英国政府在面临入侵危险之时不得不将大部分军舰部署在英吉利海峡,而法军却能倾其所有力量挑起争端,即使不存在被侵犯的威胁。当海军由于力量单薄而不能满足要求时,英国陆军有时不得不作为替补力量增援海军。

英国海军的作用是保卫帝国。长期以来,贸易和帝国的防御一直就是影响英国海军发展的最主要的因素,海军主要用于支持海外扩张以及保护海外贸易。当时,商业活动本身就被看作对海军防御力量的极为必要的支持,1672年一本小册子的作者写道,"英国的利益不容置疑在于贸易","既然贸易是令我们要么富有要么安全的唯一因素,因此如果没有强大的海军,我们将成为强邻的猎物;而如果没有贸易,我们将不可能拥有任何海军和战船"。[①] 英国与欧洲海权强国(主要是法国、西班牙和荷兰)的关系严重影响到海外贸易,其许多殖民地进口商品通过加工改良后又出口到欧洲大陆。政府的财源与外贸盈利联系相当密切,同时海外贸易创造了大量的流动资本,可用来加强海军力量。

近代英国海军常常处于备战状态,时刻准备应付每一场战争。由于英国本身的地理环境,它所有的对外贸易都必须通过海运来完成,而其他欧洲国家都是大陆国家,必须首先维持一支庞大的陆军以供防卫需要,在发展陆军的基础上发展海军,因此财政投入比单纯发展海军要大得多。正因为如此,英国海军的发展要比其他欧洲国家要快。有数据表明,英国舰队的规模不断扩大,从1688年的173艘军规、6930门大炮、总排水量大约10.2万吨,增加到17世纪末的323艘战舰、9912门大炮、总排水量16万吨。[②] 海军人数也在不断增加,克伦威尔时期英国的海军人数为3万人,到17世纪90年代,威廉三世的海军人数已达4.5万人。[③] 英国海军和平时期人员的建制在1.4万—2万人之间,此外还有皇家造船厂雇用的3000名造船工人,造船厂当时已成为大规模生产的工业部门。舰队在战时

---

① Nicholas Tracy, *Attack on Martime Trade*, Macmillan 1991, p.41.
② 杰弗里·帕克等:《剑桥战争史》,吉林人民出版社1999年版,第208页。
③ 同上书,第209页。

得到迅速扩充,留作后备的旧船编入现役并建造新船以应战争扩大之需。1763年,英国海上各类船只有270艘,船员7.6万名;而在1783年则拥有船只430艘,船员10.7万人。① 1688年以后的一百年间,国际政治中的一个永恒的主题就是英法之间的竞争,双方为了经济利益,无论在经济上还是军事上都发生了全球性的冲突。然而在长期不休的战争中,英国战胜了法国,在经济竞争中处于上风,这胜利就来自于英国强大的海上力量。在整个第一英帝国时期,英国在欧洲战争中一直遵循一种固定的模式,即只派一支较小规模的陆军在大陆作战,却用它的商业财富来资助联军,同时利用它的海上优势控制欧洲周围的水域,并赢得殖民贸易和海上贸易斗争的胜利。②

然而,第一英帝国初期的海军还没有与商业舰队完全区别开来。皇家海军舰艇上的水兵成分比较复杂,或是由志愿人员充当,或是由穷苦人家的孩子、孤儿和流浪儿充当。帝国后期船员的构成发生了一些变化,船员中的近半数是受战时入伍津贴的吸引而志愿入伍的,其余的人则从商船上征募而被迫入伍。战争爆发后,这些条例得到修改,以便雇佣更多的外国人。到18世纪末实行这种有组织的强迫服役以前,征募工作一直是由地方长官授权的抓丁机构进行的。各港口的抓丁队都有固定的集合点和征募中心,把抓来的兵员从这里转移到新兵船和值勤船,以便分配到有关船只服役。这些船只的船长还授权从回国途中的商船上强征船员,在外国船只上搜寻逃兵,甚至可以雇佣外国海员。抓丁是一种恶劣的征兵制度,港

---

① A. Goodwin, *The New Cambridge Modern History*, Vol. VIII, *The American and French Revolutions, 1763–1793*, Cambridge, 1965, p.176.
② 杰弗里·帕克等:《剑桥战争史》,吉林人民出版社1999年版,第292页。

口和入港的商船首当其冲。在和平时期,英国只保持在紧急状况下所需海军兵员的1/5。海军之所以需要依靠强征制度,原因是由于海军的军饷不高,不能吸引足够的人来服役。海军给的报酬不如武装私掠船的多,但生活却比商船队艰苦。在七年战争的各次战役中,阵亡的水兵是1 512名,而病死和失踪的水兵却多达133 708名。海军的薪水从1651年到1797年一直没有变化,二等水兵每月是22先令6便士,三等水兵只有19先令。相比起来,商船上水手的工资有50—60先令。① 既然海军不可能也不会用各种好处来留住其人员,抓丁就成了一种必要但却遭人反对的做法。抓丁的做法严重干扰了贸易这个18世纪英帝国的立国之本,为了维护贸易,英国曾制定了一些法规来减轻抓丁造成的不良后果,如对离港的商船尽量不去抓丁。《航海条例》也经过修改,规定在战时商船可以雇佣外国人,外国人可以占全体船员的3/4。1775年进一步修改条例,不仅取消了商船雇佣条款中关于外国船员可占3/4的规定,而且允许所有在英国商船上工作过两年的外国人都可以成为英国船员。

18世纪的海军为军官提供了诱人的职业,皇家海军的军官是由一些精通海上技术、献身海军事业的人担任的。皇家海军给予他们地位,但并不保障他们的职业,报酬也有限,但它仍是一种光荣的职业。② 18世纪英国海军采用蓝白色统一军服后,海军取得了与陆军一样显赫的声誉。海军军官除工资外,还可以从变卖战利品中增加收入,只要有技术和机会就可能获得巨大财富,所以在和平时期对

---

① J. O. Lindsay, *The New Cambridge Modern History*, Vol. VII, *The Old Regime, 1713-1763*, Cambridge, 1988, p. 185.
② J. O. Lindsay, *The New Cambridge Modern History*, Vol. VII, *The Old Regime, 1713-1763*, Cambridge, 1988, p. 187.

舰长职位的竞争非常激烈。海军军官有的来自贵族和乡绅家庭,或是与他们有裙带关系、能得到他们照顾的人;也有的来自中等阶级——小地主、教士和律师的子弟,他们凭才能和机智得以晋升。还有的来自商船船队,但他们的数量日益减少,这是由于他们没有社会地位,提升很慢。但是,英国海军在使用高级军官时,采取非全日制的体制,只有在实际工作时才能获得全薪,而在岸上且不工作时就只能领取半薪,所以海军军官们在经济上经常陷入困境,这些海军军官经常到外国海军和东印度公司舰队服务。

在战时,英国海军由海军部、海军大臣和掌管海军大臣办公室的七位委员领导,与供应有关的事务则由下属各委员会分管,其中主要是海军委员会(Council of Marine),其主管官员是审计官、财务主管、检查官和条例管理官。另外还有军粮委员会、伤病人员管理委员会,后者除管理医疗部门外还负责战俘事务。[①]

英国战略思想最重要的发展是18世纪40年代建立西方舰队(West Squadron),将主力战舰调至英吉利海峡向风处而不是在海峡内来保卫海峡,因为那里一年中大部分时间是西南风,恰与英吉利海峡水流方向相反。法国和西班牙都没有在英吉利海峡内设立海军基地,因此它们的舰队必须向西而行。法国和西班牙的船只从诺曼底(Normandy)和布里特尼港口(Britanny)出海航行经过英吉利海峡时,需要本国海军为其护航。而英国大部分海外贸易船只在英吉利海峡来来往往,如果战舰守在海峡缺口往西一带,那么就能很方便地掩护外航和回航的船只,监视法国在布雷斯特(Brest)的海军基

[①] A. Goodwin, *The New Cambridge Modern History, Vol. VIII, The American and French revolutions, 1763–1793*, Cambridge, 1965, pp. 180–181.

地并拦截其进出军舰,保护爱尔兰免受侵犯,并封锁或至少可以驱逐任何进入海峡的战舰。如果将战舰放置在容易与岸上取得联系的位置,并能得到有效的指挥和维修,那么单独一艘战舰就可以满足英国所有最基本的战略需要了。① 西方舰队的战略思想构成了英国一个多世纪以来航海战略的核心内容,然而在实际运用中却总是引起争端。战舰巡航范围覆盖了从克利尔海角(Cape Clear)到菲尼斯特雷角(Finisterre)上万平方公里的面积,而每一次能保护的只有其中极小的一部分。如果战舰尽可能地长时间在海上集中巡航,遇到敌舰的话,那它采取决定性行动的机会就大大增加,并同样增加了为从西印度群岛和东印度群岛(East Indies)回来的船只护航的机会,但是这同时也加剧了战舰的损耗,特别在秋季大风的时候出航,一次秋季护航后,好几个月舰队都处于严重损伤的状态。如果让舰队在巡航基地分散成几个小分队,也许能更好地保护贸易,但同时也存在被狙击的危险。如果让舰队停泊在港口,保持其最佳状态来迎击敌舰,但那也是最冒险的做法。此外,选择港口也存在争议,斯匹海特港(Spithead)、朴次茅斯(Portsmouth)附近的圣海伦(St Helen)虽然方便,但是远在海峡上方;托贝港(Torbay)要么太容易受到敌军攻击,要么是刮东南风。普利茅斯海峡(Plymouth)口的卡桑德海湾(Cawsand Bay)过于狭窄,容易暴露;而普利茅斯造船厂附近的哈蒙兹港(Hamoaze),船只进出又太费时。于是,假如英国海军舰队企图封锁布雷斯特的话,那么基地应该设立在哪里呢? 若设立在布雷斯特港口附近,它地处东南风口,是相当不安全的,而且也没

---

① Michael Duffy ed. *Parameters of British Naval Power, 1680 - 1850*, Exeter, 1992, pp. 66 - 81.

有必要,因为法军战舰可以在刮东风的时候顺风出航;又若设立在托贝港等到风转向,这等于比敌舰获得先航200英里的优势。对此,没有绝对正确或错误的答案。在不同的情形下,不同的将领和司令部采取不同的方案。18世纪40年代,弗龙(Vernon)主张将舰队主力调至大西洋的"浅水处"——通向西方的航道(Western Approaches),同时用一支小一点的舰队守住海峡以防入侵。他说:"我一直认为停泊在内港的海军舰队既不能起到保卫王国的作用,又不能保障我们的商业贸易顺利进行。要保护这两者,最可靠的办法是将一支强劲的舰队调至浅水处,这样既能达到保护英吉利海峡和爱尔兰的目的,同时又能维护我们的贸易活动。"[1]

西方舰队司令乔治·安森支持这一观点,但他倾向于将主力留在港口,直到确知敌舰出动再出航,从而无须分散兵力。但后来他受到了贸易商的攻击,后者指责其置商业贸易于不顾。[2] 安森解释说,"法军可能从未被如此烦扰过","我们王国也未如此保护过,将舰队主力留守国内,一有法国船只出发前往东印度或西印度群岛,可以马上派遣大量分队出击"。[3] 桑威奇(Sandwich)则反对舰队过于集中内海或港口内,因为会失去拦截对方商船的良机;他还认为如果保留足够的兵力在港内以防不测,那么可以考虑派遣分舰队,但不必因担心遭受攻击而不敢采取进攻行动。他指出:"立即召回我们的巡洋舰队,我们将犯同样的错误:对敌军每次进攻一味采取

---

[1] N. A. M. Rodger, *The Insatiable Earl: A Life of John Montagu, Fourth Earl of Sandwich, 1718-1792*, London, 1993, p.36.
[2] Richard Pares, *War and Trade in the West Indias, 1739-1763*, Oxford, 1936, p.299.
[3] N. A. M. Rodger, *The Insatiable Earl: A Life of John Montagu, Fourth Earl of Sandwich, 1718-1792*, London, 1993, p.37.

退让的态度。就因为这样,我们已经失去了每一个已摆在我们面前的机会。"① 换一句话说,比起安森来,桑威奇主张更为冒险的方案,然而在实际作战过程中安森的观点占据上风,在他的指导下英军取得了1747年两次海战的胜利。

他们的观点中有两点是值得注意的:一是他们主要考虑近海区域,二是他们没有提到封锁一事。严密的封锁常被认为是英国的"传统"战术,实际上这是一种很特殊又相当困难的军事策略,需要拥有绝对优势兵力,并且在许多情况下难以做到。这一战术只不过在短时间的战役中才得以运用。英国的"传统"战术,或者说从18世纪40年代起成为其"传统"的战术是控制近海海域,特别是控制"通向西方的航道"。这一策略被认为是抵御外侵的最佳方案,既能保护英国贸易,又能扰乱敌方的贸易和海军的军事行动。② 人们认为海军的主要职责是保护贸易,尤其在竞相建立贸易帝国的时代,保护商船队是海军公认的任务,因此贸易路线是海军舰船的主要路线,而贸易路线的交合点就是海军战略的焦点。

第一英帝国时期,英国与欧洲列强尤其是法国的海权之争十分激烈,但通过一次次的战争,英国最终打败了法国,取得了海上优势,成为世界上最大的海军强国。英国有意识地推行海军优势政策,把掌控海权作为战争的主要手段。这种政策一方面是日益增长的贸易重要性的需要,另一方面也因为不列颠岛国易受海上封锁,保持海军优势既可以保护帝国的对外贸易,也可使帝国免遭陆上进攻。掌握了制海权,欧洲大陆的围城攻坚战就能得到海上封锁

---

① Sir John Barrow, *The Life of George Lord Anson*, London, 1839, p.155.
② Daniel A. Baugh, "Great Britain's Blue-Water Policy, 1689-1815", *International History Review*, X, 1988, pp.33-58.

的支援,还可以切断敌军的供应。

威廉三世即位不久,英国就投入奥格斯堡同盟战争,这次战争主要是在欧洲水域展开的,战场先后在爱尔兰海、英吉利海峡、地中海等海域,虽然这次战争双方并没有取得决定性的胜利,但英国海军开始进入一个新的扩军时期。在奥格斯堡同盟战争的早期,英荷联军对法军进犯的威胁反应迟钝,法国军队没有费多大力气就于 1690 年 6 月,在比奇角(Beachy Head)夺走了英吉利海峡的控制权。[①] 如果法军保有对英吉利海峡的控制权,就可以进军英国本土,并把詹姆士二世送回到英国王位上,这令英国人惴惴不安。[②] 然而法国居然没有采取任何行动乘胜追击,因为法国方面,特别是路易十四本人,甚至包括他的一些高级指挥官,都没有意识到海权的重要性,所以,他们没有利用这次来之不易的战术胜利,寻求在战略上打败威廉三世。[③] 1692 年,英荷方面通过在巴尔弗勒(Barfleur)和拉霍格(La Hogue)的两次胜利夺取了军事优势[④],在这两次战役中法国损失 15 艘大型战列舰,这一数量超过了法国军舰总数的 1/4,军士死亡上千。这次灾难性的失败大大地减少了法国海军在大西洋上的可用兵力。

1704 年,英国攻占了直布罗陀,从此以后,直布罗陀就一直在英国的控制之下。直布罗陀是从大西洋进入地中海的咽喉,控制了直布罗陀就能控制地中海。这次战争,使英国成为最大的赢家,英国

---

① C. E. Carrington, M. A., *The British Overseas: Exploits of a Nation of Shopkeepers*, Cambridge, 1950, p.59.
②④ John O'Farrell, *An Utterly Imperial History of Britain*, London, 2007, p.261.
③ Cathal J. Nolan, *Wars of the Age of Louis XIV, 1650 – 1715: An Encyclopedia of Global Warfare and Civilization*, London, 2008, p.44.

的海上力量大大增强,这是英国在建立世界帝国道路上迈出的重要一步。在夺取直布罗陀四年之后,在1708年,英国采取进一步的军事行动,夺取位于地中海西部的梅诺卡岛上的内陆港口马翁港。这里是从巴利阿里群岛对法国南岸作战的最佳基地。① 梅诺卡岛位于地中海西部、西班牙以东,英国1708年攻下它作为海军基地。对直布罗陀和梅诺卡岛的攻占对英国的战略攻势有极其重大的意义。在整个18世纪,英国在地中海的战略计划都是以直布罗陀为防御基地、以梅诺卡岛为进攻基地的,"攻占了它们后,英国军队可以在地中海永久驻扎,英国还可以对沿海的小国家施加政治影响"。② 有了这些港口,英国在地中海进可攻、退可守。③

1744年2月,西班牙和法国组成联合舰队一起出海,目的是企图摧毁由马修斯(Thomas Matthews)海军上将指挥的英国舰队,结果马修斯在土伦(Toulon)附近海面先发制人,向联合舰队发起进攻。法国和西班牙的联合舰队向西班牙港口逃窜,但它们所受到的损失相对很小。马修斯没有乘胜追击,他的副手也没有给予适当的支持,英国人把这一战役看作国耻,而由于西班牙舰队在战斗中首当其冲,所以西班牙人认为他们取得了胜利。但是,这次战斗产生了另外一个结果,就是西班牙人埋怨法国人没有给予支持,从此以后,法国和西班牙两国舰队就没有进行认真的合作,这对英国来说无疑是有利的。1747年,英国又攻击了两支由法国舰队护航去殖民

---

① C. E. Carrington, M. A., *The British Overseas: Exploits of a Nation of Shopkeepers*, Cambridge, 1950, pp. 60 - 61.
② Lawrence James, *The Rise and Fall of the British Empire*, London, 1994, p. 56.
③ C. E. Carrington, M. A., *The British Overseas: Exploits of a Nation of Shopkeepers*, Cambridge, 1950, p. 61.

地的商船队，取得了相当大的胜利。1759年，法国主将舒瓦瑟尔（Duke of Choiseul）计划入侵英国本土，英国首相皮特要阻止这个计划，他命令英国战舰封锁了法国的主要港口。法国地中海舰队奉命去与法国西海岸布雷斯特处的大西洋舰队汇合，在北上途中，于8月19日在葡萄牙海岸外的拉古什（Lagos）被英军海军上将博斯科恩（Edward Boscawen）击溃了大部分，少部分逃回。11月，法国的大西洋舰队从布雷斯特出海，准备运输士兵入侵英国本土，英国海军上将霍克（Edward Hawke）在乱石暗礁之间追逐这支舰队直到基伯龙湾，最终摧毁了这支舰队26艘战舰中的7艘，驱散了其余的船只。从此之后法国再也没有组织对英国本土的入侵。法国丧失海军主力，对争夺北美和印度产生了极为不利的影响。

七年战争中，英国把力量放在海上、北美、西印度和印度，目的是与法国争夺殖民地和海上霸权。1757年，七年战争早期，英国71％的战舰和67％的海军留在国内，而另有12％的战舰和18％的海军被派往地中海。1757—1762年，共有64％的海军在国内和地中海地区服役。[1] 这样，大量海军留守国内，使得英国取得了殖民地征服战役的巨大胜利。1759年，英军依赖海军的防御力量控制了"通向西方的航道"，在葡萄牙海岸的拉各斯（Lagos）大获全胜，击败了法国的地中海船队。1759年，英军占领法国在西印度的产糖岛屿瓜德罗普和加拿大的魁北克，打败了法国的大西洋舰队。1760年9月，英军占领蒙特利尔，夺取了法国在加拿大殖民地的战略要地，次年占领马提尼克岛。[2] 法国的海上力量基本上被消灭。英国在印度

---

[1] P.J. Marshall, *The Oxford History of the British Empire, Vol. II , The Eighteenth Century*, Oxford, 1998, p.179.
[2] 王绳祖：《国际关系史》第一卷，世界知识出版社1995年版，第224页。

战场也取得全面胜利。1761年攻克法国在印度的基地本地治里。1762年,英国进攻哈瓦那(Havana),海军从过去的经历中吸取教训,详细制定了作战方案,一举拿下了哈瓦那,摧毁了一支相当强大的西班牙海军力量。接着,从东印度群岛出航的一支英国舰队攻占了马尼拉(Manila),彻底打败了西班牙。至此,在英法的海权之争中英国取得了彻底的胜利,英国成为世界上最大的海上强国。

从以上战争过程可以看出,这些辉煌的胜利都是因为英军在欧洲海域的优势地位而取得的,同时大部分英国海军又能够待在国内海域,不出海作战。这些都说明了控制"通向西方的航道"的重要性。七年战争后,战争形势发生了重大改变,从前的战略方针失去了作用,英国开始把注意力转移到外海。实际上,英国早在18世纪40年代后期就已向外海派遣部队。由于七年战争获得大量战利品以及1760年乔治三世的继位,英国向海外派遣军队的速度大大加快。这时,法国已经彻底被打败了,英国和它以前的盟国普遍认为,法国已经不构成对英国和欧洲大陆的威胁。但更多的欧洲大陆国家把法国看作反对英国海上霸权、捍卫欧洲贸易自由的盟友,因此,英国也没法再重建一个反法联盟,这一体制在过去75年的大部分时间里一直是英国对外政策的基石。[①] 在这种情形下,英帝国的政策是将视线跨越海洋,建立一个海外贸易和殖民地性质的大帝国。

第一英帝国是依靠强大的海上力量建立和发展的,英国就是通过在海上与欧洲国家尤其是法国的海权之争的胜利,建立起了强大的殖民帝国。发展海外贸易和商业利益是帝国的目的,海权是英帝

---

① Jeremy Black ed., *Knights Errant and True Englishmen: British Foreign Policy, 1660 - 1800*, Edinburgh, 1989, pp. 55 - 91.

国商业的命脉所在,七年战争的胜利是英帝国海权发展的顶点。虽然在美国独立战争后,英国失去了部分海上霸权,但是英国及时总结教训,振兴和发展海上力量,通过控制英吉利海峡、地中海、大西洋等海域并开始将海上力量发展的重点转向太平洋,到19世纪重新取得了海上霸主的地位,成为世界上最大的殖民帝国。

第二章 重商帝国的统治机制

一、印度殖民地的公司管理

在重商主义政策的指导下,英帝国海外扩张的主要目的并不是扩张领土,而是扩大贸易。① 重商主义追求的是贸易与财富,特别强调宗主国同殖民地的贸易,要求独占殖民地作为宗主国的商品销售市场及主要原料供应地。第一英帝国时期,英国通过一系列殖民战争,战胜了欧洲其他殖民国家,在与法国的海权竞争中,英国也取得了彻底胜利。英国通过殖民战争与商业战争的结合,扩大了殖民地范围,逐渐形成了一个世界范围的庞大的殖民帝国,殖民地成为英国的商品市场和原材料来源地。但是英国对各个殖民地的管理各有侧重,并不是整齐划一的。总的来讲,第一英帝国时期英国对殖民地统治的特点表现为政治上控制松弛、经济上控制严格;其主要的统治形式是地方治理、公司管理等。在北美地区,英国除了商业管制外,其内部事务几乎完全由殖民地自己控制;在加勒比海地区,

---

① A. Berriedale Keith, *Constitutional History of the First British Empire*, Oxford: Oxford University Press, 1930, p.8.

英国殖民者役使黑人奴隶劳动,生产英国所需的商品,在美洲地区形成了单一作物的种植园经济;在亚洲,英国以东印度公司为基地,加强了与亚洲的贸易。

在涉及东印度贸易的诸多公司中,显然最为成功的是东印度公司。在第一英帝国时期,以普拉西(Plassey)战役为界,东印度公司的发展大致可以分为两个阶段。第一个阶段起自1600年12月31日,当时公司从伊丽莎白女王(Elizabeth I)手中获得了特许状。后来,它在与荷兰人竞争的过程中逐步发展壮大,不但管理印度次大陆、东南亚大部分地区及中国沿岸的贸易事务,还插手这些地区的政治和军事事务,[1]东印度公司在印度的商业帝国和领土帝国以加速度成长、扩张。[2]

东印度公司发展的契机出现在英国与法国的争霸战争时,尤其是七年战争期间。在印度,英国通过1757年的普拉西战役,打败了法国在孟加拉(Bengal)的支持者,确立了英国在印度的殖民霸主地位。此后东印度公司进入第二个发展阶段,公司在印度建立了一整套殖民统治机构。东印度公司由成立初期的一个海上冒险家公司,变成一个拥有军队、领土,可以宣战、媾和的权力机构,从而支配印度的命运。七年战争和英国对孟加拉的占领使东印度公司由一个商业强权变成一个军事的和拥有领土的强权。[3] 普拉西战役和占领孟加拉不仅标志着东印度公司的性质发生了变化,同时也表明英国

---

[1] Cathal J. Nolan, *Wars of the Age of Louis XIV, 1650 – 1715: An Encyclopedia of Global Warfare and Civilization*, London, 2008, pp.131 – 132.

[2] C. A. Bayly, *The New Cambridge History of India(II · 1):India Society and the making of the British Empire*, Cambridge, 1988, p.7.

[3]《马克思恩格斯全集》第9卷,人民出版社1974年版,第173—174页。

对印度的剥削和掠夺进入一个新的阶段,即由间接剥削转入直接掠夺。

英国人在亚洲进行探险和从事商业贸易活动并非最早,在它之前已经有葡萄牙和荷兰人进入东方。就目前来看,神父托马斯·斯蒂文(Thomas Stevens)是第一个造访印度的英国人。1579年,他到达了当时葡萄牙的统治中心果阿(Goa),当时正是莫卧儿帝国第三代皇帝阿克巴大帝(Muhammad Akbar)在位之时。生活一段时间后,他写信给英国人,介绍了当地的一些状况。在他的影响下,拉尔费·菲奇(Ralph Fitch)和詹姆士·兰开斯特(James Lancaster)先后于1582年、1591年前往印度探险。①

通过对亚洲的了解,英国人发现自己需要与亚洲进行商贸以获得自己所需要的商品,而要与亚洲进行成功的交易就要求建立一个大规模的商业组织。与亚洲进行贸易成本很高,从英国经好望角到亚洲距离遥远,每次单程需六个月以上的航行时间,这意味着必须维持海上通道,必须有巨大而昂贵的船只,在亚洲港口还要有长期存在的贸易机构,可以用来贮存随船运来的货物及准备运往欧洲的货物。由于昂贵的费用及高度的风险,因此个人航行或小群体的航行不可能担当与亚洲的贸易。在重商主义思想的影响下,英国的商业发展十分迅速,英国的商人纷纷要求建立商业垄断公司,以便于开展海外贸易,进而夺取海上航路和垄断权,控制对本国商业活动有利的据点和地区。

早期英国人对印度的探险激发了伦敦人建立商贸公司的兴趣,

---

① C. E. Carrington, M. A., *The British Overseas: Exploits of a Nation of Shopkeepers*, Cambridge, 1950, pp.12-14.

这是东印度公司成立的原因和背景。于是,一群伦敦商人在市长的带领下向伊丽莎白女王请愿,要求女王"为了祖国的荣誉,为了英国国内商品贸易的提升,允许我们动身起程去东印度及其附近的其他岛屿和国家进行探险",并为此颁发特许状。1600年12月31日,女王颁发了特许状,允许"总督及伦敦商人公司的相关成员去往东印度开展贸易活动",赋予其"突破好望角和麦哲伦海峡,同那些尚未被友邦所占据的国家、岛屿和港口开展贸易"的独有权力。获得特许状的公司总督和董事每年一选,他们有权"在与英国现行法律不相冲突的前提下,可以自由地设立法庭开审,制定法律和处罚制度,进行管理"。

东印度公司获得特许状之后,最先去的三个地方是位于印尼的爪哇岛(Java)、苏门答腊岛(Sumatera)和摩鹿加群岛(Moluccas)。不过,在1604年,与西班牙和葡萄牙议和之后,公司决定转向莫卧儿帝国,寻求同印度次大陆进行商贸往来。尽管葡萄牙人肯定会反对,但因为和平协议业已达成,葡萄牙人应当不会以武力方式反对。

于是,公司派遣了一个他们认为值得信任的人前往莫卧儿帝国拜见皇帝,此人就是威廉·霍金斯(William Hawkins)。他做好了充分的准备,以求获得对方的好感。1608年8月24日,他的船只在达布蒂河(Tapti River)河口抛锚,成为第一艘在印度海岸停泊的英国船只。上岸后,他同当地长官进行了长达数月的谈判。1609年4月,尽管葡萄牙人极力反对,他还是抵达了印度北部的阿格拉(Agra)。这时,贾汉吉尔(Mohammad Jahangir)接替了阿克巴的帝位,贾汉吉尔性格倔强、冷酷无情,没有他父亲的能力,[1]却承认葡萄

---

[1] C. E. Carrington, M. A., *The British Overseas: Exploits of a Nation of Shopkeepers*, Cambridge, 1950, pp. 152-153.

牙人的海权。霍金斯虽然不能消除葡萄牙人在莫卧儿帝国朝廷内部的影响和势力,但他却通过用土耳其语与贾汉吉尔交谈,取得了一定的成果。

尽管霍金斯没有从莫卧儿皇帝那里获得敕令,但他还是开始了小规模的贸易。1613年,公司获准在印度西部的苏拉特建立一个经销据点,不出几个月的时间,英国人和葡萄牙人就动起武来,尽管两个国家在欧洲本土仍保持和平友好状态。一艘驻守在河口的英国舰艇把葡萄牙舰船封锁在苏拉特港口,还击退了果阿总督派来惩罚他们的小舰队。1614年,英国舰"希望号"第一次把印度货运回本土,这艘船上载着靛蓝和棉布。贾汉吉尔对葡萄牙人的自负很是生气,特别是在托马斯·罗伊爵士1616年作为英国国王詹姆士一世派去的外交使节到达后,他更是对英国人大加青睐。

霍金斯之后有不少的英国人定居在印度北部的阿格拉,其中不仅有公司"经销据点"的代理人,还有其他的来访者。公司刚开始时,利润是丰厚的,一船丁香在安波拿(Amboyna)用2948英镑就能买到,在伦敦能以36827英镑卖出。每一次成功航行能带来平均150%的利润,前提是船只安全返回。不过,这种交易是在夹缝中进行的,公司的特许权是议会所反对的——议会一直反对这类拥有皇家垄断权的公司。公司还面临一些悄悄潜入者的挑战,其中包括曾经闯入西印度群岛的威廉·柯藤爵士(Sir William Courten)。柯藤从国王查理一世手中获得了同亚洲贸易的特许状,这样东印度公司就无法进行合法的反抗和抵制了。同时,公司还在印度洋领域与葡萄牙人时有冲突,在香料岛(The Spice Island)与荷兰人时有龃龉。英国人被荷兰人排斥在香料贸易之外,直到1682年之前,他们仅仅保有一个风雨飘摇的据点——位于爪哇岛的万丹(Banten)。以后,英国东印度公司把注意力集中于他们位于印度本土的"代理处",通过这些"代理处"从印度统治者那里获得特许权。

东印度公司可以通过其资金运作获得丰厚的利润。早期(1607—1757年)东印度公司通过欺骗、贿赂乃至武力等方式从莫卧儿帝国的皇帝及地方王公手中获得许多特权,从事各种贸易,所获利润相当可观。公司股民每年所获红利可达20%左右,最高可达50%以上,①以致公司股票的价格一涨再涨,100英镑的股票在1569年的价格为130英镑,1677年上升为245英镑,1683年再升至360英镑。② 不过,公司的贸易规模此时还远远称不上庞大,英国进入亚洲是为了获得在欧洲无法种植的谷物和欧洲工匠无法制造的物品。公司从阿格拉进口靛蓝,从孟加拉进口硝石和糖,从马拉巴尔(Malabar)进口胡椒,从马德拉斯进口棉纱和布匹,从卡利卡特(Calicut)进口印花棉布,从波斯(Persia)(今伊朗)进口生丝。其中,胡椒和香料是东印度公司与亚洲贸易的主要商品。印度的棉织品在欧洲市场也很受欢迎,并且在美国和非洲西海岸有再出口市场,他们满足了英国消费者流行时尚衣物的需求和对既便宜、耐洗又轻巧的纺织物的消费需要,英国最多的时候一年就进口大约75万匹印度白洋布和平纹细布。③ 难点是如何在亚洲推销欧洲货,平衡贸易逆差。在1674—1675年,公司出口的工业品价值15.5万英镑,出口银

---

① K.N.Chandhuri, *The Trading World of Asia and the English East India Company, 1660 - 1760*, London, 1978, p.418.
② W.D. Hussey, *The British Empire and Commonwealth, 1500 - 1961*, Cambridge, 1963, p.50.
③ K.N.Chaudhuri, *The Trading World of Asia and the English East India Company, 1600 - 1760*, Cambridge, 1978, pp.547 - 548.

条41万英镑;而进口的商品价值86万英镑,其中大部分为纺织品。①英国主要输出呢绒,还有铅、铁和铜。但是东印度公司出口的英国绒面呢只受到那些买得起的少数人的欢迎,有一些是在阿格拉卖出的,但贫穷的印度人对它的需求并不大。当时的英国进口货物都是用以长条形状发行的银条或通用的货币西班牙古银币结账的,这样的交易体制鼓励了英国人从印度港口出发,西去波斯、东去中国,投机于二级贸易,其结果之一就是把咖啡和茶引入了英国市场。1658年,"那种极好的,中国人称之为茶、英国人称之为中国饮料的饮品"在伦敦开始刊登广告。② 到18世纪,亚洲成为饮料的主要来源地,主要包括中国的茶叶、阿拉伯和爪哇等地的咖啡。

17世纪30年代和40年代,东印度公司代理人大多在为数众多的"经销据点"定居,比如阿格拉、默苏利珀德姆(Mersripodim)、巴拉索尔(Balasore)及其他地方,但英国最主要的管辖区还是在苏拉特。在印度东部海岸虽然有极好的棉布生意可以做,但是那里没有优良海港。就抛锚点来说,印度东南部的马德拉斯是最好的地点。1641年9月,东印度公司将默苏利珀德姆的经销据点搬到这里。弗朗西斯·德(Francis Day)从一位印度小王公手中租赁了一块地,并建立了有围墙防护的据点,把它命名为圣乔治堡(Fort St. George)。当时,印度统治者正在为这一地区展开争夺,1647年,这里落入戈尔康达(Golconda)的苏丹之手。他承认英国人拥有圣乔治堡,并拥有管理当地港口及马德拉斯区域的权力,条件是英国人要固定地从其所得收入中向他缴纳一部分贡税。这样,东印度公司实际上变成了一

---

① Lawrence James, *The Rise and Fall of the British Empire*, London, 1994, p.26.
② C. E. Carrington, M. A., *The British Overseas: Exploits of a Nation of Shopkeepers*, Cambridge, 1950, p.156.

个印度小王公的封建诸侯。

　　与此同时,英国与葡萄牙的敌对状态结束了。1634年,英国在苏拉特的商人与果阿的总督达成了停战协议。几年之后,葡萄牙摆脱了西班牙的统治,重新获得独立,并开始同它之前的故友英国建立友好的外交关系。克伦威尔统治时,双方恢复了一些旧有协议中的条款,其中包括允许英国在东方海港和海域开展贸易活动,此前葡萄牙曾宣称对此享有贸易独占权。查理二世在位时,对克伦威尔取得的这些成就予以强化。此外,为了联合起来抗衡荷兰,葡萄牙和英国联姻结盟。1662年,英国的查理二世国王娶了葡萄牙的公主凯瑟琳,根据此次婚姻协议,葡萄牙把孟买及重要港口丹吉尔(Tangier)让与了英国;英国军舰需要在马拉巴尔海岸建立一个海军基地,以便与果阿的军舰合作。1669年,查理二世把孟买的管辖权交给了东印度公司,仅仅象征性地收取一点租金。国王极大地提高了东印度公司的地位,"公司开始急剧地扩张其在东印度的贸易"。[①]1687年,东印度公司把主要管辖区从苏拉特搬至孟买。

　　为了在恒河三角洲占据一些据点,以便开展与孟加拉的贸易,英国尝试了几次,但都没有成功。直到1690年8月份,约伯·查诺克(Job Chamock)占据了其中的一个据点,这个据点后来发展成为今天的加尔各答市。1691年,他与印度当地统治者达成了一个协议,向孟加拉的行政长官纳瓦布(Nawab)缴纳一定年费,以换取免缴海关税的特权。1696年,东印度公司获得了为其经销据点建筑防御工事的权利。两年之后的1698年,买进了邻近三个村庄的封建特

[①] C. P. Hill & R. R. Sellman, *A Survey of British History, Vol. Ⅲ :1688－1815*, Arnold, 1968, p.3.

权,这意味着可以向当地征收土地税,并把一部分所得上交给纳瓦布。不久,英国人在这片土地上建造了威廉堡;在英国的管制下,威廉堡于1700年发展成为一个管辖区,并迅速发展成为一个城市。

东印度公司的三个管辖区都设置在建设有防御工事的经销处或补给站——圣乔治堡、威廉堡、孟买堡。以此为中心,加上附近区域,就发展起了新的大城市——马德拉斯、加尔各答和孟买。1680年,查理二世又将孟买租赁给东印度公司,并先后建立了马德拉斯、孟买和加尔各答三个管辖区,设英国省督治理,作为进一步侵略印度的基础。[①] 在每个地方,公司的基本功能都由最初简单的用英国商品交换印度商品,转变成为管理当地日益扩张的海港城市及其税收——此项任务更加繁重,但获利也更为丰厚。印度在17世纪末陷入内战,混乱的状态不能提供和平的贸易条件,这三个英国经销处成了商人的避难所,商人和货船于是聚集到加尔各答和孟买,使得之前兴盛一时的苏拉特、默苏利珀德姆,甚至果阿都衰落下去。

如同其他的皇家基金会组织一样,东印度公司在英国内战期间步履蹒跚,在克伦威尔统治晚期得到了一定程度的复苏,在查理二世复位后重新获得了其特权。1661年所发行的新的特许状在之后的几年中又屡次更改,而几乎每次更改都是一次新的增加公司权限的机会。董事有权铸造货币,有权任命要塞的总督,有权招募军队,有权给船只提供武装,有权保有殖民地海事法院,有权在其权限内强制实行军事管制,甚至有权对"不信奉基督教的人"发动战争或同其缔结和平协议。简而言之,三个位于印度的管辖区享有比在北美

---

① 莫尔顿:《人民的英国史》,谢琏造等译,生活·读书·新知三联书店1958年版,第166页。

的皇家总督宽大得多的权力。

另一方面,董事会有资格限制,有资格当选为董事的人所持股票的票面价值必须在 500 英镑以上。① 事实上,每支股票溢价是较高的,其年收益率在 20%—25%。约翰·伊佛朗(John Everlyn)曾经对他的一支股票收益作了记录:他在 1657 年花 250 英镑购进的一份股票,到 1682 年时涨至 750 英镑。如果他晚卖出十年,还可以卖出更高的价格。

金器商兼银行家约西亚·柴尔德爵士(Sir Josiah Child)在东印度公司扩张的那些年头里,恰好是公司的总督,他对新政策的实行有决定性的影响。1688 年时,他写道:"我们的收益,一半来源于我们的贸易,一半来源于我们的管理。这将会使我们在印度成立一个国家。"他的目标是建立"这样的一个组织:它她有强大的民政权力和军事势力,并且能创造那么可观的财政收入。它将成为英国在印度建立的这个健全的、与世长存的自治领的基石"。

然而,东印度公司的进步和拓展绝不是在波澜不惊的环境中实现的。首先,虽然 17 世纪英国与亚洲之间的贸易大部分是通过东印度公司进行的,但东印度公司早期在印度的贸易并不十分顺利:一方面印度对英国商品的需求量不大,另一方面,欧洲市场对印度当时的主要商品香料的需求也不稳定,同时还要面临荷兰商人的激烈竞争——刚开始时,荷兰人的投资款额是英国人的五倍,把英国人远远地甩在了后面。在东印度公司刚刚成立的前十年,其派往亚洲的船只是 17 艘,而荷兰人派出 134 艘。②但是,东印度公司自己造

---

① C. E. Carrington, M. A., *The British Overseas: Exploits of a Nation of Shopkeepers*, Cambridge, 1950, p.158.
② Ibid., p.152.

船,把经营物品的范围扩大到了靛蓝、白洋布、丝绸等商品,还开展欧洲的再出口贸易和亚洲的转口贸易,并在印度的苏拉特和伊朗的霍尔木兹(Hormuz)建立了商埠。斯图亚特王朝对东印度公司并不支持,还分别于1604年、1617年、1635年三次取消东印度公司的特许状。1657年,克伦威尔给东印度公司颁发了新的特许状,为东印度公司的贸易发展提供了新的机会。1660年王朝复辟以后的三十年是东印度公司扩张和繁荣的时期,查理二世和詹姆士二世都确认公司旧有的特权,并扩充了它的权利。1680年,查理二世又将孟买租赁给东印度公司,并先后建立了马德拉斯、孟买和加尔各答三个管辖区,设省督治理。①

其次,东印度公司是托利党人的大本营,因此饱受辉格党人的攻击。"光荣革命"后辉格党得势,他们对东印度公司在1688年革命后取得的贸易专利不满,反对和旧政府结成联盟的商人团体。1694年,下院通过一项议案,认为除法令禁止者外,所有英国臣民都有在印度从事贸易的平等权利,国王无权剥夺英国人同印度进行交易的权利,而只有议会才能对此作出规定。据此,议会于1698年给一家新的公司——被称为"总社"——颁发了特许执照,以与之前的东印度公司对抗。接下来的几年,英国这两家公司开展了竞争,结果,新公司根本就不是旧公司的对手。旧公司还通过购进大部分股份获得新公司的大半利润,取得了战略性的胜利。② 最终,在内阁的压力下,两家公司经过长时间的谈判,于1702年决定合并,这项决定在1708—1709年实施。从此两家公司在"英商东印度贸易联合公司"

---

① 莫尔顿:《人民的英国史》,生活·读书·新知三联书店1958年版,第166页。
② C. E. Carrington, M. A., *The British Overseas: Exploits of a Nation of Shopkeepers*, Cambridge, 1950, p.159.

的名义下合二为一,一般仍称为"东印度公司"。① 此东印度公司已初具规模,在1708年,它的总资产达到320万英镑,有大约3 000名股东,它还大量发行债券。这一组织形式后来维持了大约60年。

再次,1689—1697年奥格斯堡同盟战争期间,英属东印度公司遭到战争的严重破坏。商船一进入南大西洋便易受到法军袭击,整段商路充满危险,英国在大西洋的军事力量严重不足。尽管如此,东印度公司仍是英国制造火药的重要原料硝石的主要来源。根据政府授权,战时公司需每年以固定价格提供2 000—3 000吨硝石,然而,战争还是使东印度公司蒙受了价值100万英镑的损失。不过,荷兰东印度公司相比英国东印度公司所遭受的损失更大,所以英国东印度公司还是相对幸运的。

最后,东印度公司的雇员们必须在印度的商业系统和政治体系内运作。东印度公司的贸易一般是这样进行的:往亚洲各个地区的进口商品的船只先从英国出发,装着可以在亚洲市场卖出的货物,大部分是毛织品和金属,金、银等贵金属通常占运出货物总数的80%,有时更多。这些船开往各公司在亚洲港口的服务中心,这些常设的商业机构主要是为了安置货物,一方面安置从英国和欧洲进口的货物,另一方面在船只到达前,准备好运往英国的商品,并安排好资金。亚洲地区许多小生产者卷入贸易活动,出口的农作物如胡椒、茶叶和咖啡,都是由亚洲农民种植的,丝绸、棉织品、瓷器是由亚洲工匠在自己家里或小工厂里制造的。

为了与大量的小生产者做买卖,英国公司的雇员中要有亚洲的

---

① R.C.马宗达、H.C.赖乔杜里等:《高级印度史》,商务印书馆1986年版,第690—691页。

商人和经纪人。只要政治环境允许,欧洲人就尽量减少中间人而直接与生产者联系,但是即便如此,他们仍需要雇用亚洲经营者来管理,并且应付购买欧洲进口货物的亚洲商人,处理金银兑换钱币的事务。与欧洲交易通常依赖当地商人和银行家,简而言之,公司的雇员必须在亚洲商业系统的管理下工作。

公司也必须在亚洲政治系统的管理下运行。印度各级官员,包括莫卧儿皇帝和其他封建领主、纳瓦布等都愿意和东印度公司签订协议,允许其在印度沿岸开展贸易。[1] 既然如此,东印度公司经营的贸易就不能与当地政治相分离。在亚洲,英国商人必须承认皇帝的宗主权,他们的贸易特权和其他特权以及商业活动必须得到皇帝的批准。

在18世纪初期,东印度公司货物的90%是从印度获得的。在印度西部,英国在苏拉特的莫卧儿港进行交易,大部分货物是古吉拉特邦(Gujarat)的棉纺织品原料,从西南海岸获得的胡椒也是由孟买船运过来的,马德拉斯是获得当地认可的英国在东南沿海或科罗孟德尔海岸(Coromandel Coast)的主要殖民地,早在18世纪,科罗孟德尔的纺织品原料就在欧洲畅销。在孟加拉,由英国人建立起来的城市加尔各答发展得非常快,在当地统治者的允许下,英国建立了一个贸易站并对该地实行管理。孟加拉是一个富有的地区,生产丝绸和棉布以供大量出口,在18世纪早期,它成为英国纺织品进口的主要来源地。从18世纪20年代以来,由加尔各答装载的货物通常至少占印度货物的一半,为了获得它们的纺织品原料,公司的管理机构在沿着孟加拉河流域,靠近加尔各答的几个内地的纺织中心建

---

[1] Lawrence James, *The Rise and Fall of the British Empire*, London, 1994, p. 26.

立了工厂。

17世纪后期到18世纪初期,英国在印度的贸易公司主要集中在印度次大陆,设在苏拉特、孟买、马德拉斯和加尔各答的一些工厂周围。东印度公司在孟加拉的地位有点特殊,它代表英国王室领有孟买,印度王公在那里没有管辖权。在马德拉斯,它的权利是以印度王公们的默认和英国的特许状为根据的。在孟加拉,公司地位的这种双重根源更加明显。根据英国的法律和特许状,公司拥有统治该地区英国臣民的权力,孟买、马德拉斯和加尔各答都有其附属地区,由此可以把贸易扩展到内地。1715年,莫卧儿皇帝颁布敕令:英国人在孟加拉享受每年缴纳3 000卢比后免纳各种税务的贸易特权,并可在加尔各答附近增租土地;他们在海得拉巴(Hyderabad)享受的原有免税特权仍予保留,只需缴纳马德拉斯现有的租金,豁免他们以前在苏拉特所付的一切关税和手续费,改为缴纳1万卢比的年费。公司在孟买所铸钱币,准许在莫卧儿帝国全境流通。① 从此公司在孟加拉的贸易逐渐繁荣,加尔各答的人口在1735年达到10万人,在1715年后的十年中,东印度公司在加尔各答的船舶吨位数每年达1万吨。② 1709年到1750年这个时期是英国东印度公司持续繁荣的时期,它的进出口价值增加了一倍,它的船队从这个时期初的每年11艘增加到18世纪中叶的20艘。③ 18世纪上半叶,印度主要的出口商品是棉丝织品、棉纱和生丝。印度出口贸易中的重大

---

① R.C.马宗达、H.C.赖乔杜里等:《高级印度史》,商务印书馆1986年版,第690—691页。
② 同上书,第692页。
③ J.O. Lindsay, *The New Cambridge Modern History*, Vol. VII, *The Old Regime, 1713-1763*, Cambridge, 1988, p.40.

变化是香料贸易的衰落,其原因是欧洲人对甜味的爱好超过了用香料调味的菜肴,而且由于牲畜得到了越冬的饲料,可以保证鲜肉常年供应。印度主要的进口商品是铸币金属,尤其是白银,其次是宽幅绒布和其他毛织品、铅、铜、锡和水银。

除了由于 18 世纪初期的欧洲战争所造成的贸易中断外,英国东印度公司是一个非常成功的商业组织,其销售额在 18 世纪 20 年代超过了荷兰东印度公司。但法国东印度公司在亚洲仍有相当比例的贸易活动,和英国一样,法国也把贸易重点集中在印度,在主要的纺织品产地建立公司,本地治里是法国贸易公司的总部,靠近马德拉斯,而马德拉斯是英国东印度公司的纺织品贸易基地。18 世纪 20 年代,法国公司的商业利润大约是英国公司的一半,到了 30 年代晚期和 40 年代初期,已接近英国的水平了。不过,在 18 世纪最初 40 年里,英国东印度公司在印度的势力进一步扩大,并且在印度沿海地区站稳了脚跟,成为印度一股重要的政治势力,从而变成英国统治阶级推行对外扩张政策的重要工具。

奥朗则布(Muhammad Aurangzeb)去世后莫卧儿帝国开始瓦解。[①] 当时,德干(Deccan)总督尼扎姆·穆尔克(Nizam al-Mulk)是印度最强势的人,他把很大一片领土并入了印度南部的海德拉巴,可以与印度中西部的马拉塔人(Marathis)相抗衡。在北方,锡克(Sikh)教徒建立了拉合尔(Labore)王国,后来虽然一度亡国但又得以重建。1739 年,纳迪尔沙(Nader Shah)领导的一支波斯大军通过开伯尔山口(The khyber pass),大败没有战斗力的莫卧儿帝国军,吞

---

① C. A. Bayly, *The New Cambridge History of India*(Ⅱ · 1): *India Society and the making of the British Empire*, Cambridge, 1988, p.8.

并了印度西部的各个地区。在德里(Delhi)抢劫了 1 亿英镑的财产后,带着帝国珠宝、孔雀宝座及光之山巨钻①傲慢地撤出。纳迪尔沙死后,其东部地盘为一位帕坦人(Pathan)首领所抢占,将其归入阿富汗王国。此后的十年间,这位帕坦人的后裔又获得了四倍于此的土地,将王国东部边境扩充至德里。马拉塔人是其中一个较持久地与之抗衡的稳定政权。不过,1761 年,阿富汗人在巴尼伯德(Panipat)打败了马拉塔人并在战后屠杀了 20 万人。尽管在接下来的一百年的时间里,王室直系后代在帝国的其他地方享有优先的继承权,但印度实际上已分裂为穆斯林和印度教徒统治的两大块。

自东印度公司建立以来,英国在亚洲的利益没有重大改变,英国仍在亚洲购买亚洲商品。18 世纪早期,公司贸易的形式没有很大的转变。但到 18 世纪中期,英国在印度的角色发生了根本性转变,这是由于英国东印度公司和法国东印度公司在印度以及两国在欧洲的关系,还有英法商人之间,以及当地的印度各势力之间,都存在着极不稳定的因素。② 英法竞争,使两国无法避免插手当地的政治斗争。

法国在印度的第一家企业是在亨利四世(Henri Ⅳ)在位时成立的。不过,直到 50 年后,科尔伯特(Jean-Batiste Colbert)建立海上霸权和商业霸权的计划才取得成功。1673 年,法国在离马德拉斯不远的本地治里建立了经销处;1690 年,法国又在离加尔各答不远的金德纳格尔(Chandernagore)建立了经销处。由于奥格斯堡同盟战争

---

① Koh-i-noor,光之山巨钻,又称"科依诺尔钻石",可称得上是世界上最名贵的钻石。现被镶嵌在英国女王的皇冠之上。
② C. E. Carrington, M. A., *The British Overseas: Exploits of a Nation of Shopkeepers*, Cambridge, 1950, p. 160.

及西班牙王位战争的爆发，英法之间在欧洲大陆之外的许多地方都有激烈的争夺，但二者在印度并没有爆发战争，法国当时把主要精力放在与荷兰的抗衡上。不过，在随后的年份里，当整个印度陷入无政府状态、莫卧儿帝国已经失控时，法国乘机进行扩张。法国总督在海军力量的支持下干涉印度政治事务，其目的就是从庞大的莫卧儿帝国领土中拿走一部分。早些时候，英国的约西亚·柴尔德爵士曾提出类似的建议，但这个建议既缺乏海军支持，又缺乏外交支持。

当时，马德拉斯和本地治里分别是英国人和法国人在印度海岸的主要商业据点，这两个地方都是设防城市，各约有 500 欧洲人和 2.5 万印度人；英国人在本地治里以南不远的地方还建立了圣大卫堡（Fort St. David）。这三个城市都位于海岸上，它们的安全和来自本国的物资供应都要靠取得制海权。所以英法两国东印度公司的斗争，实际上就是制海权之争。法国人意识到他们的事业离不开海上力量的支持，因此，他们先后于 1690 年和 1720 年占据了印度洋西部的两个岛屿，即冠之以法兰西岛（Island of France）和波旁岛（Island of Bourbon）之名的毛里求斯岛和留尼汪岛。在贝特朗（Bertrand Franois Mahe de La Bourdonnais）海军上将担任毛里求斯岛总督的短暂时期里，法国有可能成为印度洋的主宰。

在印度大陆上，法国的政治影响可以追溯到 1735 年本地治里的总督开始干涉德干地区的派系斗争。1740 年，当马拉塔人入侵卡纳蒂克（Carnatic）包括英国治下的马德拉斯和法国治下的本地治里时，当时统治卡拉提克的王公逃到法国总督处寻求救援。法国总督帮助这位王公成功抵御马拉塔人，徒有虚名的莫卧儿帝国皇帝还将其提升至纳瓦布的等级。这样，按印度人的标准，他的地位比那些马德拉斯的普通英国商人要高得多了。①

当英国卷入奥地利王位战争的时候,从法律上讲英法在印度的两个东印度公司也处于交战状态,但起初它们仍然进行着和平的贸易。不久情况发生变化,英国与法国在印度海域爆发了战争。1742年,法国人迪普莱克斯继任本地治里的总督,他采取印度人习以为常的方式进行统治,以确立法国在当地的统治地位。他的步兵和炮兵按照欧洲方法进行训练,总数达7 000人,战斗力比参差不齐的印度军队强得多。仅仅通过四年的时间,他就成为印度南部的主人,要不是因为欧洲发生的事情,他就成了那里的统治者。

与此同时,贝特朗从毛里求斯的基地出发,在印度东南部的科罗孟德尔海岸登陆,逼迫马德拉斯于1746年投降。1749年,英法等国签订了《艾克斯拉沙佩勒和约》,法国宣布放弃其在亚洲的征服所得,把马德拉斯重新归还给英国统治,用以交换英国在加拿大征服的路易斯堡。②

通过战争,英法双方都认识到,在印度的竞争最重要的是制海权,只有控制海洋,才能取得在印度的永久性胜利,所以这次战争改变了英国在印度的殖民统治历史。桑德斯(Thomas Sanders)于1750年9月出任马德拉斯新总督,在他的领导下,英国人全力投入了与法国人的斗争。当时英法两国虽然在欧洲没有战事,但却在印度进行着一场公开的战争。桑德斯试图在卡纳蒂克扶植另外一个与法国所扶植的王公相对立的王公,以削减法国在当地的影响。在接下来爆发的断断续续的战争中,英国军队与法国军队各据一方,

---

① C. E. Carrington, M. A., *The British Overseas: Exploits of a Nation of Shopkeepers*, Cambridge, 1950, p.161.
② 路易斯堡,加拿大东南部新斯科舍省布雷顿角岛东南部海港。

各自帮助其所扶植的王公作战。英国军队中有一位名叫罗伯特·克莱武的人,本来是作为"文书员"派去印度的,但是后来他发现自己具有军事才能。1751年9—10月,他率军夺取阿尔乔特(Arcot),扭转了这场小规模战争的战局,迪普莱克斯不可战胜的神话被打破了。[①] 1755年,英王任命他为陆军中校,他以圣大卫堡副总裁的身份再次前往马德拉斯。与此同时,英王还派遣一支海军舰队前往孟加拉湾巡游,其上载有现称多塞特郡兵团(Dorset Corps)的第39步兵团。

当时,孟加拉的纳瓦布西拉杰·乌德·达乌拉(siraj ud-daulah)对威廉堡发动攻击,这里既没有常驻部队,也没有防御设施。英国总督仓皇出逃,留下其顾问霍威尔(John Zephanian Holwell)和一些英、印志愿兵进行抵抗。这支鱼龙混杂的平民武装很快就投降了,他们被关押在一间重兵守卫的屋子里。由于守卫疏忽大意,140名被关押者中,有120名因窒息死亡,这间屋子因之被称为"加尔各答黑洞"。英国于1756年8月派遣一支由克莱武和沃特森(Charles Watson)率领的军队去胡格利(Hooghly)讨伐,经过一场小规模的接触战,就于第二年1月收复了加尔各答。1757年6月23日,克莱武用900名欧洲人和2 000名印度兵战胜了西拉杰·乌德·达乌拉的5万名士兵。这就是著名的普拉西战役(The Battle of Plassey)。普拉西战役的胜利对英国势力在印度的成长具有重要的战略意义,它为英国人征服孟加拉,以至最后征服整个印度铺平了道路。它使英国人成为孟加拉的实际统治者,从而能支配印度

[①] C. E. Carrington, M. A., *The British Overseas: Exploits of a Nation of Shopkeepers*, Cambridge, 1950, pp. 162 - 163.

最富庶的地区,并利用其资源摧毁法国在印度的势力。1759年,克莱武击溃荷兰东印度公司在苏拉特的据点,自此以后,荷兰人丧失了在孟加拉建筑要塞和防御工事的权利,只能依靠英国军队的保护。

1761年,在海陆联合进攻下,英军占领了本地治里,法国人在印度失去立足之地,再也无力与英国抗衡。① 在1763年的《巴黎条约》中,英国军队把在战争中取得的法国经销处予以归还,但规定他们的贸易据点不得建筑防御工事。法国国王则保证不在印度驻扎军队。

1764年10月,英国人梅杰·卡西姆(Major Kasim)在布克萨尔(Buxar)打败米尔·凯西姆(Mir Qasim)和舒亚·达乌拉(Shuja-ud-Daula)两位纳瓦布。米尔·凯西姆在孟加拉的统治被推翻,东印度公司扶植了易于被利用的米尔·贾法尔(Mir Jafar)上台。② 1757年的普拉西战役使英国人在孟加拉站稳了脚跟,而对米尔·凯西姆的战争胜利则确立了英国在孟加拉的统治。以后几年中,英国东印度公司逐步占领孟加拉省,为征服整个印度铺平了道路。马克思指出:七年战争和英国对孟加拉的占领使东印度公司由一个商业强权变成一个军事的和拥有领土的强权。③ 公司接着在印度建立了一整套殖民统治机构,如实行总督制,委任各级官吏,控制各领地的行政、民事、司法等大权,逐步确立起对印度的殖民统治。普拉西战

---

① J. Holland Rose, A. P. Newton and E. A. Benians eds., *The Cambridge History of British Empire, Vol. Ⅳ, British India*, Cambridge University Press, 1929, p.164.
② C. E. Carrington, M. A., *The British Overseas: Exploits of a Nation of Shopkeepers*, Cambridge, 1950, p.168.
③《马克思恩格斯全集》第9卷,人民出版社1974年版,第173—174页。

役和占领孟加拉不仅标志着东印度公司的性质发生了变化,同时也表明英国对印度的剥削和掠夺进入一个新的阶段,即由间接剥削阶段转入直接掠夺阶段。从那时起直到18世纪结束,由印度源源流入英国的财富,主要不是通过比较次要的贸易弄到手的,而是通过对印度的直接掠夺而弄到手的。占领孟加拉后,东印度公司通过"双重管理制度"统治孟加拉,公司拥有"迪万尼(Diwani)"(税收权),莫卧儿王朝拥有名义上的行政管理权。从此,东印度公司不仅是商人,而且成为政权的体现者,它既拥有经济权力又控有政治权力,威权显赫。公司的官员还以政权代表的身份经商,垄断印度赚钱的贸易,免税经营国内贸易,禁止印度商人经营有利可图的对外贸易。1765年,东印度公司对南部及包括比哈尔(Bihar)在内的孟加拉地区实行直接统治,这使它有效控制了卡纳蒂克领土的东南部,还控制了奥德(Oudh)地区,并在领土上驻扎守备队。简而言之,东印度公司成为印度的统治者。到这一年,变化已经很明显,公司最感兴趣的是征收税款,这是公司殖民统治的"财源"。公司占领孟加拉后,取得了在孟加拉的贸易特权,在孟加拉经商无需缴纳过境税。同时它在孟加拉建立霸权地位,扶持傀儡来控制地方政治,孟加拉逐渐成为英国的一个省。英国实行一种新的政策,那就是把夺取领土作为贸易和帝国的基础,这与帝国初期相比是一个重大的改变。

18世纪早期,英国的私人企业建立在印度殖民地上,并卷入了海上贸易,欧洲人不仅仅关心出口的货物,并且关心从亚洲一个地区到另一个地区的贸易。马德拉斯是18世纪英国贸易的中心,船从港口装载着印度的纺织品通过波斯湾和红海运往西方,或者去中国、菲律宾群岛和东南亚大陆。18世纪20年代,马德拉斯让位于加尔各答，每季40艘以上的私人船在加尔各答装配完成，这一数目在18世纪中期稍微有所减少，但是印度海上可获利的大部分贸易仍掌握在英国人手中。① 普拉西战役为私人商业开辟了一个广阔的市场，印度人和欧洲人都抓住了这一机会，东印度公司员工与印度人合作，并让印度人担任东印度公司在加尔各答的代理人。私人贸易扩大了与印度商团的联系，英国商人从英国带来的资金有限，因此，他们在很大程度上依赖印度贷款。英国商人与印度商人的关系很复杂，印度人把现金投资到欧洲的航运或是保险业上，富有的印度商人甚至充当欧洲私商的代理人，私人贸易的发展把印度商人束缚在英国公司之下。

孟买直到18世纪晚期才成为印度的主要港口，但它已经吸引从苏拉特来的难民。18世纪初期，科罗孟德尔沿岸的港口显然有能力与马德拉斯竞争，越来越多的印度商人迁住那里与英国人做买卖。② 而加尔各答则不同，在18世纪的前半个世纪，印度商人、工匠和民工大批涌进英国管辖区，加尔各答的发展很快，到18世纪中期，这个城市已容纳了10万居民。③ 英国领地扩张给印度统治者提出了新问题：与欧洲人做买卖而扩大他们的财富当然很好，但是如果那笔财富流入外国管辖区而非印度统治区，使外国管辖区快速发展，那就会对自己的权威造成威胁。毫无疑问，加尔各答对孟加拉的印度统治者形成了挑战。

---

① P. J. Marshall, *East Indian Fortunes: The British in Bengal in the Eighteenth Century*, Oxford, 1976, pp. 19-20, 51-75.
② Sinnappah Arasaratnam, *Merchants, Companies and Commerce on the Coromandel Coast, 1650-1740*, Delhi, 1986, pp. 192-194.
③ P. J. Marshall, *East Indian Fortunes: The British in Bengal in the Eighteenth Century*, Oxford, 1976, pp. 24-25.

在印度的某些地区，英国商人特别是私商起先在本地统治者提供的机会内扩大发展，这些统治者需要现金和军队，而英国人扮演银行家或管理者的角色。政治渗透后来转变成政治支配，甚至是完全统治，英国人建立管理机构，并让它们为英国的利益工作，把税收和军队占为己有，为自己服务。18世纪，英帝国在印度的统治是建立在印度的财富和当地统治者的配合基础之上的。

到18世纪中期，英国在印度已经有很强大的势力。18世纪40年代以前，公司守备队驻扎在马德拉斯、孟买和加尔各答，在与法国军队的交战中，公司的兵力增加了，同时，开始寻找印度人作为士兵的来源。军队的任务从保卫领地转变为掠夺内陆。1757年，普拉西战役时，克莱武拥有2 000名印度兵和900名欧洲兵；到了1764年，英国拥有5 300名印度兵、850名欧洲兵，这支力量可以打败相当数量的法国人和数量多得多的印度人。① 英国人相信武力的功效，早在1751年，一个士兵就曾说：只需要2 000名欧洲人就可以征服孟加拉。现在，既然公司获得了孟加拉的控制权，它的雇员们就打算将远征队开往北印度，甚至是德里。

东印度公司官员长期以来把他们的精力放在追求个人利益上，战争和动乱给他们创造了机会，企图雇佣公司军队的印度人不仅得付钱给公司，还得贿赂他们的官员。在普拉西战役后，陆军和海军各得到大约27.5万英镑，不包括额外发给像克莱武这样的官员的巨大开支。② 其实军队的每一笔花费中都包含了私人的利益，政治变动也给私人商业带来了高额利润。孟加拉很典型，那里的商人早在

---

① P.J. Marshall, *The Oxford History of the British Empire, Vol.Ⅱ*, *The Eighteenth Century*, Oxford, 1998, p.499.
② Ibid., p.165.

普拉西战役之前就渗入印度内地了,随着纳瓦布的垮台,英国人对内地的贸易就不可阻挡,随之带来了英国贸易的迅速发展。

东印度公司职员在印度大肆掠夺,这些职员只需在印度待上几年,就能从中获得巨额财富,所以当时的许多乡绅子弟都把去印度当作一个发财的途径,努力争取去印度的机会。当时印度的统治权在东印度公司手里,由公司直接管理,英国政府不干涉,这就给职员谋取个人财富提供了良好的机会。这些人派驻在外,虽然不拿工资,但可任意搜刮,他们只需向公司和土邦王公交纳一定数额的费用,就可自行收税,所以他们往往是巧取豪夺,十分腐败,被视为暴君。

东印度公司打败法国对手后,英国的贸易进一步东扩。在莫卧儿帝国崩溃后,东印度公司变成了孟加拉和比哈尔两地的统治者,它不仅把法国从印度驱除出去,还打败了它在印度的主要敌手马拉塔人和迈索尔人(Mysore)。东印度公司成为一个政权,代表皇帝统治这些地区。印度商品不仅出口到欧洲,而且随着英国贸易的扩张到达中国,从而有助于弥补其迅速增长的茶叶进口。在东印度公司的激烈竞争下,荷兰的利益受到削弱,最后基本退出了亚洲市场,这就为英国的贸易扩张进一步扫清了道路。

1765年5月,克莱武第三次来到印度。此时,东印度公司与奥德还有莫卧儿皇帝正在谈判。在英国,克莱武不顾很多人的反对,利用自己的钱财购进了大批东印度公司的股票,以至于足以控制公司的董事会,并顺利当选为孟加拉总督。他第三次到印度与前两次不同,他有一个新的目标,他不是前来追求财富,而是来推行"改革"。克莱武向新纳瓦布要求收税权,他知道只有控制整个孟加拉的所有资金,才能满足公司对资金的需求。

因此，克莱武的首要任务就是同莫卧儿帝国皇帝及其两个臣属——孟加拉及奥德的纳瓦布——签订能够达成其意愿的协议。之前，公司曾经建立过政府，后来又将这个没有合法性的机制予以废除。现在，克莱武想要把公司转变为公务组织，力求从莫卧儿帝国皇帝手中获得征收和管理国家税收的权力。1765年，印度皇帝沙·阿拉姆二世（Shah Alam Ⅱ）颁布敕令，正式将孟加拉、比哈尔和奥里萨（Orissa）的迪万尼（即税收权）授予东印度公司。① 公司指派了一名印度人担任迪万（即税收官），负责征收孟加拉的各项赋税和行使审判权，同时，当地的纳瓦布也委任这个人代表自己管理行政，包括掌管刑事审判。东印度公司非常满意这种形式，正如公司在孟加拉的政府在1767年所指出的："我们可以把目前的情况当作我们的春天，在纳瓦布名字的掩盖下，悄悄地使这个庞大的政府机器进行运转。"② 这种方式使英国人在孟加拉的地位得到了合法的认可，奠定了英国人在孟加拉的统治。

此后，东印度公司在威廉堡的职员不再是商人，而是具有收税权的财政官员。在当时莫卧儿帝国的封建体制下，土地所有权自然而然地会衍生出司法管理权，因此，一个地区的税收官同时也是当地治安法官，一个担任总督的英国人在孟买可以以纳瓦布的代理人的身份合法地活动，他所征得的税收收入，每年都上交一部分给英国王室。除去这一笔外，每年大概还剩下400万英镑。这些资金一部分支付给莫卧儿帝国，其他用于日常开销、支付伦敦股票持有人的股息。在某些地区，比如说位于马德拉斯北部的瑟卡斯（Circas），

---

① R.C.马宗达、H.C.赖乔杜里等：《高级印度史》，商务印书馆1986年版，第727页。
② A. Goodwin, *The New Cambridge Modern History, Vol. Ⅷ , The American and French Revolutions, 1763－1793*, Cambridge, 1965, p.219.

公司会获得一部分。①

在孟加拉站稳脚跟后,克莱武并不打算继续在印度进行领土扩张。他在自己的领地上以公司的武力为后盾扶植奥德的纳瓦布,只要他为此买单。莫卧儿帝国皇帝看到该地区的一部分土地仍属其直接统治,也就非常满意。奥德成了孟买和不稳定的上印度之间的屏障,这就为孟买换来了持续170年之久的稳定局面。

18世纪后半期,英帝国将侵略的矛头从西半球转向东半球,对于长期生活在不列颠群岛的英国帝国主义者来说,亚洲显得很陌生。推动英国在亚洲扩张的催化剂正是东印度公司,它在18世纪60年代成功完成了从商业机构到殖民统治机构的巨大转变,这一变化得到了英国上上下下的政治家和民众的一致赞同。英国殖民者在南亚的殖民活动给这一地区带来了相当的不稳定,东印度公司职能的变化也预示着英国新的帝国政策正在酝酿。

直到1780年以前,英国很少有人认为印度比北美大陆和西印度群岛更重要,不过,当时也有人开始意识到印度的意义,意识到它对英国经济和军事可能会发挥更直接的影响。正因为如此,英国各届政府越来越置身于印度事务中,东印度公司统治下的印度开始成为英国政治生活的重要内容。东印度公司最初只是一个贸易专卖组织,除了享有贸易特权之外,英国皇家还宣布其享有其他特许权,可以保护自身的利益与安全、调节薪金水平、统治印度、批准居住权等。好几代英国政治家都试图干预印度事务,但都没有成功,东印度公司半自治的殖民统治形式也逐渐被加强了。从理论上来说,英

---

① C. E. Carrington, M. A., *The British Overseas: Exploits of a Nation of Shopkeepers,* Cambridge, 1950, p.168.

国王室对东印度公司的所有权是扩大了,但英国政府从未承担过印度殖民地的经营和管理责任,大臣们对印度事务几乎一无所知,他们很乐见东印度公司能系统而有秩序地获取商业利益。

但是当1765年东印度公司实际上接管了孟加拉省、比哈尔省和奥里萨邦,克莱武从沙·阿拉姆皇帝手中获得迪万尼以后,在某些方面,英国和东印度公司之间的关系开始改变了。克莱武在1759年对威廉·皮特说:"对一个商业公司来说,独立自主权将是这个公司享有的最广泛的权利,但公司也许不会万能,没有国家的援助,他们无法独立统治全局。"[①]英政府不介入印度事务的态度后来发生改变,因为印度给英国带来价值不菲的高额利润。人们看到印度不再是以前那个只能给帝国提供很少财富的帝国边远地带。自1770年以来,英国对亚洲的进出口贸易急剧上升,这给英国的消费者、商人和公司股东带来了大量财富。1772年,经济学家托马斯·莫蒂默(Thomas Mortimer)说:印度贸易已经成为英国最主要的经济来源。[②] 克莱武在印度领地获得的财富刺激了一批人,这些认为政府有权支配这些财产,因为在东印度公司需要时,是国家向它提供了军事援助。克莱武也意识到需要采取措施将财政收入转化为流通资金,孟加拉的丝绸工业发展了,贸易投资上升了,中国的茶叶贸易大规模地扩展。商人对茶叶生意特别关心,因为茶是英国本土消费者主要的需求品之一。从孟加拉来的资金被汇集到广州,在那里,公司购买大量茶叶销往伦敦。茶叶销售商在18世纪70年代年平均贸易额为680万英镑,到了90

[①] W. S. Taylor and J. H. Pringle eds., *The Correspondence of William Pitt, Earl of Chatham*, I, London, 1838, pp.389 - 390.

[②] T. Mortimer, *The Elements of Commerce, Politics, and Finance in Three Treatise on Those Important Subject*, London, 1780, p.131.

年代一下蹿升到每年平均 1 970 万英镑。茶叶、棉布、丝绸、青靛这些商品大大提高了亚洲贸易在英国进口贸易中的地位,①同时,它也让人们认识到东方贸易的重要性。

18 世纪 60 年代商业的发展使东印度公司的职能变得模糊不清,公司到底是一个贸易机构,还是英国财政收入的代理人? 1759 年,公司的董事们认为:"从此以后,公司的贸易将更多被当作向英国转移财源,而不只是一个商业体系。"公司的贸易承担着重要的财政转移功能,贸易方式的变化将来自印度的收入转移到英国。1767 年,根据《汤森德法案》(Townshend Act),东印度公司每年向英国财政部上缴 40 万英镑,②这是根据东印度公司在孟加拉的收入估算而确定的,公司的经营表明:"英帝国在印度的繁荣一直都是将来时。"③

第一英帝国时期,英国通过东印度公司为英帝国积聚了大量的财富,这一时期也是东印度公司的鼎盛时期。17 世纪中期以后,英国开始实行"面向东方"的政策,反映了帝国在亚洲的扩张。海军行动向东方倾斜,确保将法国的势力排挤出印度,而英国在印度的影响却不断扩大。财政和商业系统经过改革,为直接和间接的财政转移提供了广阔的空间。在商业利益的驱动下,印度成了"英王皇冠上最璀璨的明殊"。

---

① Ralph Davis, *The Industrial Revolution and British Oversea Trade*, Laicester, 1979, pp.44–46.
② Ramsay Muir, *The Making of British India*, London, 1923, p.87.
③ C.H.Philips, *The East India Company, 1784–1834*, Manchester, 1940, p.153.

二、北美大陆的地方治理

英国建立殖民地最初的动机是商业方面的考虑而非领土扩张,[①]美洲殖民地一开始就不是由政府组织拓殖的,而是由私人冒险公司或个人开拓的,英国政府对于私人冒险公司在海外的殖民活动并不直接干预。这些私人冒险公司把英国制度移植到美洲,以英国的政治与法律观念为指导建立了殖民地。英国的美洲殖民地很少受到英国政府的干预,殖民地议会拥有较大的权力,能较充分地发扬地方自治的传统,因而殖民地具有较强的自治性。

英国政府在北美建立殖民地,旨在与其他欧洲国家进行竞争,从经济方面说,可以安置国内过剩人口,发展贸易和增加财富。移居北美的殖民者,想通过移民摆脱贫困,寻求更好的生存条件。政府和民间这两方面的要求,在殖民运动中达成了统一。在殖民地的发展扩张中,这两种利益并行不悖,至少都得到了部分满足:政府通过殖民地扩大了战略和经济利益,移民则改变了生存环境。

英国在北美的殖民地不是一个整体,而是13个具有独特政治和社会功能的共同体。根据当时的惯例,北美殖民地作为英国的海外领地,其政治和土地权利均来自英王的授权,英国政府对其拥有合法的主权和管辖权。英国政府采用管理海外领地的方式进行统治,尽可能完整地将英国本土的社会、政治体制和法律体系移植到北美,按照英国的国

[①] A. Berriedale Keith, *Constitutional History of the First British Empire*, Oxford: Oxford University Press, 1930, p.8.

内模式来设计殖民地政府。殖民地的政治结构与宗主国对应,每个殖民地都是半独立的政治实体。

从整体上看,英国对北美殖民地的政策具有一个长期性的特征:政治管理比较宽松,经济控制则相对严厉。历史学家查尔斯·安德鲁斯(Charles M. Andrews)在比较英、法两国对殖民地的不同策略时写道:"英国对殖民地贸易施加更严格的限制,在国内各港口征收更重的关税,但它很少干预殖民地的内部事务,对于人口流动、政府援助及维护等方面的事情也很少关心。"这样就使英属美洲殖民地变成"自我依靠、自我治理和自我维持"的实体,具备独立精神,对处理自己的事务充满信心。① 也就是说,英国政府的殖民地政策是消极管理,它关注的主要问题是防止殖民地摆脱宗主国,保护它们不受其他欧洲国家的侵犯,防范印第安人的攻击,而不实行主动的管理。

英国对殖民地的管辖包括选派总督、任命参事会、设立海关、实施《航海条例》、审查殖民地议会制定的法令等。英国在殖民地的统治机构由国王任命的各殖民地总督、参事会和经选举产生的议会组成。从理论上讲,总督的权力范围很广,覆盖了殖民地的各种事务,但在具体的操作中,总督由于受到参事会、殖民地议会及英国国内三个方面的牵制,权力很难发挥,总督一职往往有名无实。对于英国国王的旨意,总督很难去认真执行,特别是由于殖民地议会控制着殖民地财政收支大权,连总督自己的年薪也要由殖民地议会表决决定,因而在总督与殖民地议会的斗争中,总督往往屈服,甚至有时对英国的指令阳奉阴违,乃至公然抵抗。我们可以从英国对殖民地

---

① Charles M. Andrews, *The Conlonial Background of American Revolution: Four Essays in American Colonial History*, New Haven, 1942, p.75.

议会通过的法令的审查情况看出英国对殖民地的政治控制是松弛的。在1691—1776间,北美殖民地提交英国审查的法律共有8 563件,其中仅有469项被废止,只占全部个的5.5%。[1] 在英国宽松的控制下,殖民地自治不断强化。在日常政治生活中,殖民地事务大部分掌握在北美居民自己手中。参事会和总督在理论上都是英王权威的代表,但二者不时发生冲突。各殖民地议会的权力和作用不断扩大,逐步演化为总督和参事会的制衡力量,殖民地的许多重大政治斗争,就是在议会与总督之间展开的,而且大多涉及权力之争。一般说来,总督无法遏制议会的权势扩张,这就严重限制和削弱了英国的统治能力。为摆脱这种不利局面,英国政府曾谋求削弱殖民地的立法权,并力图将皇家官员的薪俸固定化,但所有的尝试都遭到殖民地议会的强烈抵制,没有产生效果。另外,英国政府还试图改变各殖民地各自为政的状况,在北美建立一个统一的殖民地政府,也无果而终。

值得注意的是,英国对如何管理殖民地并没有一个明确的思想。[2] 英国对殖民地的管理十分混乱,没有一个专门的机构来全权负责殖民地事务。帝国对殖民地的控制是由许多个不同的部门来行使的。在这样一套管理体制中,英王是殖民地最高统治者,也是所有"无主"土地的主人;枢密院负责殖民地最高法律事务,发布命令;南方大臣负责委派各殖民地总督;陆军部和海军部负责殖民地的防卫;英国议会负责制定有关法律。虽然1696年5月成立了贸易

---

[1] Elmer Beecher Russel, *The Review of American Colonal Legislation by the King in Council*, New York, 1915, p.221.
[2] Marein Kitchen, *The British Empire and Commonwealth, A Short History*, MacMillan, 1996, p.3.

局,但它只是枢密院的咨询机构,不是一个行政主体,该委员会主席直到1768年才成为内阁成员。① 这样,殖民地事务就成了谁都不管、谁都能管的事务,每一个部门都按照自己的利益来直接处理殖民地事务。② 在这种多重管理体制下,各部门之间互不通气。如商务部只是一个咨询机构,其主要工作是接收各殖民地总督的来信,并将有关法律送到相应的部门,涉及财政部和海军部的事务,商务部不能采取行动,而只能请其他部门采取行动。③ 海军部虽然负责殖民地防务,却很少与商务部相互磋商。④ 在英国,在殖民地事务上没有任何一个部门努力与其他部门采取共同行动,议会也从未为殖民地制定宪法,事实上也很少干涉殖民地内部事务。⑤

总之,英国统治殖民地的机构虽然很庞大,却是重叠和松懈的,各个不同的机构对于殖民地政策不能协调一致,令出多门,彼此常有抵触情形,使殖民地不服从命令有所借口。殖民地议会利用英国与殖民地之间路途遥远、交通困难的有利条件,往往通过议案后,一面送呈英国政府有关部门批准,一面立即执行,即使议案被英国政府否决,他们将原来的法案稍加修改,仍可再送英王批准。

在经济上,英国对殖民地施加了很多严格的限制,殖民地的一切经济活动都必须服从于英国的利益。如果说北美居民在政治上、法律上与英国本土居民享有同等的权利和地位的话,那么在经济上

---

① Marein Kitchen, *The British Empire and Commonwealth, A Short History*, MacMillan, 1996, p.2.
② D. K. Fieldhouse, *The Colonial Empire*, MacMilan, 1982, p.64.
③ R.C.西蒙斯:《美国早期史》,商务印书馆1986年版,第213页。
④ D. K. Fieldhouse, *The Colonial Empire*, MacMilan, 1982, p.65.
⑤ Marein Kitchen, *The British Empire and Commonwealth, A Short History*, MacMillan, 1996, p.3.

则很少受到平等的对待。英国对于殖民地经济的基本政策,一是要维持其对宗主国的依赖,二是使之与宗主国经济具有互补性。英国奉行重商主义政策,鼓励国内制造业发展,对殖民地的制造业予以限制,以使之成为国内制成品的市场。在重商主义理论的指导下,英国政府以法令的形式规定了殖民地的贸易格局。早期的外贸法令规定外国商人装运货物到英国,必须将全部价款转换成英国货物(相当于物物交换),而英国商人往海外经商,至少须将一部分售货所得以现金形式带回本国,实现绝对的出超。1651年,英国颁布《航海条例》,规定殖民地必须从英国输入工业品,而且只能从英国输入,只有极少数商品可以自由贸易,但这些商品必须用英国或其殖民地所制造和拥有的船只运输。[①] 英国制定《航海条例》的目的,就是要牟取和维持贸易垄断地位,增强殖民地居民对宗主国的依赖性,推进英国的商业利益。[②]

英国政府希望把殖民地会集起来,形成一个庞大的商业帝国,帝国的每一个部分可以从事它所能干得最好的事情,为共同利益作出贡献。[③] 这一时期帝国的商业体制是:宗主国生产工业品,而北美殖民地提供烟草、棉花、鱼类等,西印度群岛种植蔗糖,印度提供香料。[④] 商业控制是英帝国组织机构中最有效、最集权的领域。

英国不但控制殖民地的商业贸易,而且还采取了这样一条原则:殖民地不应在工业上与宗主国竞争,因而禁止、限制殖民地生产

---

① Ernest Barker, *The Ideas ard Ideals of the British Empire*, Cambrighe, 1941, p.41.
② Thomas C. Barrow, *Trade and Empire: The British Customs in Colonial America, 1660-1775*, Cambridge, 1967, p.4.
③ Marein Kitchen, *The British Empire and Commonwealth, A Short History*, MacMillan, 1996, p.3.
④ W. A. Barker, *A General History of England, 1688-1852*, London, 1963, p.146.

某些产品。1719年英国下院在决议中指出:"在殖民地建立工厂会削弱其对宗主国的依赖。"①殖民地只可以生产英国不能生产的产品,并且专营此种产品;作为回报,英国保证此类产品的销售市场。②英国要求所有殖民地都为英国利益服务,却不尊重殖民地自身的利益。

在这样一个经济体系之中,殖民地永远处于依附地位,受英国政府的统治,其首创性受到严格限制。英国对于殖民地经济上的限制,其目的在于限制、扼杀北美殖民地工商业的发展,使之成为英国商品的销售市场和原料产地,保证英国掠取丰厚的利润。总之,英国在北美殖民地的统治,在理论上是严格的,实践上是松弛的,整个都是为了支持英国的商业特权。③

通观第一英帝国时期英国与北美殖民地的关系,可以说不是一种全方位的关系,更不是一种全能的关系,因为英国对于北美殖民地,除了商业管制外,其他的一切采取放纵的态度,各殖民地的内部事务几乎全由殖民地人自己控制。也就是说,英帝国在对美洲殖民地的统治上,政治与经济在某种程度上是分离的,凸显经济的利益和战略。虽然英国对北美殖民地拥有主权,但并没有真正行使主权,二者也是分离的。主权主要表现为宣示和认可,主权行使则分为常规性行使和非常规性行使。拥有主权与行使主权分离,既无助于形成一种帝国主权,也无法阻止殖民地利用这种局面做大自身。爱德蒙·伯克(Edmund Burke)在分析帝国治理时指出:"大不列颠

---

① James A. Willianson, *A Short History of Briaish Expansion*, London, 1927, p.345.
② Marein Kitchen, *The British Empire and Commonwealth, A Short History*, MacMillan, 1996, p.3.
③ W. A. Barker, *A General History of England, 1688-1852*, London, 1963, p.146.

议会是以两种身份位居于辽阔帝国之首的。作为本岛的立法机构,它仅仅借助于行政权力这一工具,而直接为国内的事务制定政策。它的另一种身份,窃以为高贵于上者,我称之为帝国的身份;在这一身份下,它宛如天上的主神那样,监督着次一级的立法机构,指导它们,控制它们,却并不吞没它们。"① 政治上的松弛也为日后北美殖民地的独立准备了条件。

三、加勒比地区的奴隶制种植园

在英属加勒比地区,英国的殖民统治更是体现在商业和贸易方面,政治统治也更多地表现为松弛。从 17 世纪中期开始,英国大规模地开展奴隶贸易,大量的黑人进入英帝国。17 世纪 80 年代,英帝国内的黑奴主要流向是加勒比海地区,经过一个世纪,到第一英帝国后期,黑人遍布北美海岸的各个地方,黑人成为北美大陆的重要居民,而在加勒比海地区黑人则遍及从巴哈马(Bahamas)到多巴哥的广大地区。英国商人早在 1680 年时就在非洲海岸建立起牢固可靠的奴隶输出基地,他们从非洲运送到美洲的奴隶数目是所有其他欧洲国家黑奴数目的总和。在 17 世纪 60 年代以后的 150 年间,英帝国从非洲贩卖了约 340 万非洲黑奴。英属美洲殖民地移民人口的绝对数目中,黑人要大大高于白人,这是奴隶贸易留下的后果。奴隶贸易与糖业经济的发展是相辅相成的,大量引进非洲奴隶使奴隶雇佣制度成为最重要的劳动组织形式,它反映了美洲殖民地的社会

---

① 爱德蒙·伯克:《美洲三书》,商务印书馆 2003 年版,第 63 页。

和政治变化。大约在17世纪40年代,半封建的移民居住地逐渐被管理严格的奴隶制度所代替,奴隶制为私人公司和殖民帝国带来了更多更快的利润。

在英属加勒比地区,最重要的作物是甘蔗。糖业和奴隶制改变了整个殖民地,18世纪的糖和奴隶数量增加,使英属加勒比成为奴隶和糖业生产的中心。美洲殖民地种植园经济的发展,促进了奴隶贸易的繁荣。奴隶不仅弥补了人口的不足,而且对美洲的社会和人口分布产生了巨大的影响。正如当时一本小册子所说:"对非洲的贸易已使我们的美洲殖民地和种植园对英国如此有利:这种航运供给我们的种植园主以源源不断的黑奴,来种植甘蔗、烟草、大米、棉花、染料、红胡椒和其他产品;在美洲,到美洲和来自美洲的航运都利用我们的航船,因此也就随之而产生一大帮水手,这也为英国许多制造商提供了生活的来源,凡此种种,都主要由于有黑人的劳动;作为种植我们种植园的第一批幸运的工具,他们的劳动足以赡养(种植园主),保护他们,并且使他们越来越有利于他们的祖国。因此,黑人贸易以及由此而产生的一切后果,都是这个国家的财富和海军力量永不枯竭的宝藏。"①

18世纪是英属美洲殖民地奴隶制发展的顶峰时期,并形成了鲜明特点:主人和奴隶、商人和船主、统治者和被统治者、自由人和奴隶、白人和非白人构成一个完整的、相互依赖的不同种族和不同阶层的社会集团。奴隶是英属美洲殖民地最低的社会等级,"所有的黑人都是作为奴隶而运到殖民地的,奴隶的地位在其后代身上也打

---

① J.H.帕里、P.M.舍洛克:《西印度群岛简史》,天津人民出版社1976年版,第212页。

下了不可磨灭的烙印,因此,那些后代也永远不能进入白人的阶级。如果有一天他们能够被看作与白人一样,他们也就会像白人一样要求所有的位置与荣誉,那是根本违反殖民地宪法的"。[1] 他们是种植园主的财产,无权拥有自己的财产,也没有处理个人事务的权利;他们不可以出售任何产品,拥有的一切都是属于他们的主人的。他们辛勤劳动所得或别人施舍的东西都属于主人;他们的子女、父母或其他人也不得借口继承、赠予等理由,要求拥有上述东西。

英帝国内的黑人奴隶绝大多数都在糖种植园内工作,直到欧洲工厂体系建立之后,这些黑人才改变了在糖种植园被奴役的命运。因为与其他农作物种植园相比,糖种植园的工作环境和条件是最艰苦的。在种植园,奴隶的体力大小是分配组合的标准,奴隶组合有利于提高生产效率和管理。"种植园的奴隶按照他们的年龄和状况分为三个帮。第一帮是那些身体强壮的成年男女,他们的年龄在15—50岁,每一个种植园都需要这样的劳动力;第二帮是年纪较大的男女奴隶和12—15岁的男孩和女孩,他们通常担任轻巧的工作;第三帮是6—12岁的儿童,他们在女工的带领下,从事一些适合他们身体特点的农活。"[2]田间奴隶必须承受繁重的劳动,在甘蔗收割季节,他们像牛马一般被驱使着干重活,磨坊日夜不停地转动磨盘,人和牲口都很少有休息的时候。我们从1781年订立的《统一奴隶法》可推断奴隶的劳动状况,根据该法,奴隶每天工作11小时,该法还规定每隔一周应给奴隶一天自由时间,让他在自己的"口粮地"上干

---

[1] J. H. 帕里、P. M. 舍洛克:《西印度群岛简史》,天津人民出版社1976年版,第296页。

[2] Franklin W. Knight, *The Caribbean - The Genesis of Fragmented Nationalism*, Oxford, 1990, p.130.

活。该法旨在保护奴隶免受那些对黑人进行无限制剥削的奴隶主的压榨。

在17世纪到18世纪晚期的加勒比地区,90%以上的奴隶劳作度日,而这恐怕是任何别的地方都达不到的高比率,只有6岁以下的小孩、年老和生病的黑人才能免除劳作。而且,加勒比地区只存在单一型的经济形式,甚至有些岛屿就只有一个大型糖种植园,此外就再也没有别的经济机构。食糖是这个时期加勒比地区主要的出口商品,正如埃里克·威廉斯(Eric Williams)所说:"甘蔗在18世纪经济中占据着钢铁在19世纪、石油在20世纪所占据的地位。甘蔗就是大王。"[①]直到18世纪晚期发生变化,咖啡开始成为仅次于糖的第二大出口作物,但是,总的来说,在绝大多数殖民地,糖工业趋向于成为单一的经济形式。种植园单一经济给殖民地带来了极其严重的后果,它不仅破坏了殖民地的农业生产结构,而且为他们日后发展留下了难以排除的障碍。在英国最大的糖岛,那儿的种植园耕种的农作物品种繁多,而且随着时间的推移还有作物种类越来越多的趋势。

尽管糖是加勒比种植园最主要的农作物,但许多加勒比的奴隶们也从事其他一些工作。在某些英属加勒比地区,即所谓的边缘地带,也不种植甘蔗。伯利兹(Belize)的许多奴隶是伐木工,在安圭拉岛、开孟群岛(Cayman Islands)和巴布达岛(Barbud),许多奴隶在农作物种类繁多的小型庄园里劳作。在巴哈马,棉花种植业几十年来一直是重要的农作项目,那儿的渔业和航海业也是奴隶劳动的重要部门。即使是在单一作物经济体制下,巴巴多斯每10个奴隶中就有

[①] 埃里克·威廉斯:《加勒比地区史》,辽宁人民出版社1976年版,第180页。

1个从事棉花、粮食、姜、竹、芋头和芦荟的生产。牙买加的畜牧业在经济中占有重要一席,在那里建立起了专门的家畜园和养殖场。18世纪后期,咖啡成了加勒比地区仅次于糖的十分重要的农作物,咖啡园里专门雇佣了数量可观的奴隶劳作。他们分别来自牙买加、多米尼加、圣文森特、格林纳达、圣卢西亚、特立尼达岛(Trinidad)、德梅拉拉-埃塞奎博(Demerara-Essequibo)和伯比斯(Berbice)。与糖种植园相比,咖啡园中作物种类繁多,但规模较小。而糖工业之所以作物单调,多样性不大,是因为种植糖作物要求的地理环境比较特殊,它们常常孤立分布在高地上。而在种植棉花、咖啡、可可、甜椒和粮食的作物庄园里工作的奴隶,他们的劳作没有在糖种植园中的奴隶们那么辛苦。

与岛屿上的种植园相比,美洲大陆上的种植园不会有如此多的劳动力集中在单一农作物的种植上。18世纪早期英属北美殖民地上的奴隶们工作种类繁多,北方的奴隶通常在农场劳作或是充当家仆,在切萨皮克(Chesapeake),奴隶们种植烟草、庄稼和饲养家畜,有的当伐木工。到了18世纪30年代,尽管大陆殖民地上每10个奴隶中就有4个从事于种植烟草和庄稼,但仍有相当大一部分奴隶从事非农业生产,充当家仆、手工业者或从事其他非农业生产活动。直到18世纪60年代,美洲大陆上的奴隶才有近一半的人从事于三种主要农产品,即烟草、大米和青靛的生产。而与此同时,切萨皮克却有更多的奴隶从事小麦生产。进入18世纪以后,小孩和老人在美洲大陆奴隶人口中的比率相对较高;同时,从事劳作的奴隶人口也有所下降。到了北美独立革命时,约有80%的英属北美殖民地奴隶活跃于反抗奴隶制度的斗争之中。

种植园里有一些奴隶不用干艰辛的农活,而是从事对外或对内贸易,有的人成为农村种植者与城市消费者之间的中介,有的则经营小船业务,或成为渔民、音乐家、工匠等。奴隶们从事的这些职业混淆了奴隶与自由人之间的区别,因为这个原因,逃跑的奴隶发现,他们很容易找到生存的手段。经营对外和对内贸易使一些奴隶积累了一定的财富,一些流动资金掌握在这些奴隶的手中,在奴隶制的后期,这些奴隶已经有能力购买一些破产的土地,使他们自己成为农场主。因此,奴隶制社会并不是一个静止的社会,社会上下层的移动常常会导致不同社会地位之间人们的角色转换。奴隶的经济地位提高,为他们争取自由奠定了一定的基础。17世纪晚期至18世纪早期,一些黑人奴隶取代白人成为熟练工、监工和家仆。但黑人取代白人的范围有赖于种植园的种类、黑人与白人的比率和奴隶总数的规模大小,因此,像牙买加这种拥有众多黑人的大种植园和糖殖民地,黑人基本上完全取代白人;而在弗吉尼亚这种主要由白人构成的烟草殖民地上,黑人取代白人的比率就不那么高。在一个成熟的奴隶种植园,从事各项工作的奴隶比例大致分配如下:70%—85%的奴隶干农活;10%—20%干技术活,当半熟练和监工;5%—10%充当家仆。这个比例也因地域差异而不尽相同,例如,在糖种植园就要比在切萨皮克多出约1.5倍的技术性工作。[①] 个别地方奴隶因性别、年龄、肤色、力气大小和出生地不同而被分配不同的工作,男性奴隶主要做技术性工作,女人们一般干体力活和农活,孩子根据年龄大小来决定是否加入干活队伍和从事哪种农活。奴隶中浅肤色的通常被分配充当家仆,如果是男性的话,则干些技术工

---

① P.J. Marshall, *The Oxford History of the British Empire, Vol. II, The Eighteenth Century*, Oxford, 1998, p.472.

作,克里奥人(Creole)①也比一般的非洲人容易被派去从事工艺品劳动,同时,一些非洲少数族裔比其他非洲同胞更有可能逃避地里的农活。

生活在城镇和城市农场里的一些奴隶也避免了干农活。到了18世纪晚期,居住在城市里的奴隶比例,在北美殖民地大约为5%,在加勒比英属殖民地约为10%。② 与绝大多数种植园里的奴隶们不同的是,城市里的奴隶大多由部分白人和从种植园释放了的黑人奴隶构成,他们各自生活在一个小群体之中,通常被居住地的女性监管人员严密地监视着。城市奴隶人口中女性人数要多于男性,而且以非洲的有色奴隶为主体。居住在城市中的奴隶,他们有的是家仆、小商小贩,还有的是港口的搬运工人。不仅如此,居住在城市中的奴隶与来自农村的奴隶相比较,有多于两倍的人是熟练的码头搬运工、渔夫或工头。

奴隶们不仅为奴隶主干活,而且他们也为自己工作。他们的工作能力因人而异,大小不一,参差不齐。在巴布达岛(Barbuda)和巴哈马殖民地,那里的奴隶纯粹是农民,耕种广袤无垠的土地,从事畜牧业或者花大力气从事狩猎和捕鱼的工作。在牙买加和圣文森特的大型糖种植园,那些自身优势不强的奴隶则更多地从事于耕种作物和畜养家畜。而更差一点的,那些生活在北美殖民地乡村里的奴隶,他们负责在种植庄稼前完成一切准备工作,备足储备物等。奴隶们为自己干活的机会和范围在小殖民地上要相对较小,如安提瓜

---

① 西印度群岛或拉丁美洲的欧洲移民的后裔,也指西班牙人、法国人与黑人的混血儿。
② P.J. Marshall, *The Oxford History of the British Empire*, Vol. II, *The Eighteenth Century*, Oxford, 1998, p.472.

岛(Antigua)、巴巴多斯岛,在那儿奴隶几乎没有时间给自己找活干,而只被允许修整庄园自家粮食地的杂草。奴隶们居住地距离远近不一,年老的、体虚的和一些年龄较小的奴隶深感工作艰辛、压力巨大。农活的负担越是沉重,则从事农作物耕作的奴隶患病、寿命下降和低生育率的情况就越是严重。但奴隶从出售自己生产的物品和物物交易中也可获得物质利益,长期以来,因为奴隶的开垦和耕种,作物耕种面积不断扩大,奴隶的辛勤劳作也为形成其独立的家庭生活、宗教信仰和社会生活打下了基础。

种植园奴隶制的一个重要特点是妇女参与田间劳动。种植园最需要的劳动力为16—50岁的男性。在旧式种植园中,由于社会控制的需要、死亡率的增加和市场的需求,女性劳动力占了相当的比例。当最初的清除森林、开垦荒地的任务完成后,妇女像男子一样从事耕作、收获和制造工作。在每一块加勒比殖民地,妇女参与绝大多数的劳动,在一些大的种植园,妇女参与田间劳动的人数比男性还要多,劳动年限也比男性长。但是,男女的分工还是存在的,男性的职业选择范围比妇女大得多。贸易行业把所有的妇女排除在外,她们也不从事像渔猎、运输或监工类的事务,妇女仅仅被限制在田间和家庭劳动中。由于妇女参加艰辛的劳动,所以,这一时期加勒比种植园殖民地的出生率低而死亡率高。黑人女奴的工作环境很差,艰辛的工作使那些妇女到30多岁了还不能生育。在非洲人被移居至新世界的过程中,他们丧失了最好的生儿育女的时期。他们难于找到配偶,不愿要小孩。哺乳期相对较长也是导致生育率下降的原因。同时与糖工业生产强度相关的还有食物营养结构,从事糖种植业的奴隶经常缺粮,加勒比地区女奴的月经初潮要比北美女奴晚1—2年。加勒比女奴的食物营养结构,如蛋白质缺乏和低脂肪也导致了月经功能的紊乱,加速了闭经的到来。此外,奴隶的家庭生活相对脆弱短暂,也导致不育。尽管加勒比地区有一部分奴隶成功地组建了家庭,但产糖岛上核心家庭却较之北美家庭要脆弱,不牢固。

美洲的种植园奴隶制影响和支配着奴隶家庭的生活:奴隶主总体上只承认母子关系,绝大多数被买来的男性奴隶找不到配偶,奴隶主通过出售和转手奴隶破坏了奴隶家庭,奴隶主对女奴进行性骚扰。这些就造成了奴隶社会的不稳定和混乱,奴隶婚配少,整个社会无组织性,甚至引起奴隶的叛乱和反抗。

家庭生活的情况也各不相同,黑人家庭的生活通常较为平淡,非洲黑人中有一半乃至超出一半是和朋友、其他人而不是和亲属生活在一起。但是,非洲人尤其是船员总是营造一种虚拟的血缘关系,他们常常把船友的孩子视为己出,看成自己的亲骨肉。在特立尼达岛,那些幸运地找到了配偶的非洲人联系上其他地区或其他部落的非洲人,特立尼达的非洲人常常生活在核心家庭的集体之中。随着克里奥人口的增加,种植园形成了广大的亲属关系网。典型的奴隶住宅包括男人、妇女和她的孩子,但是随着种植园与种植园之间婚配日益平常,因婚姻而建立起来的血缘关系网也就随之不断扩大。很多克里奥人生活在由母亲和孩子构成的家庭单位里,即母亲的一个配偶居住在附近的种植园里,或者生活在大家庭之中。而这种形式的家庭生活更多的以错综复杂的亲属关系网为中心,而不是以单个家庭或者核心家庭为主要生活内容。

18世纪末,北美和加勒比殖民地的黑人中,可能结婚的人数增多了。大陆上的黑人家庭和核心家庭要比加勒比群岛上的家庭基础更为牢固,力量更为强大。奴隶人口克里奥化意味着奴隶更容易找到自己的伴侣,生活在亲属血缘关系之中。一名切萨皮克妇女在18世纪70年代过着这样一种家庭生活:她身边有她自己亲生的5个孩子,19个孙儿孙女和外孙儿外孙女,9个曾孙子女或曾外孙子女,还有4个女婿、媳妇和3个孙女婿、孙媳妇,因此她生活在一个巨大的血缘网中。[①] 加勒比地区岛上的奴隶家庭比大陆更多些,因为岛上的奴隶被出售和移居的可能性比大陆要小,岛上家庭很难分散到更广阔的区域。

家庭是黑人社会制度的关键,整个社会离不开一整套社会规范。社会中奴隶之间的关系有以下几种形式:获得释放享有自由的奴隶与仍为奴隶身份的奴隶;相互联系、互帮互助的奴隶与那些分散独居的奴隶。在关系两极化的奴隶社会中,确定标准规范彼此关系及行为方式,是调解和处理白人与黑人、黑人内部之间的关系的关键。

法律是使自由与不自由的奴隶双方关系制度化的一项重要手段,英属加勒比的巴巴多斯是这方面的样板。美洲大陆的殖民地南卡罗来纳于17世纪晚期开始效仿,18世纪便在许多殖民地蔚然成风。通常,有关黑人的法规内容是限制和镇压黑人,不准许他们进行没有经过统治者授权的活动,如奴隶们大型聚会,拥有枪支和其他武器,吹奏喇叭和击鼓,或举行秘密仪式。对于反抗白人的武装起义,所实施的惩罚非常严厉,许多殖民地都建立了特别针对奴隶的法庭。加勒比地区牙买加的刑法最为严厉,而南卡罗来纳是整个美洲处罚最严厉的地方。

---

① P. J. Marshall, *The Oxford History of the British Empire*, Vol. II, *The Eighteenth Century*, Oxford, 1998, p.474.

同时，风俗习惯同法律一道成了规范所有殖民地黑人行为的有力手段。不同的奴隶主有不同的手段控制和奴役奴隶，在不同地区方式也不相同，但共同之处仍是存在的，其中重要的一点，也是奴隶制的特点，就是高度个人化和强制化，用鞭子，而不是用法律规范奴隶。在种植园或者奴隶主家里，奴隶主及其家庭成员采用各种各样的高压手段来管制奴隶，而不需要依赖外部权威，暴行和惨剧在种植园里随处可见。加勒比及新建的殖民地上的奴隶往往感到孤立无援，那里的暴行更血腥，奴隶主的名声也更恶劣，针对奴隶的暴力和威胁无处不在。在人身方面，奴隶备受主人的虐待，在加勒比，人们认为奴隶由于举止不当而受鞭打是正常的。在安提瓜，"有些本性残忍的人，随心所欲地违反上帝戒律和人道原则，经常杀死、残害或肢解自己或别人的奴隶，而从未受到处罚"。[1] 为了减轻对黑奴的惩罚，牙买加的《统一奴隶法》作出规定：鞭笞最多 39 鞭，同时，对肆意残杀奴隶的人处以死刑；手段过于残忍也会受到惩罚。

有些奴隶主希望用奖赏来代替惩罚，一些地方给奴隶放半天或一天假，用于修整自己的粮食地。允许奴隶参与一些社会活动，如邻居或朋友的葬礼。奴隶主也常常在宗教节日期间给奴隶们放假，尤其是圣诞节，那是奴隶们大获自由的日子。有些地方黑人过白人的节日，给奴隶小费也很平常，在丰收的时候还有星期天也会给奴隶发放加班费和其他小费。奴隶主也允许奴隶有自己的喜好，在这方面家仆、车夫和小生意人是最初受益的奴隶。当然这些情况主要发生在面积大些的种植园，奴隶工作的特殊地位、等级和年龄大小不同，都使他们享受到与众不同的权利。但这些情况不适用于小种

---

[1] 埃里克·威廉斯：《加勒比地区史》，辽宁人民出版社 1976 年版，第 94 页。

植园,而在北美殖民地,切萨皮克的部分地方则比较常见。①

奴隶与奴隶主的相互依赖关系越来越紧密,黑人不仅仅是白人行为的对象,还是他们自己规范社会关系的主体。地理起源是重要的因素,有时候从非洲一个特定地区来的移民成了英属美洲殖民地的重要移民力量。在 18 世纪 30 年代,输入南卡罗来纳的黑奴中有 3/4 来自安哥拉(Angola);而在 1750—1790 年,牙买加移民中有 4/5 的奴隶来自于黄金海岸(The Gold Coast)。大多数时候,同一民族文化背景的非洲人会努力寻找相互交往的渠道,但随着时间的推移,非洲人会更多地与异族人一起逃跑或通婚。

在加勒比地区早期居民中,非洲人与克里奥人的关系比较特别。克里奥人是特定历史条件下的产物,欧洲白人以专业职业人员和庄园管理人的身份留在殖民地,然而,这些岛上男女比例严重失调,白人男子根本不可能考虑结婚,于是女奴和自由女黑人成了他们的性伙伴。他们既可以享受性的乐趣,又免除了婚姻生活的责任和麻烦,如此产生的后代便成了克里奥人。自大的克里奥人经常看不起纯粹的非洲人,称他们为"盐水黑奴"或者是"几内亚鸟"(珍珠鸡)。新近被抓为奴隶的非洲人往往集体逃跑,而克里奥人逃跑则单打独斗、一人行事。加勒比地区一些奴隶社会团体中,克里奥人有时将一些非洲人带到家中并令他们为其工作。在克里奥人构成人群主体的地方,他们很早就订立了一套生活的规矩和准则,②非洲人从中学到了很多条条框框。在切萨皮克,新来的非洲人很容易迅速地适应新环境,这在很大程度上归功于他们之前与克里奥人建立

---

① Richard Pares, *A West-India Fortune*, London, 1950, pp.131 – 132.
② Edward Brathwaite, *The Development of Creole Society in Jamaica, 1770 – 1820*, Oxford, 1971, pp.164 – 166.

的联系。

克里奥人的出现在很大程度上加固了奴隶间的凝聚力。但是，一直以来，肤色的深浅，又经常造成工作种类的不同，引起奴隶社会的分离。在不同的地区，奴隶们不同的种族、肤色也使得他们享受的权利有所不同。加勒比岛国的种植园主绝不会让具有欧洲血统的黑白混血儿干农活，但在陆地种植园内，情况却大不相同：他们一样得种地，只是很多家仆和技术工人的职位由具有欧洲血统的奴隶给占领了。在管理家务事方面，他们占统治和领导地位。

奴隶中的有色人种是最有可能被释放的，他们也因此成为黑人中最强的分裂力量，成为了奴隶制度下一种反常规的、不寻常的产物，由此成为一个两级奴隶社会中新生的第三级力量。重获人身自由的人通常以给自己重新命名为标志，他们搬出原有的住所，把家人安置到更为安全可靠的地方，他们努力加强同社会群体的联系，积极地置办和买卖财物，甚至是奴隶，并且靠求助于法律来保障他们辛劳所得。但是在整个18世纪，获得释放的奴隶太少了，以至于他们还不能明确地将自己与奴隶区分开来，很多人仍与奴隶保持着密切的联系。18世纪70年代，被释放的有色人种和黑奴只占牙买加和弗吉尼亚整个奴隶总人口的2%，而在巴巴多斯和南卡罗来纳这个比例还不到1%。随着被释放的奴隶人口的增加，奴隶以独立身份出现的机会也增多了，但这是一个不平坦、道路崎岖的过程。被释放的黑人和有色人种成为介于白人奴隶主与黑人奴隶之间的中间力量。尤其值得注意的是，在巴巴多斯和英属圭亚那（Guyana），社会仍为二级社会，被获准自由的奴隶只占很小的一部分。在被释放的人中也有等级区别，自由了的有色人种与白人身份更紧密，而解放了的黑人则仍被认为是黑奴。

在各种形式的交流中，英帝国的黑人产生了文化和亚文化，而这其中最大的障碍则是语言——黑人讲各种不同的语言。在非洲向英属美洲殖民地输出奴隶的那个区域地带，非洲人的语言总共约有1 000种。18世纪晚期英属非洲殖民地上的奴隶语言交流的方式多种多样，从语音音调高低不同的沃洛夫语（Wolof）到破擦音和吸气音变化的科伊桑语（Khoisan）。有时候还出现打破语言和文化传统的人，他们能说不止一种非洲语言和以英语为基础的克里奥语。一些非洲语言也随着非洲人进入新世界，在牙买加边界地区，语言变革者充分地利用了英语和他们自己的阿坎语（Akan），将二者合而为一。在那些非洲人和黑人聚集的种植园里，尽管他们也说"洋泾浜"英语、克里奥语，甚至是标准英语，但是仍有大量非洲人在一段时期里仍会使用他们自己的语言。在那些居住着享有特权的奴隶的小城镇，以及那些非洲人和黑人为主的奴隶制社会之中，绝大多数黑人说的很可能是一种迅速克里奥化了的语言，而一些人则说起了标准英语。一小部分奴隶主说其他欧洲语言，如在宾夕法尼亚港的奴隶主说德语，在纽约的奴隶主说荷兰语，在魁北克的奴隶主讲法语。而与此同时，许多加勒比海地区的奴隶讲英语，甚至在北卡罗来纳高地讲盖尔语（Gaelic）。毫无疑问，非洲人是能说多种语言的语言使用者，他们比英帝国其他民族更加精通于语言表达。

尽管非洲的语言种类变化令人眼花缭乱，但标准规范化的语言仍是绝大多数黑人所使用的一种克里奥语，其词汇多数来自英语，而语言和句法则主要来源于较少使用的西非克里奥语或者洋泾浜语，除此之外还来源于其他多种非洲语言。也就是说，非洲人将欧洲语言的词汇融入与之有很多共同之处的西非语言的语法结构之中。尽管这些大西洋沿岸的克里奥语与许多下层非洲人说的语言有很多结构特征上的共同之处，但它仍是个独立的语言体系。英帝国的黑人至少使用25种不同的克里奥语;其中有8种主要以英语为基础;2种主要以荷兰语为基础;4种以法语为基础。[1] 18世纪晚期,绝大多数生活在切萨皮克的奴隶,也是美洲大陆奴隶最大的聚合体,他们很可能讲的是一种非标准的地方英语。

和黑人多种语言形式并存的情况一样,连续的大规模的音乐表现手法也因欧洲和非洲人的灵感来源、文化底蕴不同而竞相开放。黑人音乐的发展方式与克里奥语的形式息息相关。黑人们保留了传统行为模式的内在结构却采用了一种新的外在形式,音乐内在结构的重要的元素包括复杂多变的节奏、打击乐奏曲、切分音和应答轮唱模式。[2]

早期奴隶的特殊地位使他们在宗教的信仰上也处于劣势。英国的法律规定,人们不能把基督徒变为奴隶。一旦奴隶变成了基督徒,就再也不能把他们当作奴隶,也不能把他们当作奴隶加以控制。因此,尽管有的奴隶有皈依基督教的愿望,一方面他们希望从教会得到知识,另一方面希望得到上帝的拯救,但是,殖民地当局则拒绝他们的要求,把他们关在宗教的大门外。因此,黑人奴隶将他们自身的传统宗教内容注入基督教,他们并不是一味地完全接受基督教义,而是有选择地兼收并蓄,创造了自己的宗教。18世纪中期以后,基督教新教派以不同的形式在不同的种族间广泛传播,越来越多的黑人奴隶放弃了自己传统的宗教信仰。黑人奴隶在美洲殖民地的劳动和生活中,追求自身的独立性,创造了自己特有的语言、音乐和宗教,简而言之,他们创造了自己的文化。

---

[1] P. J. Marshall, *The Oxford History of the British Empire*, Vol. II, *The Eighteenth Century*, Oxford, 1998, p.479.

[2] Ibid., p.481.

总之，英国人建立美洲殖民地的目的是商业扩张，在重商主义的旗帜下，美洲殖民地为英国的产品提供了巨大的市场和原材料产地，英国通过与殖民地的贸易获得了巨大的利益。英国本着重商主义的原则，为了满足自身和欧洲市场的需要，在美洲殖民地大量投资甘蔗种植园，发展单一经济，给殖民地带来了严重的后果；为了给西印度种植园提供足够的劳动力，大肆贩卖非洲奴隶，在美洲种植园推行奴隶制度。第一英帝国时期的黑人奴隶被固定在一个个种植园里，在那里，他们有着相同的命运，遭受着无尽的折磨和迫害，过着短暂而贫困的生活，一生中绝大部分时间在劳作，组建弱不禁风的家庭，受尽残暴虐待，他们讲克里奥语，创造了自己有特色的音乐风格，他们相信神仙魔力，逐渐适应和屈服于奴隶制度下的悲惨生活。英帝国在美洲的繁荣是建立在美洲奴隶制基础之上的，到帝国后期，美洲殖民地出现了奴隶的反抗运动，英国公众舆论对奴隶制的态度也发生了重大转变。英国经济和工业的快速发展，超出了大西洋的地理范围，使英属西印度的重要性大大削弱，英国从贸易国转变为一个金融、制造和贸易为一体的综合性的经济大国。与此同时，美洲殖民地的经济迅速衰落，建立在重商主义思想指导之下的奴隶制已经不符合资本主义发展的需要，资本主义必然为奴隶制敲响丧钟。19世纪初，英国废除了美洲的奴隶制度，加勒比海殖民地进入一个新的发展阶段。

第三章　海外移民与奴隶贸易

一、英国的海外移民

在"光荣革命"后,英国在辉格党政府领导下,以重商主义思想为指导,对外执行积极的扩张政策,参与欧洲列强之间因争夺殖民地而引发的一系列战争,在战争和武装冲突中英帝国的版图得以扩大,英国的军力逐渐发展。这为英国进一步海外扩张及海外移民提供了必要条件。从移民的主体来说,在17世纪主要是英格兰人。到了18世纪,则英格兰人减少,苏格兰人和爱尔兰人增加。影响移民的因素有很多,有主观的也有客观的,有主动的也有被动的,有积极的也有消极的,比如战争、宗教信仰、生活驱动等,因而个人移民的原因也是不一定的。受到移民个人的主观动机的影响,其目的地也不一样。在很大程度上,英国的阶层结构在北美和加勒比海群岛上得以重建。每个人移民的结果是不一的,不过,作为一个历史现象的海外大移民,对英国的发展意义重大。大英帝国的雏形在迁移中形成。

当殖民地得到了一定程度的开发,白人劳动力不能满足殖民地的高强度的劳动力需求时,奴隶贸易如火如荼地展开了。尽管奴隶贸易在多大地程度上为英国工业的发展提供了资金,这是一个存在争议的问题,但它促进了英国工业和商业的发展,是第一英帝国课题中一个必不可少的议题。

持续的海外贸易和对新土地的追求让英国不断开展新的商业冒险以及开拓新的势力范围,此一时期,英国海外殖民活动集中在北美、西印度群岛和印度三大地区,海外贸易和帝国版图得到进一步扩大,扩大的帝国版图为英国的移民提供了广阔的安居地。英国军事力量的强大以及英国政府对殖民地的保护,使得英国本土人前往殖民地时少了一重担忧,可以说,"英国在18世纪能够顺利地扩张与发展海外活动,与其在1700年以前在海外拓展所形成的良好局面密不可分"。①

从17世纪开始,英国人口增长速度加快,到17世纪中期,英格兰的人口达到530万,爱尔兰、苏格兰和威尔士的人口总数也已经达到240万。由于人口增长的速度超过了粮食增长的速度,造成粮食严重短缺,同时人口的增长还造成了对土地的压力,导致物价上涨。人口的增长也造成了失业率的持续上扬。在英格兰,国民就业的主要部门,一个是农业,一个是纺织业。从农业方面说,由于农业劳动有很强的季节性,并不需要全年劳动,因此以农业劳动为生的人就存在着失业的可能;而当时最大的制造业部门纺织业更是一个极不稳定的工业,在正常状况下半失业情况就非常突出。农业和手工业部门的不稳定和失业现象,使得大批人流向中心城市,这又加剧了城市本身严峻的就业形势,加剧了社会的贫困。人们为

---

① H. V. Bowen, Elites, *Enterprise and the Making of the British Overseas Empire, 1688—1775*, London, 1996, pp. 22-25.

了生存,不得不背井离乡,向外移民,探寻新的生存空间。

第一英帝国时期,英国的殖民地主要包括两种情形:一种是英国移民永久定居,并在此种植棉花、捕鱼、耕种粮食;另一种则是被外国领土包围的领地和由英王授权公司受理的贸易据点,其主要目的是确保并指导当地居民与英国的贸易。在美洲,由于欧洲入侵者和疾病导致当地的土著居民人口数量锐减,殖民者在这片土地上展开了激烈的争夺,形成了棋盘一样的欧属美洲殖民地。英国人,主要是英格兰人,大量出国定居,其中有穷人也有富翁,他们乘船出海去寻找美洲和加勒比海地区的乐土。虽然移民团体的目的地和组成成分各不相同,但大规模移民的势头却在17世纪30年代牢固地树立了起来,同时也出现了许多渡洋方式。尽管移民的目的地事先并不确定,但北美地区在此后300年时间里吸引了绝大部分英国移民。

移民和迁居的起点是英国,然而大西洋沿岸的殖民地彼此之间并不是孤立的。起初,移民选择在哪里定居取决于当地经济状况或对机遇的不同理解。最初的移民地区是新英格兰、宾夕法尼亚或俄亥俄等地。也有成千上万的移民从美洲中部殖民地和新英格兰地区迁到加拿大、新斯科舍省、新布伦瑞克(New Brunswick)以及圣约翰群岛(Isle of st. John);另外有不计其数的佐治亚州的移民去了东佛罗里达和西佛罗里达。在美洲大陆,移民的主要特点是流动性和易变性。同时,从一个地区到另一地区的徒步迁居是美洲大陆上一道持续不断的风景线。与此类似,在其他地区,由于商业的潮涨、与当地政府和贸易者达成协议的更迭、政府政策的改变、外交关系的变动也要求在非洲和亚洲的殖民地作出灵活多变的反应。18世纪全球经济复杂化,为了寻求新的原料产地和商品倾销地,也就必须有能高度移动的人口,因而大量的城市居民和大贸易公司随着环境的改变而四处迁移。在东方和西方,大英帝国的雏形在迁移中形成。

17世纪,英国的海外移民主要是英格兰人。有数据统计,在当时将近100万的移民当中,有70%是英格兰人,他们中的大多数去美洲或爱尔兰建立大种植园。即使按照现代的标准,这个移民的规模也是巨大的。虽然18世纪每年的移民人数要比17世纪时高很多,但相对国内人口而言,移民率从未超过1640—1670年的比率。在16世纪晚期和整个17世,英格兰、苏格兰、爱尔兰掀起了第一次大规模移民浪潮,这时的苏格兰和爱尔兰的移民与英格兰相比,比例相对较低。另外,移居美洲的40万英格兰人和爱尔兰人代表了巨大的劳动力市场的转移。劳动力对于西印度群岛种植园经济的生产发展相当重要,为了满足殖民地种植园经济对劳动力的大量需求,在英格兰,大批劳工加入了横渡大西洋的行列。许多白人移民成为契约雇工,通常要按合同在烟草或糖料产地工作4—7年,以偿还横渡大西洋的食宿以及获得自由的费用。一些重罪犯人给马里兰提供了可以代替奴隶的劳动力。[1] 美洲种植园经济的发展不是由几个移民中的精英分子领导土著居民就能办到的,而是依靠穷苦的英格兰人和非洲奴隶的共同劳作完成的。绝大多数英国移民历尽千辛万苦到达新大陆后,最终成为农业工人或是小种植园主。[2]

到18世纪,英国的海外移民的成分发生了很大变化,主要的变化

---

[1] J.O. Lindsay, *The New Cambridge Modern History*, Ⅶ, *The Old Regime, 1713—1763*, Cambridge, 1988, p.501.

[2] P.C. Emmer ed., *Colonialism and Migration: Indentured Labour Before and After Slavery*, Dordrecht, 1986, pp.35-54.

是英格兰人向北美地区的移民数锐减而苏格兰人和爱尔兰人骤增。(见表1)英格兰和威尔士地区向北美移民人数从17世纪的35万降至1780年的不足10万。与此相反,爱尔兰移民人数从2万—4万增加至11.5万;苏格兰移民数从7万增加至7.5万。甚至在北美独立战争之后的爱尔兰移民潮到来之前,1700—1780年到达美洲的英国移民中有70%来自于爱尔兰和苏格兰地区,从1770年到1776年,约有25万爱尔兰和苏格兰人移居到美洲。① 这一变化与17世纪的情形是完全不同的。如果说,17世纪英国海外移民主要成员是英格兰人,那么在18世纪则主要是苏格兰人和爱尔兰人。1715—1750年,殖民地人口从40万增加到125万,到1763年,人口已达200万。②

表1 1600—1780年不列颠诸岛向美洲移民数③

(单位:千人)

地区	1601—1700	1701—1780
英格兰和威尔士	350	80
苏格兰	7	75
其中低地		60
高地		15
爱尔兰	20—40	115
其中阿尔斯特		70
南部		45
合计	377—379	270

① J.O. Lindsay, *The New Cambridge Modern History*, Ⅶ, *The Old Regime, 1713—1763*, Cambridge, 1988, p.501.
② Ibid., p.501.
③ P.J. Marshall, *The Oxford History of the British Empire*, Ⅶ, *The Eighteenth Century*, Oxford, 1998, p.31.

由弗吉孟(Aaron Forgelman)统计的从 1700—1775 年每十年移民数总表显示了从英格兰和威尔士、苏格兰和爱尔兰移居北美 13 州的移民情况。(见表 2)这一统计数字不一定准确,如 1750 年以前苏格兰移民规模被估计得过小,英格兰移民数与威尔士移民数相比估算也太少,而且他的数据也没有包括向西印度群岛移民的人数,而事实上那里可能吸收了约 15 万英国移民。尽管如此,其主要移民趋势大体准确,并能显示出:18 世纪初移民潮在慢慢抬头,到 18 世纪 30—40 年代加大了步伐,在北美独立战争爆发之前的 25 年形成了高峰。

表 2 不列颠诸岛移民北美 13 州人数表①

(单位:人)

十年期	英格兰与威尔士	苏格兰	北爱尔兰	南爱尔兰	合计
1700—1709	700	200	600	800	2 300
1710—1719	2 200	500	1 200	1 700	5 600
1720—1729	3 700	800	2 100	3 000	9 600
1730—1739	8 100	2 000	4 400	7 400	21 900
1740—1749	12 400	3 100	9 200	9 100	33 800
1750—1759	14 600	3 700	1 4200	8 100	40 600
1760—1769	19 700	10 000	2 1200	8 500	59 400
1770—1775	11 700	15 000	1 3200	3 900	43 800
合计	73 100	35 300	6 6100	42 500	217 000

移民主体的阶级性是相当复杂的。如在 1636 年在驶往新英格兰的一艘"英克里斯"号船上的 116 名乘客中就包括屠夫、木匠、织布工、石匠、修犁工、锯木匠、外科医生、裁缝、细木匠各 1 个,2 个亚麻编织

---

① Aaron Fogelman, "Migrations to the Thirteen British North American Colonies, 1700—1775: New Estimates", *Journal of Interdisciplinary*, XXII, 1992, p.698.

工和12个雇农;此外还有12个非技术男工、26个成年女子、26个未成年少女、30个男孩。①不过,我们可以根据人身自由状况将其大体分为契约工人和自由人。

虽然与上一个世纪相比移民海外的人数有所下降,但在北美战争之前,契约工人(包括犯人)仍是从英国移民前往美洲的主流。在1773—1776年间约有70%的移民是契约工人,这个数目与18世纪早期的比例相近。②当时的舆论对他们不利,往往把他们说成乞丐、犯人、妓女或是四处流浪的社会渣滓。威廉·埃迪斯(William Eddis)于1770年在马里兰写道:"本省居民的区别只是名义上的不同,所谓契约工人和罪犯。"③但在17世纪末和18世纪从布里斯托尔(Bristol)和伦敦来的男性移民其身份已有所提高,在这个时期,熟练技工或半熟练工的比例上升,而非熟练工或无一技之长(社会地位低下的象征)的移民数在下降。北美独立战争前夕,只有不到20%的男性移民被称为"劳工",而高达69%的移民被称为"技师"和服务性行业人员。根据伯纳德·贝林(Bernard Bailyn)的分析,认为不再有大批的无一技之长的英格兰或苏格兰城市贫民和农民移居海外了,而是"大批中等阶级的下层人民和工人阶级,有精湛手艺的工匠和艺人等构成了移民的大部分。对他们而言,移居海外不再是绝望中的逃避,而是追逐中的机遇"。④ 尽管如此,到七年战争时仍

---

① Lawrence James, *The Rise and Fall of the British Empire*, London, 1994, p.39.
② Bernard Bailyn, *Voyagers to the West: A Passage in the Peopling of America on the Eve of American Revolution*, New York, 1986, p.166.
③ Aubrey C. Land ed., *Letter from America by William Eddis*, Cambridge, 1969, pp.37-38.
④ Bernard Bailyn, *Voyagers to the West: A Passage in the Peopling of America on the Eve of American Revolution*, New York, 1986, p.160.

有为数众多的移民把最后一线希望寄托于移民,通过移民海外来摆脱他们的无望地位。对于那些原想在伦敦、布里斯托尔或是其他港口城市谋生而不得不流落街头的人而言,去殖民地是他们的最后一搏。

大半英国移民是作为契约工人来到美洲的,虽然在这个时期奴隶贸易发展很快,但契约工仍是劳动力市场的主力。他们许多来自底层社会,虽付不起旅费但相信在殖民地能有比在故乡更好的机遇。在他们中,最底层的是那些"无业游民",或"最穷的人",由于灾荒年间生活无望而移民。穷人的移民,不管是自由移民还是契约移民,都反映出 1760 年以后商业化社会对英国许多地区产生了极大的影响,尤其是苏格兰高地、低地西部的工业制造区以及阿尔斯特(Ulster)地区。农业发展和工业化进程不但没有提供新的就业机会从而限制移民,反而使得更多的人在家乡无法找到工作,只得移民美洲寻找新的生活。

前往美洲的自由移民与契约工人不同,他们不受契约的束缚,他们的社会背景非常广泛,但从事商业和贸易的男性很明显占多数。商人、小贩、工厂主从英国的主要港口出发,移民前往美洲殖民地,在从佛罗里达到新斯科舍的广大地区发展自己的事业。1689—1815 年移民弗吉尼亚的 181 名男性中,59% 的人称自己为商人、海员,只有 21% 的人为专业人员(牧师、医生、药剂师),其余的来自各种不同的社会行业,如造船业主、厨师、蔬菜批发商或是绅士。随着贸易量的增加和领土的扩张,尤其是 1763 年以后,越来越多的来自上层社会和中等阶级的年轻人来到殖民地,从事商业活动或是在军队和当地政府中谋职。

随着长途贸易和殖民地内商业竞争扩大,许多英国移民在 18 世纪时定居在新大陆,成为商人、种植园主、农场主或农业工人,或是在东方的大贸易公司就职。如同上个世纪一样,商人把大批的移民、契约工人和奴隶运往美洲,也为开发土地提供必要的财政支持并从中获利。许多代理商和营运主管移民美洲,在多种跨大西洋的合伙生意中建立起商业网点、乡村商店和种植园。从英国各地迁来的自由职业者和手工艺人也在其中,如教师、医生、会计、牧师、织匠等等,随着殖民地的成熟,各类人才逐渐涌入。他们如自由的农场主和雇农一样,也是为了美好的生活而最后一搏。

战争对于移民率和海外贸易有很大的影响。英国在1688—1815年先后卷入了七次大规模冲突,历时62年。所有的移民记录在战争年份都进入低潮而在战后不久又急剧上升。国家之间的敌对状态使贸易趋于瓦解,市场被割裂,运费增加。到17世纪80年代末期,英国海外贸易与前50年相比趋于停顿,商业船队的发展在此后的半个世纪中也减慢了。在1688—1697年的奥格斯堡同盟战争和1702—1713年西班牙王位继承战争中,烟草和糖的运费和保险费涨了一倍以上,导致了外贸出口及载货量下降。经过多年分裂和冲突,殖民地逐步从战争状态转入和平状态之后,殖民地贸易才时断时续地开始复苏。

战时移民的疲软状态也是军队急剧扩展吸收大量男性入伍的结果。英国军队从18世纪早期的约13.5万人扩展到七年战争时期的20万人,虽然其中有一部分是外国人,但当时国内18—55岁的男性人口几乎枯竭,这也说明问题。战争时期的契约工人急剧减少,但战后成千上万的退伍军人被抛入已饱和的劳动力市场,因而契约工人市场又复苏过来。出于与法国的争夺,以及对加拿大大西洋海岸的战略考虑,英国政府开始直接插手移民进工作。1749年,一支

2 500人的移民队伍利用政府提供的资金远征新斯科舍,其中1/4的男性是刚从英国军队中退役的。七年战争结束后,至少12个团被迁到圣约翰(Sain John)等地区;在其他地方,成千上万参加过七年战争和北美独立战争的苏格兰人、英格兰人、爱尔兰人定居在宾夕法尼亚州西部和南部、纽约州和新英格兰边境以及加拿大。①

英国本土的宗教政策也对移民产生了影响,有一些人是因为宗教信仰而离开英国的。1689年《宽容法》(Toleration Act)给几乎所有的英国人按照自己的方式进行祈祷的权利,但非国教徒并不能平等地参与国家政治生活。1661年的《市镇机关法》(Corporation Act)和1673年的《宣誓法》(Test Act)对非国教徒进行限制,这些法律直到1828年才被废除,而牛津大学和剑桥大学在1871年之前只对国教徒开放,这两所大学直到19世纪仍是英国仅有的大学,这就意味着非国教徒没有进入大学的权利。所有的这些法律都把非国教徒排斥在政治生活之外,将他们的精力转向了经济活动。② 而在17、18世纪,海外贸易和跨国金融是英国工商业重要的组成部分,一些非国教徒很乐意去殖民地,开辟属于自己的乐土。

有的人离开自己的家园是被诱拐的结果。1671年,一位"诚实的人"就坦言每年诱骗500个契约工,使他们离开英国。另外一个人说他一年诱骗840个契约工。即使有所夸大,但也可以窥见在这种大范畴的移民潮中,有许多移民并非自愿迁移,是被迫去往美洲新大陆的。当时一首流行歌谣就表达了移民对生活的不满,这首歌名

---

① Helen I. Cowan, *British Emigration to British North America: The First Hundred Years*, Toronto, 1961, pp.4 - 12.
② C.P. Hill & R.R. Sellman, *A Survey of British History, Vol. Ⅲ: 1688 - 1815*, Arnold, 1968, p.6.

为《被诱拐的女仆》,其中说:

> 我已经侍奉主人五年了,
> 在弗吉尼亚的土地上,哦
> 这让我饱受悲伤、痛苦和灾难
> 我是那么的疲劳,疲劳,哦,疲劳

> 我做了我该做的事情,不管是种田还是运货
> 在弗吉尼亚的土地上,哦
> 木制的坯料,他们放在我的背上
> 当时我是那么的疲劳,疲劳,哦,疲劳

歌谣中的女仆实属不幸,因为一般情况下,女仆都在室内做家务,尽管17世纪50年代以后,在马里兰,只有"那些下流而野蛮的女仆"才会被安排到田间劳作。①

殖民地还提供更直接的诱惑来引诱移民。在1667年,佛罗里达海角殖民地为吸引更多的外来移民作出承诺:每一位来到这里的人都将得到100英亩土地;此外,他的每一个小孩以及每一个装备滑膛枪的印第安仆人都能得到100英亩土地,其租金仅为每千亩10先令;在他财产名下的每名女仆或奴隶还可得到50英亩的土地,而这些移民在契约期满之后,每位契约工将从雇主那得到100英亩土地、一些农具和2套衣服。殖民地统治者别出心裁地作出这些承诺,用以吸引那些在英格兰本土有一定财产的人,因为如果这些人移民过来的话,他们在耕种、收获以及售卖作物的过程中,需要花费运输费

---

① Lawrence James, *The Rise and Fall of the British Empire*, London, 1994, pp.37-38.

并为其家庭成员及名下的契约工提供食物。

事实上，即使想要离开自己生活的地方去移民，也不是每个人都能如愿。在17世纪30年代，马萨诸塞湾（Massachusetts Bay）公司把理想的殖民者说成是"被上帝授予恩泽而拥有一定财产的人"，这种说法结合了精神与物质、理想与现实，是清教徒们希望在殖民地所看到的。在清教徒的理想中，殖民地的男男女女应该相信自己是上帝的选民，而乐于参加有纪律的劳动，并遵守种种清规教律。这是一种由宗教信仰演化而来的精神驱动力。有一位名叫约翰·戴恩的人曾考虑移民去加勒比海的某个小岛，并询问上帝的旨意，他先向上帝诉说他的苦难："我的内心孤独绝望"，并"抵制一切诱惑，排除一切邪念"；然后，他翻开《圣经》，看到上面写道："离开他们，不要接触任何不干净的东西，我将成为你的上帝，你将成为我的选民。"看到这段话，他就马上离开他出生的地方赫特福德郡（Hertfordshire），启程坐船去新英格兰。

不过，要想移民新大陆还需要金钱和一些用具，这是实现理想抱负所必须的物质条件。当时，横渡大西洋的旅费大约是每人5英镑，运费则为每吨4英镑，而旅途中的饮食则需额外付费。总的来讲，一个英国自耕农要想带上全家及其耕种用具和生活器皿移民新大陆，其最低预算也要100英镑。试想，他一年的总收入也就是40—60英镑，如果想要移民，就不得不卖掉自己的土地。也就是说，一个人如果想要移民，就意味着不可回头。当然，有一些公司会给移民提供援助，比如马萨诸塞湾公司就会这样做。这些公司会事先对有意向的人进行考察和评估，挑选"品德优良"的人，淘汰"道德败坏"的人。因此，从理论上说，挑选出来的人都是品行端正的、可依赖的。①

大体上来讲,大部分人移民是被迫的,尽管有时候看上去他们是主动选择。英国的殖民扩张建立在大量移民的基础上,这些移民愿意离开自己的家园,开始漫长而危险的旅途。这在一定程度上反映出当时的情景:一些清教徒也被迫加入穷人的行列离开英国,此外还有大量所谓自愿移民的人,其实也是被迫穿越大西洋去往美洲新大陆的。英帝国在18世纪下半叶的扩张,为移民扩大了选择的范围和前景。

欧洲移民在东半球和西半球的情况是很不相同的。与新大陆相比,早期向亚洲和非洲移民的人数在规模上都比较小,在西非和印度洋的多边贸易体系中,英国商人不仅参与商业竞争,还在远程国际贸易中与其他欧洲人,尤其是葡萄牙人、荷兰人、法国人争夺高下,并且还与亚洲商人竞争,他们直到18世纪五六十年代才在与印度的贸易中占取优势,直到19世纪才把远东和非洲的领地置于英王的直接控制之下。

早期去澳洲的人大部分是被迫的,其中绝大部分是流放的犯人,最为典型的是澳大利亚的植物湾(Botany Bay),这是库克(James Cook)船长1770年首次登上澳洲大陆的地方。这里不是贸易港,没有的战略地位,且远离欧洲商业中心,不能产生什么影响。当库克船长发现澳洲时,这里还是一片不毛之地,土著人也很少,广袤的荒地对英国似乎毫无用处,但政府还是把它占领下来。建立这个殖民地就是为了安置危险的重罪犯人,因为英国国内的犯人越来越多,威胁着英国的社会秩序和私有财产。根据《运输议案》(the

---

① Lawrence James, *The Rise and Fall of the British Empire*, London, 1994, p.39.

Transportation Act)的条款,在 1718—1775 年,有 4.9 万名重罪犯人从英格兰和爱尔兰被转送到美洲殖民地。北美独立战争后,政府在这里兴建了监狱,植物湾取代北美殖民地成为英国犯人的主要流放地。在很长一段时间里,澳大利亚的最高行政长官就是监狱的典卒司令官。这样,在世界的另一边,距英国航程五个月的地方,一个新的流放殖民地出现了,这个殖民地就是专为犯人而设置的监狱。

英国社会的阶层结构在北美和加勒比海群岛上得到重建。在北美殖民地,社会精英们获得同英国本土一样的社会地位。有这样一名死于弗吉尼亚殖民地的绅士,他的肖像被塑成铜像陪同下葬,这是一种已经过时的下葬方式,只是要彰显墓主人的身份地位。据一位弗吉尼亚农民回忆他的童年时期,在 17 世纪 90 年代时,"上流人士一个明显的特征就是戴假发",这就英国上流人士的特征。在英国,个人财富的拥有量是度量其社会地位的基本标准,一位英国烟草农场主就曾说过:"谁拥有金钱、奴隶以及土地,谁就是一个地道的绅士。"这样的标准和小说《汤姆·琼斯》(*Tom Jones*)所描写的美洲的情况没有什么区别。

对于有些人来说,移民意味着全新的机会。弗吉尼亚的苏格兰移民罗德里克·戈登(Roderick Gordon)于 1734 年写信给他的兄弟说:"想到我的许多乡亲还在家里挨饿而不是在过平和和富足的生活我就感到遗憾。许多被罚去移民的人都在这儿找到快乐、安逸和财富。他们宁可在这吃苦也不愿被赶回故园。"① 而住在佐治亚州的约翰·雷(John Rae)写信给他住在贝尔法斯特(Belfast)附近的亲戚

---

① P. J. Marshall, *The Oxford History of the British Empire*, Ⅶ, *The Eighteenth Century*, Oxford, 1998, p.51.

说:"能把我的朋友带到这个自由的国度来给了我最大的满足。我感谢上帝,是他让我的餐桌和爱尔兰许多绅士的餐桌一样食物丰富,美酒飘香。如果来这儿的人能出点钱买上一两个奴隶的话,那他就可以生活得很好、很舒适了。"① 独立战争之前的美国被形容为"人间天堂",新来者"无需工作只需吃喝"。② 就算不是天堂,新大陆与迅速发展的大英帝国其他地方一样,给了成千上万的英国移民以希望,为他们自己也为家人过上在家乡过不上的生活方式提供了可能。

然而,还有很多人去往新世界后,没有过上自己想要的生活,甚而比以前更凄惨,威廉·罗伯茨(William Roberts)是这些移民当中的一员。他是一名契约工人,于1756年春远涉重洋来到美洲。他的社会背景不太清楚,只知出发时是个单身汉,家住伦敦,或许与父母住在一起。很显然他有过一段艰辛的日子,他的外套和其他衣服都被典当了,穿在脚上的鞋子正如他自己所描述的那样烂得"没法搁在脚上"。促使他移居海外的原因不详,但他似乎是失业了,又没有找到工作。他有一位富有的叔叔,但不愿资助他,只是承诺如果他去海外发展,就会给他帮助。几年后他写信给父母回忆道:"他对我许下的诺言是多么的动听,可我一个子都没有收到过。"③契约期满之后,他在马里兰州当了个小小的烟草种植园主而终老一生,但从未摆脱过贫困。

---

① Harold E. Davis, *The Fledgling Province: Social and Cultural Life in Colonial Georgia, 1773—1776*, Chapel Hill, NC, 1976, pp.23 - 24.
② Ian Adams and Meredyth Somerville, *Cagoes of Despair and Hope: Scottish Emigration to North America, 1603—1803*, Edinburgh, 1993, p.197.
③ Quote by P.J.Marshall, *The Oxford History of the British Empire*, Ⅶ, *The Eighteeth Century*, Oxford, 1998, p.36.

当契约工发现自己成为被遗弃在遥远海岸的移民,发现自己实际上成了无家可归的被流放的对象时,就会心生不平,甚至萌生出逃跑的念头。而出逃一旦被抓住或落入印第安人之手,都将陷入危险之中。不过,这种危险随着殖民地人口的增长而得以降低,因为此时逃脱者更容易隐姓埋名。如在18世纪60年代,一名雇主就在弗吉尼亚州的新闻报纸上刊登寻人启事,寻找已经逃脱的女仆。内容如下:

> 本月六、七号,玛丽·诺兰逃走了;
>
> 我并不确定她有多大,但看上去应该有二十岁了;
>
> 她信奉罗马天主教;
>
> 她的脖子很短,短到连拴绳子的地方也没有;
>
> 她体型庞大,从脖子到臀部都浑圆浑圆的;
>
> 她的头发是棕色的,脸蛋红红的,鼻梁低低的,嘴唇厚厚的;
>
> 她又矮又胖,跑起来显得笨拙不堪;
>
> 她长得像一头养肥了的猪;
>
> 她操一口爱尔兰口音;
>
> 她是一个流氓无赖——如果她是一个男人的话。[1]

个人移民的命运不同,不过,作为一个历史现象,海外大移民对英帝国的发展意义重大。英国人移民海外,大多是因为受到人口激增和商业竞争、农业发展和工业化进程等因素的影响而被迫离开故土,寻找新的就业机会。当时许多理论家认为,移民的动机大致可

---

[1] Lawrence James, *The Rise and Fall of the British Empire*, London, 1994, p.38.

以归纳为英国本土不能满足很多人的需求,于是就存在个人需求同社会状态不能满足其需求之间的矛盾,这个矛盾不解决,英国就会持续高物价、低就业,就不能很好地发展。只有找到解决这个矛盾的出路,卸掉一些对她来说沉重的负担,英国才能更加轻快地前进。伊丽莎白一世时代的扩张主义者把这个过程比拟成"人体的代谢",即让无用的和有毒的物质排出体外。一位曾在巴巴多斯旅行的人曾这样说:"这座岛简直就成了英国人随意丢弃废物的垃圾场,流氓、娼妓以及诸如此类的人都被带到了这里。"

英国移民对于其所到达的目的地,即英国海外殖民地的发展更是不可或缺。移民首先带去了丰富的人力资源。殖民地都需要来自英国本土的人,那里需要男性劳动力来开疆扩土、耕种土地、管理作物以及建筑新居,也需要女性劳动力来与他们组建家庭,促进殖民地的人口增长。被殖民地公司及领主所需求的移民的不同职业正体现了这一点。尽管由于航海中严酷的环境以及对新生活的适应所导致的人员流失,无法得知他们能否在新大陆上获得新生;但这些职业、年龄以及性别结构对殖民地居民仍有代表意义。正是因为这样,一些殖民地积极制定一些政策吸引移民前来,也存在一些公司给移民者提供经济援助的情况,比如马萨诸塞湾公司就会这样做。①

以美洲为例,第一英帝国时期,约有百万以上的欧洲人移民到了北美大陆和英属西印度群岛。第一次移民高峰发生在18世纪50年代,第二次是在美国独立战争之后,来自不列颠、莱茵河地区、瑞士的州以及欧洲其他讲德语的地区的人们数以万计地涌入美洲,遍

---

① Lawrence James, *The Rise and Fall of the British Empire*, London, 1994, p.39.

及从萨斯奎哈纳河(Susquehanna River)到坎伯兰谷地(Vale of Cumberland)的肥沃大地,向南延伸到谢南多厄山谷(Shenandoah Valley)、卡罗来纳州、佐治亚州,以及阿巴拉契亚山以西至俄亥俄盆地的广大地区。北美独立战争更引发了猛烈的扩张运动,成千上万的白人和黑人从最早独立的13个殖民地向西迁移,另有成千上万的人坐上马车带上家当从欧洲来到美洲内陆,他们到了肯塔基(Kentucky)、田纳西(Tennessee),以及中央平原。这预示着19世纪西进运动的来临。在这些边疆开拓者中,爱尔兰人、德国人、瑞士人、高地苏格兰人、英格兰人、威尔士人,以及非洲黑奴和当地印第安人,融合为一个新的社会。

全英各地都有人移居海外,伦敦及其周围各郡的人尤其多。1718—1759年间,约有25%—40%的契约工人来自伦敦,另有12%的人来自比灵赫姆郡(Billingham)和英格兰东南部。同样地,在18世纪70年代,过半数的英国移民、自由人或契约工,都来自伦敦及其近郊。[①] 在17世纪时期,伦敦之所以对人们有这么大的吸引力就在于它赋予了人们种种期望。当时,每年成千上万的人满怀希望从全国各地赶来寻找工作或寻找机会,使得伦敦的人口在1775年时已膨胀到约75万人,这些后来人没有明确的目的,也没有亲友可依靠,在这个嘈杂的大都市中连一个便士也挣不到。18世纪中期,人们常说如果新来的人"无法找到预期的工作或出路,许多人都不愿回家乡被人耻笑……而是会应征入伍,或去种植园工作等等,当然如果他们要有这个运气的话,否则将沦落为盗贼和扒手"。正是有这么多

---

① A. Roger Ekirch, *Bound for American: The Transportation of British Convicts to the Colonies, 1718—1775*, Oxford, 1987, pp. 23 - 24.

失业的男人、女人和孩子们,为潜在的殖民地市场提供了大量廉价、充足的劳动力。[1] 18世纪70年代,中等阶级下层移民的前景有所改善。如前所述,移民的主流不再是生活绝望的城市贫民而是熟练和半熟练工人,通常他们与移民的工匠或小贩已无多大区别。

除了伦敦和英格兰东南地区以外,约克郡(Yorkshire)是北美独立战争前夕另一最重要的移民来源地。贝林曾说约克郡移民与其他英格兰南部或中部地区的移民在本质上有明显的不同,前者被称为"省区移民",后者为"大都市移民"。[2] 大都市来的移民往往以年轻单身汉为主,到了殖民地后成为契约工人,绝大部分生活在弗吉尼亚和马里兰。"省区移民"是典型的务农出身的独立农场主,他们以家族为单位移民前往纽约、北卡罗来纳、新斯科舍。不断增加的地租是促使这些受深重压迫的农夫从约克郡移民海外的主要原因,他们受那些风险企业和土地投机者游说的鼓舞,希望能在美洲以合理的地租耕作一块土地。先行的移民写信回家催促他们的家人和朋友来殖民地加入他们的行列,在新斯科舍省,来自约克郡的许多家族在坎伯兰盆地(Cumberland Basin)等地定居下来,他们互相通婚,抚育了新的一代,并渐渐与爱尔兰人、苏格兰人、德国人、美洲人、阿卡迪亚人融合。

在这个时期,威尔士人的移民是广泛的移民浪潮中的一部分。17世纪下半叶,作为基督教的非主流教派,教友会在讲威尔士语的农村地区迅速传播开来,尤其在威尔士中部和西北部地区。1682—1700年约有2 000名教友派教徒移居美洲,他们主要移居在宾夕法

---

[1] Bernard Bailyn, *Voyagers to the West: A Passage in the Peopling of America on the Eve of American Revolution*, New York, 1986, pp.107-110, 271-285.
[2] Ibid., p.201.

尼亚。在威廉·佩恩(William Penn)的领导下,他们在斯古吉尔河(Schuylkill River)以西定居下来,该地区甚至被称为"威尔士地带"。由于受经济机遇和宗教自由的双重吸引,反国教诸教派的移民纷纷移往美洲,尤其前往宾夕法尼亚(Pennsylvania)、特拉华(Delaware)和新泽西(New Jersey)。大西洋两岸之间联系的不断加强,大大便利了这一移民浪潮,并一直持续到18世纪。到1770年,在美洲大陆上已有300所礼拜教堂,威尔士人成为其中的主要人物。在威尔士,那些下层中等阶级和中等阶级、小农场主和工匠,由于作物歉收、饥荒、破产以及寻求宗教自由和更美好的生活等原因,纷纷移民海外。许多人是由于担心经济破产或宗教迫害而移民,但也有些人是怀着"在美洲西部建立一个新的威尔士"的梦想,他们希望在那边可以自由自在地生活,远离政府的宗教迫害。而他们真正想要的是建立一个独立的讲威尔士语的乐土,这在美洲与在英国一样行不通,在宾夕法尼亚建立定居点的试验失败后,他们的乌托邦梦想就破灭了。①

18世纪和19世纪早期的苏格兰移民是由低地和高地两个很不相同的移民运动组成的。低地苏格兰人移民美洲起始时间是17世纪80年代和90年代,他们想要在东新泽西、南卡罗来纳和达连湾(Darien)等地建立小规模的定居点,但直到18世纪50年代,随着航运的发展,他们才有较大规模的移民。1707年,议会通过《联合法案》(*Treaty of Union*),其中规定苏格兰与英格兰实行合并,新国家称为"大不列颠联合王国",苏格兰从联合中取得了许多经济上的好处,它可以完全自由地与英格兰进行贸易,同时也可以充分享受英格兰在海

---

① A. H. Dodd, *The Character of the Early Welsh Emigration to the United State*, Cardiff, 1957, pp. 87 – 89.

外扩张中取得的成果。第二年就出现有利于经济发展的形势，这驱使苏格兰商人、制造业主以及自由职业者很快利用这个当时世界上最先进的贸易富国的优势。苏格兰为伦敦这一大都会经济作出的贡献愈来愈影响到苏格兰社会的各个部分，尤其是低地，在那儿集中了城镇、人口、矿产资源、主要耕地以及有别于苏格兰高地的古老文化体系。七年战争之后，移民的节奏戏剧性地加快，仅在1763—1775年，苏格兰低地就输出30多万移民，其中大部分定居于美洲内陆和加拿大地区。

　　苏格兰商人在弗吉尼亚的切萨皮克烟草贸易中拥有举足轻重的地位，他们利用通航的河道建立起商业网络，直接用现金和货物从种植园主手中交换商品。格拉斯哥（Glasgow）的坎宁安（Cunninghame）、斯皮尔斯（speirs）、格拉斯福（glassford）、布坎南（Buchana）以及萨姆森（Simson）等公司在烟草种植业务向山区扩展和干货贸易中占据重要地位。18世纪30年代克莱德（Clydeside）烟草公司与英国同行在布里斯托尔和怀特海恩（Whitehaven）的竞争中获胜，到1760年格拉斯哥取代伦敦港成为全英最主要的烟草集散地。菲利普·斐逊（Philip Fithian）1773年在弗吉尼亚州所做的记录中说："我观察到，全省所有的烟草商人和店主全是年轻的苏格兰人……"[1]除了成为商人和店主以外，受过教育的苏格兰人在卡罗来纳、中部内陆地区、加拿大和西印度群岛大显身手，成为律师、医生、教师和牧师。事实上，整个殖民地的医学界都是由苏格兰人创办的，150多名苏格兰医生在18世纪移民美洲。苏格兰裔牧师主宰了长老派（Presbyterian）教会和英国圣公会（Anglican），苏格兰教师遍

---

[1] Hunter Dickinson Farish ed., *Journal and Letters of Philip Vickers Fithian: A Plantation Tutor of the Old Dominion, 1773—1774*, Charlottesville, 1957, p.29.

布北美中部和南部殖民地。

在这个时期,移民运动主要发生在与英格兰交界的苏格兰西部。在17世纪,苏格兰的西南部地区盖勒韦(Galloway)就有成千上万的人前往爱尔兰移民,而18世纪移民美洲是这一潮流的延伸:同样的动机,仅方向改变而已。由于农场兼并、合租制取消,政府的租借条件越来越苛刻,小规模的土地租借越来越困难,大规模的牧羊农场于18世纪早期在苏格兰南部兴起,它带来的一个后果是:"人口大量流失……许多家庭被迫离开世代耕作的土地去流浪"。① 随着经济方面的变革不断加剧,18世纪下半叶,尤其是1780年以后,区域内的移民以及向海外的移民也更为活跃。移民离开自己的家乡,背井离乡,向外探索,通过艰辛的努力去征服异域的土地。18世纪70年代,苏格兰埃尔银行(Ayr Bank)的破产引发了一场范围广程度深的经济萧条,导致了大量纺织工人失业,他们当中许多人为了"不至于挨饿"而被迫移民。1774年春格拉斯哥的一位绅士写道:"这儿普通人的贫困状况超乎人的想象。在工业制造业几乎全是一片萧条的时候,粮食价格极为昂贵。难以计数的工人和技师,尤其是邻近地区的织工,只好移民美洲……"②1774年2月,一家贸易公司从格里诺克(Greenock)搬迁到纽约,同行的有77名来自佩斯利(Paisley)的织工及其家属,另有33人来自于格拉斯哥的各行业。他们的理由是为了"摆脱贫困,养家糊口"。与此类似,三个月后又有147人从苏格兰与英格兰的交界地区和格拉斯哥出发,由于贫困而

---

① Devine, *The Transformation of Rural Scotland: Social Change and Agrarian Economy, 1660—1815*, Edinburgh, 1994, pp. 165 - 166.
② Bernard Bailyn, *Voyagers to the West: A Passage in the Peopling of America on the Eve of American Revolution*, New York, 1986, p.198.

移民到达美洲大陆。与这些贫苦的移民一道来的还有来自克莱德山谷(Clyde Valley)的中等阶级,他们是因为受 1772—1773 年商业滑坡的影响而离开家园的,他们决心去殖民地寻求财富。从伦弗鲁(Renfrew)、丹巴顿(Dunbartonshire)以及斯特林(Stirling)等郡来的成群结队的雇农组成联合会,想方设法移民去美洲寻求土地。苏格兰农场主到美洲组建了许多公司,他们合伙经营土地,共同出资并在此定居。

苏格兰高地的移民在 18 世纪上半叶还只占移民总数的一小部分,但七年战争之后人数猛增,1760 年到 1775 年达 1.5 万—2 万人。美国革命前夕,移民美洲的英国人中每 5 个人就有 1 个来自苏格兰高地及苏格兰所属的群岛,仅次于伦敦而成为移民的主要来源地。[①]当时的人们注意到,那些被高额地租和土地经营方式的变革而剥夺了财产的农村移民去美洲并不仅仅是由于对生活的绝望,还有一些人是因为野心和抱负促使他们背井离乡。这一点与西部低地地区的苏格兰移民是不同的,而且还有许多富有的人士带着他们的随从和工人一起去了美洲,这些移民的目的就是去大西洋的另一边寻求肥沃而廉价的土地。富人的移民以及盛行于苏格兰高地的"出去长见识"的说法,使有识之士开始警觉,他们展开了一场大范围的公开辩论,讨论移民对高地社会和人口的不良影响:在高地农业商业化的背景下,地租增长了 3—4 倍,无疑刺激了苏格兰向海外移民。但苏格兰西部和北部某些特定地区人口的迁移还有更为复杂的原因,当 1755—1799 年苏格兰人口年均增长率与西欧标

[①] Bernard Bailyn, *Voyagers to the West: A Passage in the Peopling of America on the Eve of American Revolution*, New York, 1986, p.111.

准比较仍属中等时,有些地区人口的增长确实非常快。高地西部地区的一些郡县,譬如诺思(Ross)和克罗马蒂郡(Cromarty)、因弗内斯郡(Inverness)和阿盖尔郡(Argyll),在 1755—1801 年的人口平均增长率为 29%,而西部群岛的人口以每年 5%以上的比率递增。18 世纪 70 年代时人们估计苏格兰高地只能为它半数的壮年男性提供工作,对于那些年轻的无立锥之地的单身汉来说,迁移去低地、去大城市,或参军是他们的出路。但从 18 世纪中叶开始,去美洲越来越成为另一个吸引人的选择。1775 年以前,北卡罗来纳和纽约一直是苏格兰移民的主要目的地,但北美独立战争后大量苏格兰高地移民进入他们同胞已定居的三个地区:圣约翰群岛、新斯科舍以及加拿大的格伦盖里(Glengarry)地区。[1]

高地苏格兰人移民的原因,也许可从 1774 年从萨瑟兰(Sutherland)海边村落里出发搭乘"单身汉"号(Bachelor)轮船前往美洲北卡罗来纳的一批移民者身上略知一二,其中有一位 60 岁的农民威廉·戈登(William Gordon),受两个已经在北卡罗来纳的儿子的鼓励,带着妻子和另外六个孩子登上了轮船。他抱怨说以往只要付 8 马克租金的土地,如今却要付 60 马克,并且他养的牛在 1771—1772 年那个寒冷的冬天里死了大半。因为在家里看不到生活好转的任何迹象,只好移民海外去验证他儿子们说的话。另一位来自凯思内斯(Caithness)的名叫威廉·麦克凯(William MacKay)的 37 岁农民,他有一个兄弟和一个姐妹在卡罗来纳,他们对他说:"任何脑子灵活和肯干的人在这都无一不过得舒舒服服,地租便宜,并

---

[1] J. M. Bumsted, *The People's Clearance: Highland Emigration to British North Ameirica, 1770—1815*, Edinburgh, 1982, p.9.

且……土壤肥沃。"而最终促使他移民的原因是当地经济的变化：牲畜市场崩溃，地租大幅度上涨。一年前移民海外的人写信回来都说：在美洲能有较好的生活，这使得移民成了苏格兰各地"相互交谈的唯一话题"。伊丽莎白·麦克唐纳(Elizabeth Macdonald)，一位29岁的单身女佣，相信在卡罗来纳会有更好的机遇，于是也加入到她的朋友们之中。①

不列颠岛其他地方情形也一样，多方面的影响造成了18世纪70年代早期移民率的上升。1771—1772年英国的"黑色冬天"(Black Winter)，是一个有史以来最严酷的寒冬，牲畜发生瘟疫，农作物歉收，而第二年冬天却又阴雨连绵，造成了严重的食物短缺。宗教纷争是另一个影响高地英格兰人移民的原因，最初是高地地区的天主教徒由于当地长老会教派势力加强而纷纷移民，随后，成千上万受不了高额地租剥削的天主教徒从苏格兰群岛等地移民海外。

爱尔兰人的移民运动在很多方面，至少在阿尔斯特(Ulster)地区与苏格兰地区情况相同，且关系密切。在《利麦立克条约》(Treaty of Limerick)签订时出现了三次显著的移民趋势：起先是基督教中的非主流教派，比如长老派和教友派教徒的移民；然后是天主教的契约工的长时间移民潮；还有海员和不定期往返于故乡与纽芬兰(Newfoundland)渔场之间的短暂迁移。②

阿尔斯特地区的首次移民发生于1718—1720年，当时有大约3 000人移民去了殖民地，主要原因是17世纪90年代吸引他们去苏

---

① Donald Mackay, *Scotland Farewll: The People of the Hector*, Toronto, 1980, pp. 68 - 70.
② Audrey Lockhart, *Some Aspect of Emigration from Ireland to the North American Colonies between 1660 and 1775*, New York, 1976, p. 15.

格兰居住的低价租地政策没有得到实施,他们就转而移民美洲。1725—1729年,这个地区许多人有的在亲友的鼓励下去了美洲,还有一些由于遭受不幸而移民,作物歉收、牲畜病亡、食品昂贵使得许多人濒于饿死,高额地租再加上天灾以及亚麻工业的萧条,迫使更多的人移居海外。① 严重的食物短缺以及高价粮食使许多小农场主和工人陷入困顿,成千上万的人宁可去美洲当契约工也不愿在家挨饿。1729年一份报告显示,有些"较富有"的人相信"如果他们继续待在爱尔兰,他们的子女就会成为奴隶,不如趁现在有点钱时移民去美洲"。18世纪30年代移民潮有所回落,但到1741年又由于两个湿冷的夏天造成饥荒,海外移民数又有所增加——在这场令人刻骨铭心的饥荒中约有30万人饿死,这是仅次于100年后"大饥荒"的最严重一场天灾。移民浪潮在18世纪中期进一步高涨。地主不断加租,天灾不断发生,食品价格螺旋式上涨,而亚麻工业的萧条对那些以此为生的穷苦工匠而言更是雪上加霜,在1770—1775年阿尔斯特地区的移民高潮期间,一场严重的经济衰退使得该地区1/3的织工失业,当时的人把他们形容为懒散的无用之徒,他们甚至没有办法挣得去美洲当契约工人的路费。②

除了这些消极因素外,还有一些积极因素导致爱尔兰人移民。随着粮食贸易中牛肉、猪肉、黄油生意日趋重要,以及18世纪后半叶工业品贸易增加,爱尔兰与美洲一些港口间逐渐建立起往来,并且给移民的人提供了过一种全新生活的选择余地。在某种程度上,移

---

① R.J. Dickson, *Ulster Emigration to Colonial America, 1718—1775*, London, 1966, p.33.
② T.W. Moody and W.E. Vaughan ed., *A New History of Ireland, Vol. Ⅳ, Eighteenth-Century Ireland, 1691—1800*, Oxford, 1986, pp.33-34.

民成为自我选择的事,比如南卡罗来纳和佐治亚等南部殖民地,为了让移民愿意定居内陆,提供了廉价的土地及其他吸引人的条件。1760年以后随着商业的扩展、土地的扩张,先行的移民在给家人和朋友的信中鼓励他们跟上步伐,赶快移民。

爱尔兰北部地区的移民人数在18世纪似乎超过其他地区,天主教徒移民虽不像知名的新教徒移民运动那样规模宏大,但最近也有资料证实约有4.5万名天主教徒在1700—1780年离开了爱尔兰南部地区,而离开北部阿尔斯特地区的则有7 000名。天主教徒约占该时期总移民人数的至少25%—30%。影响阿尔斯特地区新教徒移民的因素,同样也适用于天主教徒——饥荒和疲软的市场使得人们陷于贫困,直到18世纪40年代经济才得以恢复。即使摆脱了自1690年以来的萧条期,周期性爆发的经济疲软在短期内也能造成严重的后果。1753年移民的主要原因是"寻求耕地",当地亚麻工业的萧条使大约4 000人离开都柏林去了美洲。① 18世纪60年代芒斯特(Munster)地区农业歉收,导致罢工以对付高额的什一税、地租及圈地运动,爱尔兰驻军代表威默斯子爵(Viscount Weymouth)在1769年的报告中说,3 800台织机由于受非法从印度进口的棉花的竞争而被迫停机。许多失业的人和挨饿的人都移民离乡而去。1772—1773年亚麻地区的大萧条(也影响苏格兰),导致爱尔兰西部和南部工业制造区的大量移民。

1760年后爱尔兰移民的主要特征是熟练工人和自由移民人数大增。"试一把"是许多爱尔兰人出发时的期待,渴望得到贸易发

---

① Nicholas Canny ed., *Europeans on the Move: Studies on European Migration, 1500—1800*, Oxford, 1994, p.127.

达、财富聚敛的有利环境。当商业兴旺、物流渠道加强之后,路费相比以前有所下降,去殖民地就越来越吸引人,也越来越可行了。在1750—1775年间,起码有6.9万人移民海外,从北美独立战争结束至1815年,这个数目又翻了一番。[1] 1780年以后移民海外的人当中主要是农场主、手工艺人等中等阶级,他们或许是已经看到了新的美利坚合众国和英属北美殖民地蕴藏着故乡没有的机遇,但在这些"舒舒服服的移民"中仍有许多遭受经常性经济危机之害的较穷的人。由于制造业无法与廉价的英格兰商品相竞争,18世纪后期爱尔兰工业出现了普遍衰退。人口的迅速增长,工业的衰退,农村人口的进一步贫困,许多土地成为荒野,更是加剧了爱尔兰的移民浪潮。

第一英帝国时期的英国海外移民,一方面为许多英国人找到了新的生存空间,另一方面促进了英国殖民地的经济发展,帮助建立起帝国范围内的经济和商业体系。也许正是因为大量的移民,第一英帝国被许多历史学家说成是英国人在海外建设拓居点,比如西莱(John Robert Seeley)在其1883年出版的《英国的扩张》(*The Expansion of England*)一书中就说,第一英帝国是建立在"旧殖民体系"基础之上的。[2]

二、英国的奴隶贸易

有几个因素促进了奴隶贸易的发展。第一,美洲的种植园经济

---

[1] Nicholas Canny ed., *Europeans on the Move: Studies on European Migration, 1500—1800*, Oxford, 1994, p.145.
[2] Robin W. Winks, Ph. D. & Alain Low, L. Phil., *The Oxford History of the British Empire(Volume V)*, New York, 1999, pp.43-44.

劳动强度大,需要大量的劳动力供应,"正是这种对劳动力的需求为黑奴贸易大开方便之门"。① 开始时,只有移民才能提供这种劳动力,然而,白人劳动力越来越不能满足美洲种植园经济发展的需求。白人移民大多以契约劳工的形式出现,他们只是在一段时间内丧失人身自由而沦为工奴,契约期满后则恢复自由并可另谋生计。在重商主义者看来,白人劳役制有严重缺陷,与其在农场或工场使用白人劳工,不如让黑奴在种植园劳动。同时,种植园对劳动力的需求越来越大,而白人移民和白人奴隶的数量无法满足这一需求,何况,白人在新大陆的人口增长率比在其他地区要更为缓慢,因为其死亡率高于当地土著人。截至1700年,白人中已经有相当大比例的人口出生在殖民地,不过,一位幸存下来的20岁移民也许可以期望再活20年,而一位在殖民地出生的20岁本地人则可以期望比移民多活10年。女性中拥有自由之身者结婚相对较早,如马里兰居民结婚的平均年龄是16岁,弗吉尼亚是21岁,这些新娘们往往都有孕在身。让殖民者头疼的是,有的契约女佣,按照法律规定应当在契约期满之后的24—25岁左右再谈论婚嫁,但她们中间未婚生育率居高不下——尽管当局对未婚生育制定了羞辱性的惩罚措施。② 同时,本土向殖民地提供劳动力越来越困难,种植园对劳动力的需求却越来越大。

第二,黑人劳动力不仅强壮而且价格低廉。由于体质的差异,黑人健壮、耐力强,适合从事高强度劳动,而且黑人奴隶价格低廉,付给白人几年的工钱就能买到一个黑奴,这个黑奴可以役使劳动终

---

① Lawrence James, *The Rise and Fall of the British Empire*, London, 1994, p.17.
② Ibid., pp.38-39.

生。在重商主义者看来,白人在商品制造和贸易方面会与宗主国发生竞争,不如让不会产生竞争的黑奴劳动。

第三,奴隶贸易对于奴隶经纪人和欧洲商人而言都是有利可图的。17世纪"新大陆"的开发使奴隶贸易成为令人瞩目的盈利经济,以著名的"三角贸易"为例,欧洲的奴隶贩子将装满欧洲商品的船驶向西非海岸,出售完商品,购买当地的黑奴,把他们运往美洲殖民地卖给种植园主,购买本地的蔗糖运回欧洲,在三个航向上都取得高额利润。

第四,英帝国的扩张及其对殖民地的管理为奴隶贸易提供了保障。在帝国早期史上,查理二世统治时期具有积极扩张的显著特点,在这些年里,英国获得了孟买和纽约,建立了费城和查尔斯顿(Charleston),建造了海岸角奴隶堡(Cape Coast Slave Castle)和冈比亚的詹姆斯堡(Fortress of James),发展了非洲的奴隶贸易和哈得逊湾(Hudson Bay)的毛皮贸易。此外,英国还试图把几块小殖民地发展成为自己的领地,通过《贸易法案》为帝国制定商业法规,通过贸易与移民理事会(the Board of Trade and Plantation)指导政策的制定。1688年"光荣革命"后,虽然詹姆士二世被推翻,但威廉三世很快就恢复了查理二世的这一套政策,继续致力于帝国的扩张。[1]

基于以上的几个因素,英国的奴隶贸易也兴盛起来。自17世纪下半叶开始,殖民地的奴隶人口开始上升。1628年,巴巴多斯有居民1.4万人,其中大多数是白人契约劳工,而到了1650—

---

[1] C. E. Carrington, M. A., *The British Overseas: Exploits of a Nation of Shopkeepers*, Cambridge, 1950, p.60.

1673年,黑奴的人数快速扩大到3.3万人,与之相比,白人人数增加较少,只有2.1万人。随着体力劳动越来越由黑奴所担当,殖民地内英籍移民日益减少,到1712年,白人人数仅为1.5万人,而黑奴人数已经高达4.2万人。[1]

与欧洲其他老牌殖民国家相比,英国从事奴隶贸易的历史相对较晚,英国的奴隶贸易大约开始于1650年,但是20年后,英国已成为欧洲最主要的奴隶贸易大国,它每年运到美洲各地的奴隶比原先从事奴隶贸易的主要国家葡萄牙和荷兰还要多。以后英国人一直是主要的奴隶贩运者,他们将奴隶从非洲贩卖到美洲,直至1807年英国国会宣布奴隶贸易非法为止。在这期间的150余年间,英国贩卖到美洲大陆的奴隶比其他所有贩奴国家贩卖的奴隶总和还要多。因此,1660—1807年期间,英国是奴隶贸易最主要的执行者。

英国初期的奴隶贸易规模并不大,1660年前英国贩卖奴隶的数量大约为1万人左右。[2] 复辟后奴隶贸易开始高速增长,通过对1660年以后到第一英帝国末期英国贩奴的规模进行详尽的研究可以得知,英帝国从非洲贩卖了超过340万的奴隶,大约是这一时期所有从非洲被贩卖到美洲大陆的奴隶数目的一半,余下的一半奴隶则是由西班牙、葡萄牙、法国、荷兰贩运的。我们可以从表3中看出这一时期主要奴隶贸易国家的奴隶贸易情况。

---

[1] Lawrence James, *The Rise and Fall of the British Empire*, London, 1994, p.41.
[2] Larry Gragg, "To Procure Negroes: The English Slave Trade to Barbados, 1627—1660", *Slave and Abolition*, XVI, 1995, pp.68-69.

表3　1701—1790年英国、葡萄牙、法国的非洲奴隶贸易情况①

(单位:千人)

地区和 贩卖国家	1701— 1710	1711— 1720	1721— 1730	1731— 1740	1741— 1750	1751— 1760	1761— 1770	1771— 1780	1781— 1790
西非 总数	230.3	267.6	271.4	322.8	332.9	286.2	373.1	281.0	381.7
英国	119.6	141.0	120.5	175.7	215.8	195.5	266.6	191.8	228.8
葡萄牙	83.7	83.7	79.2	56.8	55.0	45.9	38.7	29.8	24.2
法国	27.0	42.9	71.7	90.3	62.1	44.8	67.8	59.4	128.7
中非和东南非 总数	80	64.0	105.8	172.7	203.3	190.5	191.7	187.6	403.7
英国	—	—	21.1	28.6	34.4	29.3	5.7	4.1	96.7
葡萄牙	77.0	60.8	73.8	120.2	143.1	135.9	138.5	144.7	169.3
法国	3.0	3.2	10.9	23.9	25.8	25.3	47.5	38.8	137.7
合计	310.3	331.6	377.2	495.5	536.2	476.7	564.8	468.6	784.6

经英国贩卖的奴隶中,95%是由英国自己的船只运输,仅仅只有5%的奴隶由殖民地船只负责运输,英帝国的奴隶贸易因此可以说基本上是内部贸易。自1660年后的一个世纪里,英国船只贩卖的奴隶数目从1660—1670年的每年6 700人,增长到1760年超过4.2万人,增长幅度达六倍。1771年,英国的运奴船达146艘,所运载的奴隶达4.7万人。据估计,在1680—1783年,有200多万奴隶被运送到英属殖民地。② 第一英帝国后期,英国每年贩卖的奴隶数目一直维持在较高的水平,即使在1807年废除黑奴制度时,英帝国奴隶贸易仍然达到了历史的高水平。这一时期的贩奴数目大大超过了1720年前的水平,并且相当于英帝国奴隶贸易最高峰时期(1763—

---

① Philip D. Curtin, *The Atlantic Slave Trade*, Wisconsin, 1970, p. 211.
② P. Fryer, *Staying Power, The History of Black People in Britain*, London and Sydney, 1984, pp. 35-37.

1793年)数目的75％。同时,自从法、荷奴隶贸易1793年崩溃之后,英国在横越大西洋的奴隶贸易中的份额在18世纪末增长到了一个史无前例的比例。

英国的奴隶贸易由三个主要增长时期构成:1650—1683年、1708—1725年和1746—1771年,另外三个短期增长出现在1690—1701年、1734—1738年、1780—1792年。有几个时期奴隶贸易的规模急剧下降,特别体现在1665—1667年、1672—1674年、1703—1707年、1740—1745年和1776—1779年,而那时英国正处于战争状态。大致上说,尽管有一系列因素在影响奴隶贸易的下滑,特别是在17世纪80年代和18世纪30年代早期的食糖危机和1772年的金融危机,但战争仍然是影响奴隶贸易的破坏性因素。尽管如此,英国人一直是跨越大西洋贩卖奴隶活动的最主要的从事者,1793年前一个较长时期相对不间断的贸易扩张也在一定程度上扭转了一下滑趋势。1807年英国政府废除了奴隶贸易,但英国商人仍持续不断地向奴隶贩子们供应各式货物,从事一些由奴隶们生产制作的商品的买卖,比如西印度群岛的糖、美洲的棉花、西非的棕榈油等。利用非洲劳力这一奴隶制度的后遗症仍然深刻地影响着英国海外贸易和殖民地历史,直至整个19世纪。

奴隶贸易的增长也伴随着组织经营上的一系列变化,其中最显著的变化表现在商船队如何获得经济资助,如何经营管理,如何在英国和殖民地港口建立投资经营模式。1660年,查理二世下令将贸易独占权颁布给从事非洲贸易的皇家冒险公司。1663年皇家冒险公司重组,九年后之后将非洲贸易垄断权转交给皇家非洲公司,直到1750年为止。英国皇家非洲公司是负责非洲贸易的官方机构,17世纪80年代,其平均每年输送5 000名奴隶。实际上,该公司对非洲贸易的独占权于 1698 年就结束了,因为贸易自由被认为是英国人的基本权利,这一年国会下令将非洲贸易向所有英国商人开放,条件是向皇家非洲公司上缴 10% 的对非出口税。1712 年停止了 10% 的税务,但皇家非洲公司及其继任者非洲商贸公司仍维持其设立在冈比亚、黄金海岸等地的炮台要塞和商业工厂的权益。此外,1758 年,英国海军从法国人手里抢走了塞内加尔(Senegal)的圣路易(Saint-Louis)并且开始扩展当地的贸易,1779 年,塞内加尔又重新被法国夺回。实际上,自 1712 年以后,维持非洲贸易利润的责任一直是落在私人商贩和独立商人肩上的,引起这一现象的原因很可能是:一方面,美洲自大约 1660 年以来对奴隶的需求不断增长;另一方面,美洲殖民拓荒者和种植园主发现他们对奴隶的需求未能满足。在 1674—1686 年皇家非洲公司从事奴隶贸易的最高峰时,很可能每 4 个奴隶中就有 1 个是私运到英属美洲殖民地的;而且,从 17 世纪 80 年代中期开始,像它的先驱皇家冒险公司一样,皇家非洲公司也向其他公司和商人发放准许证,允许他们加入到这桩贸易中来。

参与奴隶贸易的除了特权公司以外,还有合伙船队、商人、店主和海上旅行者等。为商船航行做准备所花费的费用,由其船队的大小规模而定。总体上,在 18 世纪初,配备其用具的花费大约需要 3 000 英镑,到了 18 世纪末,费用上涨至 8 000 英镑甚至更多。费用上涨最主要的原因是船只吨位增加,吨税增加,贩卖的奴隶数目也增多,此外,非洲奴隶的价格也上扬了。拿英国驶向印度的航海费用相比,投资奴隶贸易比投资到印度的航海贸易显得相对有节制,毕竟对绝大多数的出口商人来说,奴隶贸易的投资数额较大,航行期间常伴随着无法预测的风险——风险主要来自于航行途中奴隶们可怕的死亡率,从投资到收益周期很长。许多投资者趋向于置办相对较小的商船从事奴隶贸易,而投资者相对较多时,投资额的多少取决于合伙人的经济状况如何。通过研究可以发现,主要海港的奴隶贸易通常由固定的、牢靠的投资商经营,他们一般投资许多支航海队,同时代表他们的合伙人,负有管理组织船队的责任。有迹象表明,对奴隶贸易享有控制权的投资商经历了整合的过程,1752年,利物浦(liverpool)有101家小本经营的奴隶商,但是到18世纪末,这项贸易落入了几家大商号手中。①

以从事黑奴贸易的大西洋三角贸易不仅刺激了英国的出口业、海运业、造船业,还加快了一些港口城市的发展,使布里斯托尔、利物浦、格拉斯哥等城镇在工业革命前率先发展,走在曼彻斯特(Manchester)、伯明翰(Birmingham)等工业城市的前面。绝大多数对非贸易的船只是由伦敦和西印度群岛海港驶出的,作为特许公司的总部和整个对非贸易活动的中心地,伦敦在17世纪一直主导和支配着英国的奴隶贸易,尽管1698年后,政府放开了对非贸易。此后,伦敦商人于1698—1725年资助英国和英属殖民地的奴隶贸易航行,份额达到了63%。② 这以后,伦敦作为英国奴隶贸易的主要资助者的地位受到了来自伦敦港以外的港口商人的挑战,在那以后的十年里,伦敦海上贸易的统治权被布里斯托尔取代,17世纪30年代布里斯托尔的关税收入只有1万英镑,到1785年增加到了33.4万英镑,正是黑人奴隶贸易和食糖销售,使它在18世纪

---

① J.O. Lindsay, *The New Cambridge Modern History*, Ⅶ, *The Old Regime, 1713—1763*, Cambridge, 1988, p.572.

② David Rrichardson, "The Eighteenth-Century British Slave Trade: Estimates of Its Volume and Coastl Distribution in Africa", *Research in Economic History*, Ⅻ, 1989, pp.165-167.

成为英国的第二大城市。"这个城市非常豪华和发达,但这个城市里没有一块砖不渗透着奴隶的鲜血,豪华的官邸、奢侈的生活,穿着制服的仆役所需要的钱财都是靠布里斯托尔商人买卖那些痛苦呻吟的奴隶赚来的"。① 后来埃文港(Avon port)成为英国奴隶贸易的重要港口,其他港口也加入到对非贸易大军中来,如兰开斯特(Lancaster)、怀特黑文(Whitehaven)、新港(Newport)和罗得岛(Rhode Island)。利物浦则是英国第一个贩运奴隶、从事奴隶贸易的海港。尽管奴隶贸易于1750—1775年在别的港口有所增长,并且1763年后伦敦的地位再次上升,但利物浦在1750—1807年所占据的地位无人能够动摇;1775年前后,利物浦商船装运的奴隶是英国贩运的全部奴隶的2/3。② 总之,1698年后的一个世纪里,英国奴隶贩卖活动从泰晤士河转移到默西河(Mersey),位于默西河河口的利物浦在经营奴隶贸易方面后来居上。英国奴隶贸易的历史,大体上也是利物浦的发展史。

18世纪英国奴隶贸易的控制权为什么从伦敦转移到利物浦呢?一方面,是因为同伦敦相比,英格兰西北部地区工资较低,而贩卖奴隶的商船总是满载着众多劳力和员工;另一方面,是因为非洲需要英国的纺织品,而利物浦在地理位置上非常接近英国最初形成的纺织工业中心,可谓是占尽了对非贸易的天时和地利。也有人认为,利物浦取伦敦而代之的原因是利物浦距离泰晤士河(River Thames)和英吉利海峡较远,战争发生的时候,利物浦的

---

① 艾里克·威廉斯:《资本主义与奴隶制度》,北京师范大学出版社1982年版,第57页。
② J.O. Lindsay, *The New Cambridge Modern History*, Ⅶ, *The Old Regime, 1713—1763*, Cambridge, 1988, p.571.

商人在地理位置上更有优势。①

以上诸多因素使利物浦逐渐发展为英国奴隶贸易的主导力量。1670年,利物浦商人首次开始奴隶贸易,数十年后,利物浦就取代布里斯托尔成为英国第二大城市,人口由1700年的5 000人增加到1773年的3.5万人,共有5座码头,港口面积超过了伦敦。1750—1757年,其关税收入平均每年5.1万英镑,1785年达到了64.8万英镑。到18世纪末期,利物浦商人占有英国全部奴隶贸易的5/8。②利物浦占有得天独厚的地理条件,成为英国主导奴隶贸易的巨头。

值得注意的是伦敦一直从事着奴隶贸易,尽管伦敦商人对奴隶贸易的投资没有利物浦那样醒目,但是直到1807年,伦敦商人一直是英国奴隶贸易最重要的投资来源,他们不断地向西印度群岛、北美大陆港口、利物浦和其他奴隶贸易从业者和奴隶买卖业务提供资助和担保。伦敦商人的投资有助于维持奴隶贸易资金的流动性,此外,他们还是伦敦以外港口商品贸易的主要供货人。信用贷款成为奴隶贸易的一种运作手段,伦敦港口享有的优越地理条件,为奴隶走私买卖的兴盛"做出了卓越的贡献"。

伦敦商人也可从投资其他商品贸易中获利,以此来补充和偿还奴隶贸易中的账单结算。利物浦被人们认为是18世纪大西洋奴隶贸易的中心城市,但如果没有伦敦做实力强劲的金融后盾,利物浦的奴隶贸易是根本不可能达到这样一个"历史高度"的。

---

① Kenneth Morgan, *Bristol and Atlantic Trade in the Eighteenth Century*, Cambridge, 1993, p.221.
② Patrick Richardson, *Empire & Slavery*, Longman, 1968, p.21.

表 4　1690—1790 年英国在非洲贸易口岸的奴隶输出情况[①]

(单位:人)

口岸地区	1690—1700	1701—1710	1711—1720	1721—1730	1731—1740	1741—1750	1751—1760	1761—1770	1771—1780	1781—1790
塞内加尔	9 200	17 500	20 600	9 100	13 900	17 300	16 200	19 100	13 700	2 900
塞拉利昂	2 700	5 000	5 900	15 000	14 900	15 500	9 000	4 100	2 900	15 300
向风群岛海岸	37 800	12 400	14 700	7 500	18 400	25 500	28 600	65 100	46 800	17 800
黄金海岸	18 300	37 300	44 000	54 200	56 100	59 400	36 500	43 600	31 400	43 900
贝宁湾	12 200	47 400	55 800	30 200	27 300	26 800	12 000	8 400	6 100	54 700
比夫拉湾	5 200			4 500	45 100	71 300	93 200	126 300	90 900	94 400
安哥拉和莫桑比克	11 200			21 100	28 200	34 400	29 300	5 700	4 100	96 700
其他地区	2 800				2 700	4 600	6 000			
总计	99 400	119 600	140 900	141 600	207 000	254 800	230 800	272 300	196 000	325 500
年均数	900	12 000	14 100	142 000	20 700	25 500	23 100	27 200	19 600	32 600

殖民史学者菲利浦·柯廷(Philip D. Curtin)在《大西洋奴隶贸易:人口调查》[②]一书中将非洲奴隶贸易划分为几个区域,他沿着非洲的大西洋沿岸划出了七个区域,由北至南依次是塞内加尔、塞拉利昂、向风群岛、黄金海岸、贝宁湾(Bight of Benin)、比夫拉湾(Biafra)和中非(安哥拉)。第八个奴隶贸易区域坐落在东南非洲,包括莫桑比克(Mozambique)和马达加斯加。绝大部分的奴隶贸易都在柯廷所划分的非洲区域内进行,在中非地区,英国人贩卖的奴隶来自于扎伊尔河(Zaire River)北部及邻近地区,而非洲南部地区的奴隶贸易则是葡萄牙殖民者的天下。

---

① Philip D. Curtin, *The Atlantic Slave Trade: a Census*, Madison and London: University of Wisconsin Press, 1969, p.150.

② Philip D. Curtin, *The Atlantic Slave Trade: a Census*, Madison and London: University of Wisconsin Press, 1969.

对于从事奴隶买卖的英国商人来说,塞拉利昂和黄金海岸是两个最重要的奴隶来源地。英国人贩卖到美洲的非洲奴隶大都来自于非洲大西洋沿岸,偶尔也从非洲东部贩卖奴隶,但被贩卖的奴隶数量相对较少,只占总数的5%。[1] 非洲大西洋沿岸六个地区对英国奴隶来源发挥的作用也大小不一。举例来说,比夫拉湾(Bight of Biafra)在1662—1807年出口奴隶的数目是另外两个重要的奴隶出口地区中非和黄金海岸同时期出口奴隶数目的总和,英国奴隶贸易的霸权正是靠这个地区才取得的。1771年英国船只贩卖的奴隶有一半来自该海湾,与尼日尔(Niger)地区的贸易尤其成为利物浦经营的业务。[2] 中非和黄金海岸作为重要的奴隶出口地区则依次扮演着出口奴隶大头的角色,它们为英国殖民地提供的奴隶要比剩下的还要多。总的来说,英帝国1662—1807年贩卖的非洲奴隶一半以上来自于贝宁湾以东和以南地区,1/5出自于黄金海岸的西部和北部。对英国奴隶贸易商人来说,黄金海岸是真正的黄金之地,因为那里从事着一本万利的贸易——罪恶的奴隶买卖。(见表4)

在不同的时期,非洲不同地区对英国奴隶贸易的贡献也是各不相同的。1660年,比夫拉湾是英国奴隶贸易主要的奴隶来源地,而在接下来的20年里,该海湾外的非洲地区却发展成为奴隶出口的新的基地。1670—1700年,比夫拉湾的奴隶出口量暴跌,而同时贝宁湾的出口却在17世纪80年代达到了它历史上的最高峰。此后,贝宁湾的奴隶出口规模日趋稳定,但不久后也走上了下坡路。英国奴

---

[1] David Rrichardson, "Slave Export from West and West-Central Africa, 1700—1810", *Journal of American History*, XXX, 1989, p.16.

[2] J.O. Lindsay, *The New Cambridge Modern History*, VII, *The Old Regime, 1713—1763*, Cambridge, 1988, p.573.

隶贸易下一个扩展的阶段出现在1700年后,依赖于其他几个地区的奴隶出口,尤其是中非、比夫拉湾、黄金海岸和塞内加尔。① 这一时期,塞内加尔达到了奴隶出口长期以来的新高,而黄金海岸那时的情况差不多与其相近。1740年后,尽管半个世纪以来黄金海岸和中非奴隶出口量都有所下降,可是塞内加尔情况却不同,似乎或多或少有一蹶不振的迹象。依靠在比夫拉湾和塞拉利昂贩卖出口奴隶,英国奴隶贸易在1748—1776年重新恢复了增长,塞拉利昂很可能是英国在18世纪60年代奴隶贸易唯一的主要增长点,到1770年为止,塞拉利昂和比夫拉湾共同担负了整个英国和英属殖民地2/3的奴隶贸易和运输。这以后,塞拉利昂很快失宠于英国商人,从那出口的奴隶数额在18世纪70—80年代期间下跌了超过一半,而且直到1807年一直萎靡不振。同时,塞内加尔和贝宁湾的奴隶贸易也有所下降。在美国独立战争之后,比夫拉湾、黄金海岸和中非的奴隶出口又使得英国的奴隶贸易有恢复上升的趋势。因此,一直到1807年为止,非洲大西洋海岸线两个最靠南的地区承担了超过70%的奴隶出口,而其他30%则绝大多数来自于塞内加尔和黄金海岸。非洲内部自身的条件和情况是奴隶地区性出口的一个主要影响因素,这一点,比夫拉湾和中非较北部港口装卸的速度快即可证明。同时,在18世纪的中非,出口奴隶的男女比率为70:30,这是绝大多数奴隶商贩很满意的比例,而在比夫拉湾这个比率则是较接近55:45。②

---

① David Rrichardson, "Slave Export from West and West-Central Africa, 1700—1810", *Journal of American History*, XXX, 1989, pp.3, 9.
② David Eltis and Stanley L. Engerman, "Fluctuations in Age and Sex Rations in the Transatlantic Slave Trade, 1663—1864", *Economic History Review, Second Series*, XLVI, 1993, p.310.

这两个奴隶出口效率最高的地区似乎对英国奴隶商贩有着极大的吸引力,并且更为重要的是,别国的奴隶贸易者根本不能对英国人形成竞争。在非洲绝大多数的奴隶出口区域,英国商人竞争能力很强,故而占有了奴隶出口贸易的绝大部分份额。很显然,在18世纪,英国商人控制了比夫拉湾的奴隶出口,尤其是布里斯托尔和利物浦商人在这一地区活跃异常。但是到了别的地方,英国的统治地位就没那么明显了,相反的,法国统治了与塞内加尔的贸易,而扎伊尔河以南地区的贸易则是葡萄牙人的天下。并且,在一些其他的地方,面对法国人在奴隶争夺上的竞争力,英国人常常退却,不与其正面冲突。因此,18世纪20年代以来,当法国奴隶贸易的势力扩张时,英国人只好从贝宁湾撤出。自从法国在中非的奴隶贸易上升,英国与这一地区的贸易在1740年后急剧下跌并且一直持续到1793年法国放弃奴隶贸易为止。特别有意义的是,就在18世纪50—80年代法国在贝宁湾和中非地区奴隶贸易增长的同时,英国却敞开大门与塞内加尔大做奴隶买卖,进一步扩大了与比夫拉湾的奴隶贸易额,特别是与喀麦隆(Cameron)。① 此外,在塞拉利昂,1780年以前,英国商人普遍感受到来自罗得岛的殖民地商人的压力,只有在比夫拉湾,英国商人才可以在1793年前完全有能力控制奴隶贸易。在非洲其他地区,英国奴隶贸易的水平取决于与其他奴隶贸易国竞争的情况。

被贩卖的奴隶在途中的死亡率各不相同,比夫拉离港贩奴船的死亡率通常要高于其他港口地区。1662—1807年间,英国贩奴商人

---

① Roger Anstey and P. E. H. Hair eds., *Liverpool, The African Slave Trade, and Abolition*, Liverpool, 1976, p.66.

运送的 340 万奴隶中，约有 45 万人中途死于非命，约占总数的 13.2%。为了弥补奴隶死亡给商人带来的损失，英国贩奴商将贩卖的奴隶数目由 17 世纪 60 年代的 5 000 人/年增到了百年后的 3.6 万人/年。以后每年贩运的奴隶数目有所下降，但 1807 年前 25 年间平均每年的贩奴量仍维持在 3.3 万人。① 因为贩奴船穿越大西洋航行时死亡率下降，1660—1807 年到达美洲殖民地的奴隶数量增长率要高于出口增长率。

17 世纪 70 年代后，英国美洲殖民地对奴隶的需求不断扩大，原因是西印度群岛的蔗糖种植业进一步发展。西印度群岛的奴隶绝大多数都在糖种植园内工作，与其他农作物种植园相比，糖种植园的工作环境和条件是最艰苦的。在 17 世纪和 18 世纪晚期，加勒比地区的奴隶 90% 以上在糖种植园中劳动，这是别的地方都达不到的高比率。只有 6 岁以下的小孩、年老和生病的黑人才能免除劳作，而且几乎没有别的地区像加勒比地区一样只有单一型的经济形式。在加勒比地区，有些岛屿除了只有一个大型糖种植园外就再也没有了别的经济了，糖在那个时期是比其他出口品如烟草、青靛、棉花等更为重要的外销商品。18 世纪晚期，咖啡成为仅次于糖的第二大出口作物，但是总的来说，在绝大多数殖民地，制糖仍然是单一的农作物经济形式。例外出现在英国最大的糖岛牙买加，那里种植的农作物品种繁多，而且随着时间的推移还呈现出越来越多的趋势。在 18 世纪晚期，约有 60% 的牙买加奴隶在糖庄园劳作，并且呈现下降趋势。

---

① P. J. Marshall, *The Oxford History of the British Empire*, Ⅶ, *The Eighteenth Century*, Oxford, 1998, p.454.

英国殖民者奴役奴隶，奴隶为他们带来丰厚的利润。英国在殖民地争夺战中夺取了更多的殖民地，掠夺这些殖民地对18世纪的奴隶贸易有着非常重要的意义。这一时期建立起来的西印度殖民地包括巴巴多斯、牙买加、背风群岛和向风群岛、特立尼达岛，大陆的殖民地如德梅拉拉等。另外，在战争中，英国也间断性地控制其他西方国家的殖民地，其中包括：1762—1763年控制古巴，1759—1763年控制瓜德罗普，1762—1763年控制马提尼克岛，这些地方一落入英国殖民者的统治，就立即被奴隶商贩开辟成为奴隶贸易的新目标。奴隶种植园经济和英属美洲殖民地的不断扩张是英国奴隶贸易在1660—1807年间昌盛不衰的最主要原因，同时，奴隶反抗和反蓄奴斗争的失败也在一定程度上扩大了奴隶市场。

绝大多数非洲人抵达英帝国后充当奴隶，但他们的经历又各不相同。对绝大部分奴隶来说，种植园就是他们的生活中心，但因其生活的环境不同，他们的经历也就不相同，从老殖民地巴巴多斯到新殖民地特立尼达岛，从4411平方公里的牙买加到35平方公里的安圭拉岛，从糖产地到海港城市，他们居住的地域十分广阔。经历了一代人，黑人人口分布的重心从岛屿移到了大陆。大陆不同地区的黑人生活有更大的不同，比如新英格兰农场与弗吉尼亚烟草种植园之间对比鲜明，黑人在新斯科舍身份自由而在南卡罗来纳却是奴隶，费城和萨凡纳（Savannah）也截然不同。

绝大部分奴隶生活在他们初次被卖的所在地，但有时候英属一些岛屿也经营着向其他殖民地、包括外国殖民地再出口奴隶的贸易，有时候，英国商人也直接把奴隶出口到别国殖民地。作为英国糖工业的先驱，巴巴多斯曾主导第一次贩奴扩张期，占据17世纪80年代奴隶运输总量的一半，余下的其他奴隶则流向了牙买加和背风群岛,此外还有相当数量的奴隶被送往切萨皮克殖民地。1680年以后,马里兰和弗吉尼亚开始大量使用黑人奴隶,以取代原来的白人契约工。①

英国的奴隶贸易有三个高峰期,相继出现在1683年、1725年和1770年。战争因素导致1776—1782年奴隶贸易急剧下降,而1782年后又呈迅速上升的势头。1680年以前,巴巴多斯是奴隶进口的主要目的地,随着英属岛屿的地理分布发生变化,在17世纪80年代到18世纪20年代之间抵达巴巴多斯的奴隶数目减少了,相反的却有更多的奴隶被运往牙买加和背风群岛,在背风群岛之中,安提瓜岛和圣基茨岛取代尼维斯岛(Nevis)而成为最主要的奴隶进口港。与此同时,抵达北美大陆的奴隶数目增多了,而切萨皮克也完成了由使用白人契约工向使用黑奴的转变,更多的奴隶被送往南卡罗来纳,因此,牙买加、背风群岛、北美南方地区成为1708—1725年第二个贩奴高峰时期的中心地带。

从1725年开始,奴隶目的地从西印度群岛向北美大陆转移,运送到弗吉尼亚的奴隶在18世纪30年代达到了高峰,随后,因为奴隶的自然繁殖增加了奴隶的数目,从而减少了种植园对非洲进口奴隶的需求。② 然而,被贩卖到南卡罗来纳的奴隶数量却时有增长,直到18世纪70年代早期。18世纪50年代以后,佐治亚成为一个急需奴隶的大市场,而北美大陆殖民地奴隶进口数目的变化恰与西印度群岛奴隶贸易的变动遥相呼应。

---

① Henry A. Gemery and Jan S. Hogendorn eds., *The Uncommon Market: Essay in the Economic History of the Atlantic Slave Trade*, New York, 1979, p.378.
② Herbert S. Klein, *The Middle Passage: Comparative Studies of Atlantic Slave Trade*, Princeton, 1978, p.124.

在1680年,每10个黑人奴隶中有9个居住在加勒比海,而这其中又有一半居住在小岛巴巴多斯上。1673年,巴巴多斯有2.2万名白人,4.5万名黑人,17世纪80年代后白人下降至1.7万人,而黑人却增加了4倍。① 70年代后牙买加取代巴巴多斯成为拥有最多黑人的殖民地,1673年牙买加有9 500个黑人奴隶和7 700个欧洲白人,到18世纪20年代,这一地区的黑人奴隶达到了7.4万人,而白人人口几乎没有增长。② 此后,大量黑人奴隶被送往北美大陆,尤其是切萨皮克,虽然绝大多数黑人仍旧居住在加勒比地区,但这一地区容纳的黑人却只有英属殖民地黑人的一半多。到了1750年,英帝国内每10个黑人就有4个居住在大陆上。贩卖到巴巴多斯和牙买加的奴隶数目在18世纪20年代至70年代稍微有所增长,但贩卖到安提瓜岛和圣基茨的奴隶数目却在同时期增长了50%。1763年,法国将多米尼加、格林纳达,还有圣文森特和多巴哥转让给英国,这些地区随后被英国开辟成为新的奴隶贸易地区。1763年后,运送到格林纳达和多米尼加岛(Dominica Island)的奴隶数目急剧上涨,到了18世纪70年代早期,其奴隶数目很可能赶上了牙买加。在1766—1775年间,在贩卖到英属西印度群岛的奴隶中,被运送到被割让岛屿的奴隶很可能占到了1/3,这是英国人在七年战争中胜利的结果。但北美13个殖民地独立使英帝国遭受重大的损失,这以后,更多的黑奴被送往加勒比地区,牙买加的黑人人口增加了三倍。(见表5)

---

① W. H. Woodward, *A short History of the Expansion of the British Empire, 1500—1870*, Cambridge, 1899, p.175.
② Patrick Richardson, *Empire & Slavery*, Longman, 1968, p.11.

表 5 1710—1810 年英属美洲黑人奴隶输入情况①

(单位:千人)

地　区	1701—1720	1721—1740	1741—1760	1761—1780	1781—1810	总数	%
北美大陆	19.8	50.4	100.4	85.8	91.6	348.0	19.0
牙买加	53.5	90.1	120.2	149.6	248.9	662.4	37.9
巴巴多斯	67.8	55.3	57.3	49.3	22.7	252.5	14.4
背风群岛	30.0	44.5	67.9	67.9	91.6	301.9	17.3
圣文森特、多巴哥和多米尼加				33.5	36.6	70.1	4.0
格林纳达	3.8	3.8	14.5	27.5	17.3	67.0	3.8
其他地区	2.5	2.5	5.0	5.0	10.0	25.0	1.4
合计	179.9	249.1	367.8	421.1	531.1	1 749.2	100.0
年均输入数	9.0	12.5	18.4	21.1	17.7	15.9	
年均增长率	1.1%	1.6%	2.0%	0.7%	−0.7%	0.8%	

在 18 世纪,黑人奴隶以难以预计的速度进入英帝国,帝国内黑色人种数量在 1680—1810 年间增长了 11 倍。后来在英国的领土上总共居住了近 100 万黑人,这还不包括 1776 年美国独立而成为美国国民的 50 万黑人。1680 年,英帝国内的黑奴大量去向是加勒比海的一些群岛,一个世纪以后,黑人在北美海岸的各个角落随处可见,黑人成了北美大陆从马里兰到佛罗里达各乡村和教区的主要居民。而在加勒比地区,黑人则遍及从巴哈马到多巴哥的广大地区。20 年后,黑人又出现在特立尼达岛和英属圭亚那。在英国国内,黑人人口也一直在缓慢增长,不仅在伦敦,而且在地方海

---

① Philip D. Curtin, *The Atlantic Slave Trade: a Census*, Madison and London: University of Wisconsin Press, 1959, p.140.

港及偏远的乡村。英国商人早在 1680 年就在非洲海岸上建立起牢固可靠的奴隶输出基地,而那时候他们从非洲运送到美洲的奴隶数目就已经是所有其他欧洲国家数目的总和。1680—1807 年,大约有 300 万非洲人背井离乡,在英国的贩奴船上被送往新世界。在迁往英属美洲殖民地的移民数目中,黑人要大大多于白人,也就是说,更多的非洲人而不是欧洲人移居到了这里。

在 17 世纪,英国公司从事奴隶贸易时是依照重商主义的观念来经营的,这种观念认为:奴隶应该供给本国的种植园,而不应该给英帝国以外的种植园。英国商人所贩运的奴隶中 75% 甚至更多在抵达英属美洲殖民地时总是先登陆在英国所属的一个殖民地上,而这些奴隶之中通常有 2/3 是男性。他们抵达美洲后,绝大多数都要在初次登陆的地点劳作一生,为奴隶主种植农作物,再出口到英国。对于许多殖民地来说,奴隶的输入与农业生产的走势、产量和出口有着紧密的联系。但是,英国贩奴船输出的奴隶中仍有很大一部分被输往了英帝国以外的地区。18 世纪,由英国船只输送到美洲的奴隶数量要比同期英属种植园接收的奴隶数目高出 40%,这些多出来的奴隶有一些被运往英属殖民地中没有种植园的地区,但也有一部分奴隶被贩卖到了非英属殖民地。英国在 1713 年与西班牙签署了《阿西恩托条约》(*Asiento Treaty*),在以后的 20 年里向西属美洲殖民地输出了大量奴隶,而且有证据表明在 1748—1791 年,英国一直是法属殖民地主要的奴隶供应者。总的来说,不管在战时还是在和平年代,英国奴隶商所贩卖的奴隶,不仅只满足英国殖民地的需要,同时也满足其他殖民国家如法国和西班牙的需要。

英属殖民地自身的需求显然是 1660—1807 年决定英帝国奴隶

贩运规模大小的最主要的因素,而奴隶贩运方式的变化则主要取决于英帝国殖民地种植园产量的变化和新殖民地加入帝国市场的形势变化。总的说来,奴隶商贩对英帝国内变换的市场需求有很强的调节能力。研究第一英帝国的史学家大多承认奴隶劳动对于英属美洲发展的重要性,因此,在涉及帝国发展的问题时不得不研究有关奴隶贸易的内容——尽管有时候在主观上并不愿意这样做。① 糖业和奴隶制改变了整个殖民地,18 世纪的糖和奴隶数量的增加,使英属加勒比成为奴隶和糖业生产的中心。美洲殖民地种植园经济的发展,促进了奴隶贸易的繁荣,奴隶不仅弥补了人口的不足,而且对美洲的社会和人口分布产生了巨大的影响。

　　西方学者对奴隶贸易对非洲的影响一直争论不休,各执一词。有些人认为,从非洲输出奴隶到美洲,对整个非洲来说并非主流,尽管它对非洲大西洋沿岸地区的人口和财产流失形成相当大的影响。有些人认为,大西洋奴隶贸易对非洲的发展造成了决定性的后果:人口广泛下降意味着劳动力严重受损,经济混乱,社会结构不稳,生产遭到破坏,因此,大西洋奴隶贸易对非洲来说是个收益为零的过程;欧洲和北美洲从中攫取巨额利润,而非洲和非洲人却承担着不幸和损失。总之,奴隶贸易的影响是严重的,奴隶贸易被认为是导致非洲发展不充分、落后而欧洲特别是英国迅速工业化的原因。

　　从事实来看,非洲上层人物在奴隶贸易中获得巨大收益是不容否认的,贩卖奴隶需要依赖非洲中间人,这些人的任务就是在非洲内地获取奴隶(收购或绑架),然后在海岸边把他们集中起来装船。

---

① Robin W. Winks, Ph. D. & Alain Low, L. Phil., *The Oxford History of the British Empire (volume V)*, New York, 1999, p.46.

尽管欧洲人控制着奴隶的贩运，但他们不能控制奴隶的供应，只有在极少数时候他们可以操纵奴隶来源。相反的，奴隶供应一直掌握在非洲人贩子手中，而欧洲商人通过非洲政治领袖与非洲当地的奴隶贩子洽谈买卖事宜。即使是在有欧洲人驻防的地区，谈判的主动权往往还是掌握在非洲奴隶供应商手中。总体上，交易的方式是用一定数量的货物来换取奴隶，在这个过程中，非洲上层人物获得了巨大的收益。① 然而奴隶贩运的发起方却是欧洲的殖民帝国，没有欧洲人——17世纪以后主要是英国人——对美洲殖民地的开发与掠夺，就不会产生对非洲黑奴的巨大市场需求，这也是一个不可否认的事实。非洲上层人物的获利是建立在欧洲奴隶贩运的基础上的，欧洲殖民者才是奴隶贸易的始作俑者。

奴隶贸易给众多非洲人带来了不幸与灾难。那些被贩卖到美洲的奴隶绝大多数处在一生中的最佳年龄阶段，他们中有些人在被绑架、被囚禁期间死亡，或在横跨大西洋的航行中死亡。尽管奴隶贸易造成了众多死亡，可是出于资本扩张的残暴性，贸易的规模却在不断扩大，奴隶出口量不断上升，结果造成西非和中非的暴力事件不断增加，猎捕奴隶的区域也不断扩大，暴力冲突逐渐从沿海蔓延到了内陆地带，甚至向北从撒哈拉沙漠贯穿至中东。同时，奴隶贸易逐渐与非洲内部的政治和战争冲突交织到一起，因为各地上层人物都企图通过控制奴隶出口来加强他们的统治力量和搜刮财富。② 可以肯定的是，在英国统治的150年里，奴隶贸易对非洲的影

---

① E. W. Evans and David Richardson, "Hunting for Rents: The Economics of Slaving in Pre-Colonial Africa", *Economic History Review, Second Series*, XLVIII, 1995, pp. 683 - 684.

② Paul E. Lovejoy, *Transformations in Slavery*, Cambridge, 1983, p. 83.

响不断加剧,非洲沿海和内陆为争夺奴隶供应商这一角色而互相攻击、自相残杀,最终导致两败俱伤。在这一点上,输出奴隶到美洲,对非洲社会和政治结构的影响极其恶劣,而这是不能用数字说明白的,奴隶贸易对非洲造成的损失,几乎无法估量。作为罪恶奴隶贸易的主要推手,17世纪60年代以来,英帝国的贩奴商人是给非洲带来巨大灾害的刽子手。

奴隶贸易不仅影响非洲整体的发展,也影响着黑奴个体的发展。18世纪是英属美洲殖民地奴隶制发展的顶峰时期,并形成了鲜明的社会特点:主人和奴隶、商人和船主、统治者和被统治者、自由人和奴隶、白人和非白人构成一个完整的、相互依赖的、不同种族和不同阶层的社会整体。奴隶是英属美洲殖民地中最低的社会等级,"所有的黑人都是作为奴隶而运到殖民地的,奴隶的地位在其后代身上也打下了不可磨灭的烙印,因此,那些后代也永远不能进入白人的阶级。如果有一天他们能够被看作与白人一样,他们也就会像白人一样要求所有的位置与荣誉,那是根本违反殖民地宪法的"。[①]他们是种植园主的私人财产,无权拥有自己的财产,也没有处理个人事务的权利;他们不可以出售任何产品,所有一切都属于他们的主人。他们的辛勤劳动所得都归属主人,法律保障主人的权利;他们的子女、父母或其他人都不得借口继承、赠予等理由,要求拥有上述东西。

在蓄奴殖民地,用严厉的法律制裁对付奴隶,特别是当黑奴的数量远远超过白人时,对付奴隶的法律会更加严厉。西印度群岛以及北美殖民地统治当局对于庞大数量并随时可能反叛的黑奴十分

[①] J. H. 帕里、P. M. 舍洛克:《西印度群岛简史》,天津人民出版社1976年版,第296页。

恐惧,而极度的恐惧使白人统治者只能寄希望于通过法律来限制黑奴,并对任何形式的反抗施以残酷的惩罚,如阉割、火刑等。1696年,卡罗来纳南部殖民地效仿巴巴多斯的法律,将那些"天性粗暴、野蛮而残忍"的黑奴置于法律的保护之外,这意味着主人可以对奴隶为所欲为;同时,他们将自己制定的法律说成是"用以抵制混乱、掠夺和非人性的罪恶",从而为残酷的法律提供合理依据。

奴隶除苦力劳动外,还需学会用新的语言——英语来沟通和思考。在1724年,一名来自弗吉尼亚的教士这样写道:"新贩卖来的黑奴们讲的是一种杂乱粗鄙的土语",而殖民地出生的黑奴"则能使用流利的英语,这显然是受到我们语言、习俗和文化的影响"。但这种同化作用毕竟有限,在黑奴们的地下文化中,他们故土的传说和神话仍然占据一席之地。[1] 政府通过制定法律对黑奴的某些活动加以禁止,其中包括:黄昏时击鼓、吹海螺壳、举行崇拜仪式。[2] "殖民统治,简单地来说,就是'重商主义体制下的卑劣的、恶性的众多便捷手段'中的一种"。[3] 奴隶贸易正是受这种殖民统治之庇佑,并转而服务于这种殖民统治的。

奴隶贸易对英国工业化起多大作用,是一个有争议的问题。长期以来,史学界认为英国人从事奴隶贸易和实行奴隶制度帮助他们积累了大量的财富,从而为英国后来的工业革命提供了大量的资金来源。埃里克·威廉斯将经济学的思想运用于英国历史,得出结论说买卖奴隶是工业革命所需的资本投资的基础。他指出,奴隶贸易不仅提供了资本,而且由于这一贸易而产生的造船厂和产品市场成

---

[1] Lawrence James, *The Rise and Fall of the British Empire*, London, 1994, pp.41–42.
[2] Ibid., p.42.
[3] Robin W. Winks, Ph.D. & Alain Low, L. Phil., *The Oxford History of the British Empire(volume V)*, New York, 1999, p.46.

为技术改造的动力。①

但是进一步研究奴隶贸易的获利情况及再投资会发现,人们很可能夸大了奴隶贸易对工业革命的贡献。17世纪的特许公司并没有从奴隶贸易中获利太多,并且他们难于筹措资金。到18世纪,私商认定奴隶贸易是一个相当有利可图的买卖,奴隶贸易愈来愈繁荣并充满活力,很多商人因从事奴隶贸易而发了大财。获利大小因人而异,影响因素有很多,包括输出奴隶的规模、中途奴隶的死亡率、出售奴隶时的盈利、讨价还价的能力及诸多其他因素。尽管因素很多,奴隶贸易的获利率还是很高的,利物浦的"破浪"号1737年航行赚取了300%的利润,这就是一例。② 总的来说,商人们的年投资回报率在奴隶贸易最后半个世纪里平均达到8%—10%③,这在当时是个可观的数字。

不过,R.安斯蒂(Roger Anstey)认为,凭着9.5%的总利润,船主们无法提供工业革命所需的资金。英国在1790年前后,每年投入150万英镑用于贩奴航行,而每年获利大约15万英镑。假设在这15万英镑的获利中有5万投资了新的产业和企业的话,那么,这笔投资很可能在那个时期只占英国国内总投资的不到1%。④ 英国史学家认为,从奴隶制获得的利润中,用于19世纪工业革命的部分不超过0.1%。⑤ 这就表明奴隶贸易的获利资金并不是早期英国工业扩展的重要资

---

① 艾里克·威廉斯:《资本主义与奴隶制度》,北京师范大学出版社1982年版。
② J. O. Lindsay, *The New Cambridge Modern History, Vol.* Ⅶ, *The Old Regime, 1713—1763*, Cambridge, 1988, p.574.
③ Roger Anstey, *The Atlantic Slave Trade and British Abolition, 1760—1810*, London, 1975, p.47.
④ Roderick Floud and Donald McCloskey eds., *The Economic History of Britain Since 1700, Vol.* Ⅰ, Cambridge, 1981, p.131.
⑤ 让-米歇米·德沃:《18世纪欧洲的奴隶贸易》,《第欧根尼》1999年第2期。

金来源。还有，由于英国本身是一个资本输入国，种植园主有时也不得不求助于荷兰的放债人。因此，殖民地商人自己需要资金，他们能剩多少资本来支持工业就值得怀疑了。当然也有这种情况：进出口商人给制造商三个月或更长时间的贷款，然后按星期交付他们的产品。兰开郡的许多早期工业企业就是用这种办法。通过将商业资金流向工业而筹集资金的还有另外一种情况，银行和私人放债者也通过信贷和抵押来帮助工业家，其资金则常常是从土地和农业的利润中获得的。在对这个问题进行更深入的考察时，应该说：工业发展的资金来自多种渠道，种植园主或加勒比财主的钱袋以及奴隶贸易的利润并不是最重要的来源。

但奴隶贸易对英国的资本投资还是有一定影响的，并涉及许多方面。在18世纪，海外贸易是英国经济的重要组成部分，而对美洲殖民地的贸易自1660年以后就成了英国对外贸易中最重要和最活跃的部分。而且，糖、烟草和大米一直是1660年后大西洋贸易增长的重心，非洲的奴隶是生产这三种农作物的决定性力量，从而为英国提供了大量的资本积累。总之，1660—1807年间，被转移到英属美洲殖民地的黑人奴隶数目是那个时期的自由移民或因其他原因移居到美洲的移民的3—4倍，人种的悬殊在西印度群岛表现得尤为明显，直到1750年前，这一地区的黑人占到了总人数的85%；[1]而在1700—1775年抵达北美大陆的黑人奴隶，要大大多于当地的白人居民。所以说，英帝国在美洲的贸易是建立在奴隶劳作的基础上的，黑人奴隶制度直接或间接地促进了英国的商业发展。

---

[1] F. W. Pitman, *The Development of the British West Indias, 1700—1763*, New Haven, 1917, pp. 369 – 383.

第四章　对外贸易和经济发展

一、帝国的贸易与财政

在重商主义指导下,英国利用国家权力对海外贸易进行调节,加强对外贸易,取得了巨大的商业利益。这一时期英国的海外贸易主要限于美洲大陆、西印度群岛和印度次大陆,建立在跨洋贸易之上的大英帝国迅速发展。

在伊丽莎白一世和查理二世统治期间,英国的海外贸易增长速度比较缓慢,克雷泽(Francois Crouzet)经过对1560—1700年英国(英格兰和威尔士)出口贸易的分析,得出这一时期英国出口贸易的年均增长率大约为1%多一点。[①] 威廉三世继位后,英国加强了对殖民地的控制,1696年,英国在北美设立了海事法庭以及管理殖民地事务的新机构——贸易局,这是一个进出口监督机构,由八名枢密院的成员和八名在殖民地事务上有专长的文官组成。贸易局可向国王提出殖民地总督人选,起草殖民地的法律并呈交议会

---

① Francois Crouzet, "Toward an Export Ecnomic: British Export during the Industrial Revolution", *Exploration in Ecomomic History*, Vol.17, 1980, pp.48-93.

通过，它监督殖民地的财政、军事和海事，执行有关殖民地贸易的法律。贸易局接受殖民地高等法院的上诉，审查殖民地议会通过的法律，其对殖民地议会通过的任何法律都可以向枢密院建议加以否决。但它还只是枢密院的咨询机构，不是一个行政主体，贸易局的主席到 1768 年才成为内阁成员。① 同贸易局一起管理殖民地事务的还有财政大臣、海军大臣和陆军大臣。财政大臣监督殖民地的财政事务，包括海关和《航海条例》；海军大臣派出军舰协助海关官员，任命海事法庭法官，审判走私者；陆军大臣管辖在美洲的英格兰驻军。

从 17 世纪 60 年代开始，英国对外贸易的增长速度不断加快，尽管会呈现时高时低的循环波动。据记载，英国的出口额 1720 年约为 800 万英镑，到 1763 年达到了约 1 500 万英镑。同期离开英国港口的货船吨位也从大约 45 万吨上升到 65 万吨左右，大约拥有全欧洲货船吨位数的 1/3 左右。② 重商主义实践在英国颇具成效，有力地促进了英国外贸的蓬勃发展。"从 1700 年到 1780 年，英国外贸增长了将近一倍，而海运业则增长了将近两倍。尽管欧洲仍在英国贸易中占最大份额，高盈利却诱惑英国人走向世界的各个角落。作为一种象征，新的金币'几尼'的名称就是来自非洲的一块土地。"③ 有数据表明，1697—1802 年，英国的出口增长速度为年

---

① Martin Kitchen, *The British Empire and Commonwealth, A short History*, MacMillan, 1996, p.2.
② J.O. Lindsay, *The New Cambridge Modern History*, Ⅶ, *The Old Regime, 1713—1763*, Cambridge, 1988, p.28.
③ 阿萨·勃里格斯：《英国社会史》，中国人民大学出版社 1991 年版，第 200—201 页。

均 1.5%,①在这一时期,出现了两个增长较快的时期,其中 1783—1802 年为长时期的繁荣。七年战争和北美独立战争是增长缓慢和停滞时期,这期间甚至出现负增长,产生这一状况的主要原因是战争的影响,因为海外贸易停滞时期与战争在时间上是一致的;同时,欧洲市场尤其是毛织品市场有所萎缩。② 但总的来说,海外贸易在第一英帝国时期增长迅速,从表 6 可以看出其增长的情况。

表6　英格兰和威尔士 1697—1802 年出口年均增长率③

(单位:%)

1697—1714	2.8
1714—1744	0.9
1744—1760	3.0
1760—1783	−1.4
1783—1802	5.9

出口商品的增长比国民生产总值的增长要快得多。威廉三世统治期间,国民生产总值的 8%(包括商品和服务)被销往海外;到乔治三世时期,英国的海外贸易额占国民生产总值的比例翻了一番。(见表 7)

---

① Francois Crouzet, "Toward an Export Economic: British Export during the Industrial Revolution", *Exploration in Economic History*, Vol.17, 1980, pp.48-93.
② Dean and Cole, W. E. Minchinton ed., *The Growth of England Oversea Trade in the Seventeenth and Eighteenth Centuries*, London, 1969, pp.99-120.
③ Francois Crouzet, "Towards an Export Economic: British Export during the Industrial Revolution", *Exploration in Economic History*, Vol.17, 1980, pp.48-93.

表7　18世纪英帝国的出口与国民生产总值①

(单位:%)

年代	国民生产总值中的出口比例	出口在国民生产总值中的增长比例
1700	8.4	
1760	14.6	30.4
1780	9.4	5.1
1801	15.7	21

17世纪末,英国出口中居明显优势的是制造业产品,主要是毛纺织品。这一优势在经过1697—1760年的发展后逐渐减弱,到18世纪中期,食品特别是谷物和原材料在出口总值中提高到将近1/4。②日用品的出口也开始由毛纺织品向其他纺织品转移,如棉织品、丝绸制品、亚麻布等。日用品的出口更加多样化,除了传统的纺织品外,铁金属制品和其他金属制品的出口比例在整个英国的出口产品构成中的比例也在发生变化,可以从第一英帝国时期英国制成品出口的比例构成中看出这一变化。(见表8)

表8　英国制成品出口构成表

(单位:%)

	1699—1701③	1752—1754④	1800⑤
毛纺织品	85	61.9	28.5
亚麻制品	—	3.3	3.3
丝绸织品	2.2	2.5	1.2

---

① N. F. R. Crafts, *British Economic Growth during the Industrial Revolution*, Oxford, 1985, p.131.

② Ormrod and Ralph Davis, *The Industrial Revolution and British Oversea Trade*, Leicester, 1979.

③④ Dean and Cole, W. E. Minchinton ed., *The Growth of England Oversea Trade in the Seventeenth and Eighteenth Centuries*, London, 1969, p.120.

⑤ B. R. Mitchell, *Abstract of British Statistics*, Cambridge, 1962, pp.281,295.

续表

	1699—1701	1752—1754	1800
棉纺织品	0.6	1.3	24.1
金属制品	3.2	9.2	12.4
其他制品	9.0	21.7	30.5

英国工业产品的半数利润是由出门贸易实现的,而且大部分产品通过传统的欧洲市场吸收。到18世纪,英国提高了向美洲(包括加勒比地区)的出口,同时增加了食品和原材料进口的比例。到第一英帝国后期,将近70%的出口产品被销往亚洲、美洲和非洲。(见表9)

表9 英国贸易出口地区分布表

(单位:%)

年代	欧洲	美洲	其他地区
1663—1669	90.5	8.0	1.5[①]
1700—1701	85.3	10.3	4.4[②]
1750—1751	77.0	15.6	7.4
1772—1773	49.2	37.3	13.5
1797—1798	30.1	57.4	12.5

17世纪中叶王朝复辟后,英国经济有较快发展,一方面是由于英国愈来愈多地介入国际经济体系,另一方面是帝国扩张促成的。这一时期,英国积极参与世界贸易,一方面,英国用制造品交换进口粮食、原材料和高质量的消费品,满足国内市场的需求;另一方面,由于亚、非、美市场需要大量的资本和廉价的劳动力,英

---

① Dean and Cole, W. E. Minchinton ed., *The Growth of England Oversea Trade in the Seventeenth and Eighteenth Centuries*, London, 1969, p.97.

② Phyllis Deane and W. A. Cole, *British Economic Growth, 1688—1959*, Cambridge, 1962, p.87.

国积极参与奴隶贸易,将奴隶送到新大陆,在那里种植作物、开发自然资源。这样,最终形成以英国本土为核心的内部分工的帝国商贸圈,宗主国英国承担工业品或制成品的生产,美洲殖民地提供烟草、鱼类及海防仓库,加勒比殖民地提供蔗糖及其他热带产品,印度次大陆提供香料。① 海外贸易与奴隶贸易都需要雄厚的资金、良好的安全保障和有组织的船队,所以自17世纪50年代以来,英国的商人、船主、银行家和其他中间商在全球贸易协作中扮演着越来越重要的角色。他们得到《航海条例》的强有力支持,而《航海条例》初衷就是保护英国的航运和商业垄断权,抵抗外国尤其是荷兰的竞争。

在研究英帝国的对外贸易时,必须考虑无形产业(如国际服务)创造的利润。虽然英国从无形产业中获得的收入无法计算,但是1697—1802年英国从航运、银行、保险及其他国外服务中获得的收入,可能比其他方面的出口增长速度更快。② 例如,在英格兰和威尔士注册的商船从1686年的34万吨增加到1815年的247.7万吨;从英国海港驶往加勒比海、北美和亚洲的船只吨位由1686年的8.2万吨增至1771—1773年间的18.2万吨,到了1815年更是高达46.7万吨。③ 同时,还可从官方的再出口商品数据中得知,英国从全球经济服务中所得的收益是相当可观的。(见表10)

---

① W. A. Barker, *A General History of England, 1688—1852*, London, 1963, p.146.
② Barbara L. Solow, *Slavery and the Rise of the Atlantic System*, Cambridge, 1991, p.184.
③ Ralph Davis, *The Rise of the English Shipping Industry*, London, 1962, pp.17-27; John Marshall, *A Digest of All the Accounts*, London, 1833, pp.206-207.

表 10　18 世纪英国对外贸易中的再出口值①

(单位:千镑)

	1700—1701	1730—1731	1750—1751	1772—1773	1780—1781
西北欧	1 333	1 800	1 790	3 865	1 280
北欧	86	71	90	206	117
南欧	233	234	248	464	123
爱尔兰等	159	345	609	1 262	1 079
北美	106	208	384	605	419
西印度群岛	131	183	140	176	217
印度	11	32	68	69	35
非洲	64	128	99	285	90
总计	2 123	3 001	3 428	6 932	3 360

再出口商品包括热带食品、糖、茶叶、烟草、咖啡、可可和香料，纺织品如白布、本色布、丝绸和亚麻布，以及原材料如大麻、亚麻、染料等等。所有这些商品被运到英国港口，在海关堆栈，免去了海关关税，然后大部分输入欧洲市场以及英帝国在亚、非的市场。战争期间，英国皇家海军封锁了法国、荷兰和西班牙的远洋贸易商道，伦敦和其他港口城市又从阿姆斯特丹(Amsterdam)、汉堡(Hamburg)、里斯本(Lisbon)、加的斯(Cadiz)等欧洲竞争对手中抢走生意，从而使从事外贸的英国商人、船主、掮客和银行家得到了更多的利润。当英国船主渗透到印度洋和中国海时，就取代印度、中国和阿拉伯商人，建立起与亚洲的长期贸易关系。英国从无形产业中获得的利润甚至比向世界市场输出的产品获益还要多，弥补了 18 世纪可能存

---

① Phyllis Deane and W. A. Cole, *British Economic Growth, 1688—1959*, Cambridge, 1969, p.87.

在的商品交易赤字。① 再出口商品的贮存销售活动使英国逐渐成为欧洲主要的商品集散地,为商人们提供多种多样的商品,以满足与波罗的海(Baltic Sea)国家的商贸需求,因为这些地区和国家需要大量的英国商品。再出口商品交易保障了金银的流通,出现了"可兑换货币",这些货币过去是被用来作为全国证券信贷体系的后备基金的,同时也是战时政府购买军械及支付海外军队开销的储备基金。直接的商品贸易和无形贸易产业在整体上促进了英国对外贸易的发展,为英国产品在全世界开辟市场。

推行重商主义政策的英国,所谋求的就是商业利益,重商主义强调政府的作用,因此在对外扩张的过程中,英国政府的支持和赞助是必不可少的推动力,这些都体现在帝国的财政政策中,这些政策包括税收、金融、国债等政策。

与欧洲其他国家相比,英国有着相对丰富的自然资源如肥沃的土地、煤炭和其他矿藏,有着有利的自然条件,商人团体有较强的进取心,还有与之相适应的比较完备的金融机制,这些都大大有利于英国的商业扩展和帝国扩张。此外,还有两个政治因素,一为财政方面,一为军事方面。在重商主义时代,英国很好地维持了商业需求与军事、财政支持的有机结合,从这个方面理解重商主义时期的英国,可看出是国家推动经济的发展而不是经济推动国家的发展。在财政方面可以看到,为支持对外战争、扩大海外领地的需要,英国的税收不断增加,直至詹姆士二世出逃法国,斯图亚特王朝已经拨款200万英镑用于海陆军队,而且还欠下大约同等数额的王室债务。

---

① Elise S. Brezis, "Foreign Capital Flows in the Century of Britain's Industrial Revolution: New Estimates, Controlled Conjectures", *Economic History Review, Second Series, LX VIII*, 1995, pp.46-67.

乔治一世继位后不久,汉诺威政府征收的税收等于英格兰和苏格兰国民收入的9%。和平时期军队的开支也在增加,同时议会从税收中拨款偿还超过3 600万英镑的国债。从罗伯特·沃尔波尔执政开始,贷款和军事开支节节上升。① 税收和借款大量被政府用来巩固疆土、资助盟军以及必要时在欧洲进行战争,目的就是保护英国的商贸,夺取海外领土,保证海上商业通道畅通无阻。为建立领土广阔的英帝国、维持海上强权,英国政府向其臣民征收了大量税款。第一英帝国时期,英国税收中用于偿还政府债务的比例从"光荣革命"前的不足5%逐渐上增,到北美独立战争之后达到56%。国民的税收负担越来越重,但由于英国的财政体系相对完善,并没有出现大的政治或经济波动,也没有招致强烈的抵制和严重的财政危机。

经济增长有助于创造高税收,但是经济的发展与国家财政基础的关系是复杂的。有证据表明,"光荣革命"以后,英国的税收增长比经济增长更快,以税收为名的"征收"起伏不定,战时上升,战后又下降。经济的增长和结构的转变有助于税务部门实施税务评估,收税更加容易。英国的税收制度比法国有效得多,政府运作的成功,不但归功于政府抓住了经济发展的机遇,而且也体现了英国有产者对政府政策的广泛支持。然而,当政府在七年战争后试图通过向北美13个殖民地征收人口和财产税时,他们犯下了一个极大的错误,结果引发了北美独立战争,付出重大的代价。

商人为帝国提供了大量资本和信贷,并操纵了英国与日俱增的全球贸易。事实上,在伦敦大都市中心与各港口、城镇、海军基地、

---

① Patrick K. O'Brien, "The Political Economy of British Taxation, 1660—1815", *Economic History Review, Second Series, XLI*, 1998, pp.1-32.

边界要塞、殖民地、矿场、种植园、农场以及辽阔的帝国渔场还有英国国际贸易网终点之间的联系中,商人所发挥的组织、协调、维持贸易的作用是不可估量的。通过将欧、亚、非、美各洲的生产者和消费者都拉入一个尚未成熟的世界经济体系,商人似乎是现代跨国公司的先行者,而在这方面,东印度公司、南海公司、哈得逊海湾公司(The Hundon's Bay Company)、皇家非洲公司(Royal African Company)和利凡特公司(Levant Company)表现得尤其突出。由于远洋航行的特殊性,商人们纷纷寻找生意伙伴,或形成家族贸易集团,或组成各种组织。他们到处收集处理信息,凭其才智、文化、经验和个人信誉做生意,介绍搭档给远方亲友并加入自己的宗教、生意圈子。这一切有条不紊地进行着,商人们把握住了最好的机会,在永远动荡不安的国际环境中获取成功。[1] 他们身处的环境包括横渡大西洋面临的危险、极端恶劣的气候及疾病威胁,18世纪的科学、医药和交通一直在创造条件减少这些困难。同时,跨越时空文化距离的市场协作包含着经济和政治的不确定因素,无论多么精明的商人也只能部分缓解这种不确定性。外国消费者的不同品位,商业情报的缓慢传播,与同胞和敌方同行之间的竞争,还有随时都可能爆发的战争,这一切都使得经营全球贸易的商人们必须具备各种技能、灵活的策略以及远见卓识和才能,当时的贸易范围已远远超过了欧洲之间的贸易体系。

  早在1688年之前,伦敦、布里斯托尔和其他西海岸港口、城镇的商人团体就一直在积累金融和专业技术经验。到了"光荣革命"时

---

[1] Jacob M. Price, "What did Merchants Do? Reflections on British Overseas Trade, 1660—1760", *Journal of Economic History*, XLIX, 1989, pp. 267-284.

期,伦敦的商人、船主、货栈主管和金融家们或多或少步入了英国的跨洋贸易之中。整个 18 世纪,伦敦商人始终在寻找新的投资机会,一有可能就离开伦敦向海外发展。伦敦控制着大量的出口产品销售,尽管由于西部港口城市的竞争,伦敦的出口规模和增长速度已有所下降,但伦敦仍能吸引荷兰人、法国人、犹太人和德国人渡过北海和英吉利海峡加入其中,同时又凭着伦敦在欧洲和地中海贸易中建立已久的成功力量,从国内吸收雄心勃勃的新来者,从而可以恢复元气。①

在越洋贸易获得成功所需要的各项技能中,随时调动和支配银行贷款的能力相当重要。到大陆内部市场购买商品、集装货物、雇水手连续几个月远洋航行、储存季节性农作物和原料、堆栈存放各地产品、为种植园成批运送未经训练的奴隶——所有这些都需要充足的资金。商人需要复杂迂回的信贷关系,以便保证跨洋贸易的生产、分配和交换能正常进行。

在跨国银行兴起之前,这些程序依赖商人们的联合行动,他们利用一些可供支配但数额有限的流动资金,组织并保证贸易过程的正常运作:从生产中的分期付款,到流通领域的运输网络,再到销售地点的产品分配,都需要复杂的组织结构。伦敦商人(同时又是金融家)不仅扩大了信贷规模,提高了周转速度,还利用自己的资本及其信誉,从实践中学习,逐渐转变成羽翼丰满的国际银行家。18 世纪后半叶,伦敦拥有多样化的金融调节系统,在欧洲只有阿姆斯特丹才能与之一较高下。伦敦的信贷快捷而方便,有利于国内生产和

---

① David Ormrod, "The Atlantic Economy and the 'Protestant Capitalist International', 1651—1775", *Historical Research*, *LXVI*, pp.197-208.

帝国海外贸易的发展。

1694年,英国建立起一个永久性的金融机构——英格兰银行(Bank of England),[1]这是英国经济发展史上的一件大事。以往,所有借贷都是在私人之间发生的,没有信誉保障,借贷风险很大;而银行则是一个法人团体,它是由国王批准成立并承担法律责任的,因此就为社会集资和私人剩余资金的出路找到了一个好的去处。刚刚萌芽的信贷制度得到英格兰银行的支持,银行承接政府债务,可以安排短期借款,从税金和长期借贷所获得的预期收入来支付日常支出,政府发行的银行票据可充当流通手段,并很快成为国家的"储备财产",为海外贸易提供补充资本,并且为伦敦商人的短期汇票提供打折服务。这种服务只向有地位的伦敦客户开放,非常有限,然而,在几次危急时刻,正是银行的汇票打折服务,恢复了政府和商业贸易的信贷体制。简而言之,1694—1713年间的金融改革产生了一个重要影响,那就是为集中在伦敦的海外资本市场创造稳定的条件。随着效率的提高,这一资本市场满足了政府、国内贸易和全球贸易不断增长的需求。在这一过程中,既没有法律的过分约束,也没有国家的粗鲁干涉。当然,金融困难依然存在,尤其是在几次耗时长花费巨大的战争期间,但是并没有发生大规模的纸币信用危机,也没有严重的通货膨胀,以及无法控制的英国货币贬值。相反,在几次大规模战争中,伦敦的资金调动相当顺利,吸引了欧洲尤其是荷兰的大量资本,支持了英国与亚、非、欧等洲的贸易。外来资本的流入,在缓和潜在的借贷危机,以及解决因战争而引起的国际贸易中断等问题上,起了非常重要的作用。

---

[1] Treveyan, G. M., *England under the Stuarts*, Methuen, 1980, p.441.

由于政府能以较低的利息借贷到所需的资金从而渡过财政困难,这就刺激政府不断增加借款的次数和数额,所以这一时期的国债不断增加。1697年英国国债是2 000万英镑,西班牙王位战争期间升到了5 300万英镑。在战争的压力下,议会默认了税收的猛涨;战争结束前,安妮女王的大臣们已从伦敦资本市场借到一笔巨款,这笔巨款已不再是王室的债务,实际上已变成全民性的债务了。① 但公众坚定地信任政府,当时政府建立了偿还国债的偿还基金,许多人购买政府的证券,债务没有变成压垮政府的稻草。沃尔波尔于1727年和1733年两次压低偿债基金,但公众对政府的信心仍然没有动摇。18世纪没有哪一个国家能像英国这样容易和用这样低的利率借到资金。到18世纪中叶,英国的国债已是1688年的80倍,而政府支付的利率在1717年降至5%,1727年降至4%,到1749年竟降至3%。②

1693—1713年,大臣们以各种方式和手段借取中长期款项,投资到荷兰等欧洲其他地方,包括养老保险、生活年金、短期年金以及福利奖券投资等等。同时,他们还改变操作程序,强迫财政部、海军部和其他银行年票的开票人根据其要求补偿由谈判等所受的损失。为了巩固海外力量,1698年、1771年政府还分别从重新合并的东印度公司以及南海公司"挤出"了巨额的贷款,并给予这两个公司亚洲、西属美洲的贸易垄断权作为回报。1694年,为了取得120万英镑贷款,政府还授予新建的英格兰银行不少特权,包括在伦敦发行

---

① Philip T. Hoffman and Kathryn Norberg eds., *Fiscal Crises, Liberty and Representative Government, 1450—1789*, Stanford, Calif., 1994, pp.67 - 95.

② J. O. Lindsay, *The New Cambridge Modern History*, Ⅶ, *The New Regime, 1713—1763*, Cambridge, 1988, p.9.

钞票的垄断权,发行财政部的货币和其他有关税收的证券,还有从政府结算开支平衡中盈利等等,其董事成为大臣们和财政部在处理伦敦金融事务时的参谋。由于战争的需要,国家大量借债,在伦敦资金市场中建立长期贷款。从此,长期贷款跳跃式地往上递增,并成为当时财政部用来筹集战争所需几乎所有军费开支的主要途径。例如在西班牙王位战争中,海陆军军费开销部分的74%就是由长期贷款筹得的;1740—1748年奥地利王位战争中,长期贷款达到79%。七年战争时期这一百分比更高,以致国债剧增;1776—1783年北美独立战争期间,81%的军费是借来的。[1]

长期贷款为大臣们提供了迅速重组军备和调动国王军队的快捷之路,因而无需像从前一样求助于议会,与议会进行长期的、苛刻的关于战时征收补助金和其他"特别税"的争论。随着在伦敦的筹集资金的市场迅速发展,借贷组织也日益成熟,议会只要简单地批准征收足够的税收,便能支付利息、分期偿还贷款。大部分的贷款用于战争,每一次战事结束后,政治家、投资者和纳税人都十分关心战争债务和他们应承担的税收义务,部长们想方设法平息有关国家即将破产的预言,财政部和专家们围绕贷款进行协商,他们有效地处理了不断积累的债务,从而避免信任危机,这是帝国财政的成功之处。

17世纪,英国制造业和城市发展水平大大超过大陆国家,英国能生产足够的商品投入国外市场,并进口英国需要的消费品。1688—1783年间,商人们组织大批廉价劳动力(包括熟练工和非熟

---

[1] Wm. Roger Louis ed., *The Oxford History of the British Empire*, Vol. II, Oxford University Press, 1998, p.66.

练工)生产日益多样化的产品,其中主要是纺织品,还有金属器皿、皮革和其他商品,最初是为国内和欧洲市场服务,后来发展到亚洲和美洲市场。① 政府鼓励和保护贸易,有效抵御外国竞争者,加上良好的地理环境,丰富的自然资源,这些都大大便利了工业品、粮食、燃料和原材料的运输与贸易。工业革命以前就有大量劳动力从农业中解放出来,早期劳动力的工业化奠定了英国的海外贸易基础,它有助于远洋贸易上升,还能够支付从帝国海外殖民地运入英国的热带食物和家庭消费。通过商业扩张,英国在国际贸易体系中逐渐取代了西班牙、葡萄牙、荷兰和法国这些竞争对手。

二、农业、工业和运输业发展

在18世纪,农业变得越来越以市场为导向,成为经济工业化、城市化和商业化的支柱力量。这一时期,英国农业的重要发展是土地用于不同的用途,最显著的差别体现在种植区和畜牧区,这也可以看作是"高地"与"低地"之间的差别。高地不但海拔更高,而且更湿、更冷,土壤更加贫瘠。高山丘陵地区的斜坡难以进行农耕,盛行的西风确保降雨量,西风强劲而盐分高,影响了沿海山区农作物的生长,如德文郡(Devonshire)的北部。高地下的往往是毛毛细雨,多云的天气很常见。云朵、雾气和细雨限制了阳光,从而减少了生长期,寒冷期的时间相对更长。天气的影响很关键,收成的好坏直接

---

① A. E. Wrigley, "Urban Growth and Agricultural Change in England and Continent in the Early Mordern Period", *Journal of Interdisciplinary History*, XV, 1985, pp. 683 – 728.

关系到大麦、燕麦等作物的价格。① 这样,高地往往为畜牧业为主,低地以种植业为主。

然而在现实中土地运用模式比高地畜牧、低地种植这样的区分要复杂得多,不管是高地还是低地都没有那么单一。高地也小规模地种植水稻,当作副业,同时豢养家畜来提供肉、奶、肥料、毛皮和动力。在单个的牧场或者村落,自给自足的水平截然不同,交通运输的落后也导致了自给自足的模式。除了家畜和水稻生产,也有大量的蔬菜水果种植,如苹果被广泛种植,既用来吃也用来酿酒,这与欧洲大陆的模式是类似的。

新的农业技术不断出现,这些技术遍及于农耕区,反映着资金投入、土地使用和农业组织方面的改变。这时候很重要的一项改进是杰斯罗·塔尔(Jethro Tull)发明的条播法(后来发现在古代中国早就已经使用了),这种方法有利于除草和其他田间管理。从弗兰德斯引进的新的轮作法也在英国传播开来,虽然很多人认为铁犁在铁器时代就已经发明,但直到这个时候才广泛使用开来。18世纪30年代,东盎格利亚(East Anglia)的汤森勋爵(Charles Townshend)把三叶草(Trifolium)和芜菁(Brassica rapa)引入大田,改三作制为四作制,开启了农业革命,他因此获得了"芜菁汤森"的称号。② 这时已经使用石灰作肥料,可以提高农业产量,这是个不错的进步,因为可以选择的肥料比远比今天要少,当时人畜排泄物是主要的肥料,石灰有助于中和土壤的酸性,使得更多的粪便能起作用。这时还有一种转变,用马匹来取代公牛犁田,这个发明花费了数个世纪的时间。

---

① W. A. Speck, *Stability and Strife: England 1714—1760*, London, 1980, p.128.
② Ibid., p.130.

马匹效率更高、适应性更强而且更快。这时有一些农业机械投入使用,虽然这时的机械投入远远没有后来两个世纪那么明显。

新品种的培育也是很重要的投入。莱斯特郡(Leicester)的牧场主罗伯特·贝克韦尔(Robert Bakewell)培养出英国长角牛(English Longhorn)、林肯绵羊(Lincoln Sheep)和夏尔马(Shire horse),这是非常了不起的成就。他在畜栏里使用双层结构,用来收集粪便再液化。他建立纯种管理协会(Complete Body of Husbary)来保持品种的纯洁性,推进良种培育。

在土地使用方面,饲料作物的种植面积增加了,包括种植草料和根块作物,比如红豆草、苜蓿、油菜籽和萝卜。这有助于减少休耕,提高农村经济,饲养更多的家畜。苜蓿是豆科类植物,是能够集中氮的一种作物,这样能提高土壤的肥力。提供更多的饲料,使更多的家畜养殖成为可能。养殖能获得更多的资金,在当时的经济体系中,家畜是非常重要的"货币作物",而且家畜还能提供更多的肥料。人们更小心地选择与土壤相适应的种子,更细致地犁地和碎土,有利于作物的生长。① 轮耕和换耕也很重要,在一些地方,土地的使用在耕作与畜牧之间进行变化,在同一块土地上进行不同的农作能够保证一系列的产品,混合农业减少了坏收成或者家畜瘟疫时候的危害。现在有的历史学家认为不存在什么农业革命,只不过出现了一些能使得产量大量增加的农业方法。还有一些历史学家则认为18世纪农业方法的改进就如同这个世纪后工业的改进一样,可以称得上"革命"。②

---

① Paul Langford, *The Eighteenth Century 1688—1815*, Oxford, 2002, p.150.
② John O'Farrell, *An Utterly Impartial History of Britain*, London, 2007, pp. 277 - 278.

农业中有两个很容易被忽视的两个部门:渔业和林业。首先,二者都有利于提供食物和就业,如果考虑到沿海是咸水鱼的集中地,渔业在当地的地位显然更加重要。在一些小港口,渔业是经济的中心,在像赫尔(Hull)这样的大港口,渔业也很重要;在苏格兰的经济中,它尤其占有重要的地位。康沃尔(Cornwall)的沙丁鱼除了服务于国内的生产者和消费者之外,对出口而言也很重要。大量的鱼,尤其是腌制或者熏制的青鱼,出口到地中海和西印度。收费公路的产生有助于长途贸易的发展,然而渔业并没有种植业那样的增长速度,因为运输新鲜的鱼很昂贵,它们难以到达很多地区。熏鱼能够保存,但加大了成本,这种情况直到19世纪铁路运输使得鱼成为廉价而易得的食材之后才有所改变。

林场的消耗和煤炭的使用使得林业没有之前那么重要了,但从国家的层面看它仍然很重要。在消耗树木的同时,植树也在进行,17世纪晚期就有大量的植树造林。

农业在发展的同时,与工商业之间的联系愈发紧密了,许多手工生产都集中在农产品加工方面,如果把林木业包括进来,这种情况更为显著。加工的过程是个统一体,包括贮存食物、腌制、装瓶和酿醋。主要的工业活动都与农业生产有关,例如食品、饮品、衣物、鞋子和家具,所有这些生产都是分散的,比如说,制革厂分布于各个家畜饲养区。

尽管有一些加工会使用海外的进口农作物,比如棉花、甘蔗和烟草,但大部分原材料产自英国,这样,农业与大部分工业活动联系紧密。因为大部分的人口生活在农村,并与农业紧密联系,农村消费创造了一个既有工业品又有农产品的国内市场,比如肉类。任何农产品价格的上涨,尤其是大米,都会影响到城市居民,降低那里购买商品的能力。1670年到1750年谷物价格的下降提高了对手工产品的购买力,①小麦、大麦和燕麦都在1743—1747年达到最低价格,相对于18世纪20年代来说下降了15%。价格下降打击了农业区,但是有利于消费者。1741年,一位副大臣写信给他的一个同事:"从全国各地的来信可以看出,今年丰收在望,并且大部分农产品都会大幅降价,这是个好消息,因为现在我们有这么多的人口需要养活。"②

18世纪60年代人口的上升对农村的经济提供了机遇。农民的收入提高了,虽然给农业工人支付的工资没有提高。此时,由于人口增加,谷物价格飞速上升,必须从欧洲一些地方进口农产品,干鳕鱼可以从纽芬兰进口,大米来自南卡罗来纳,但这些不是英国的主食,从新世界进口其他的东西,如烟草显得更有利可图。随着市场经济的增长和整合,交通联系的提高和人口的增加,专门化趋势在一些主要的中心地区得到加强。埃塞克斯(Essex)的商品粮主要运往伦敦,伯克郡(Berkshire)的水果和蔬菜,尤其是苹果、梨和樱桃,在18世纪下半期主要供应伦敦、巴斯(Bath)和牛津(Oxford)。米德尔塞克斯(Middlesex)不再仅仅因为农业而闻名,还变成了伦敦的园艺市场的一个主要供应源。市场经济也影响到了更远的地区,比如说,朴次茅斯逐渐变成苏塞克斯(Sussex)西部和汉普郡(Hampshire)的谷物和家畜的市场,牛从约克郡往南运到伦敦,威尔士牛运到肯特(Kent)养肥再运往伦敦。爱尔兰的奶制品和家畜生产由于市场的扩大有所发展,牛肉和黄油对英格兰出口,熏肉出口到殖民地。

---

① W. A. Speck, *Stability and Strife: England 1714—1760*, London, 1980, p.132.
② Brandon Hill, *A Survey of British History* Ⅲ, London, 1976, p.30.

更远的市场的需要有助于地方农业的变化,也刺激了交通的发展。在北约克郡的克里夫兰(Cleveland),对开放地和公共用地的圈占使得针对伦敦市场的耕种和养殖都有所增加。克里夫兰产优质大麦,1769年在提斯河畔的斯托克顿(Stockton-on-Tees)架起桥梁后,大量的大麦从这里走水路运往伦敦。

这段时期内,农业领域中有两个现象必须要补充说明,那就是农田的开垦和圈地运动。耕作面积的增加是英国农业生产增长的部分原因,在开垦区,如林肯郡(Lincolnshire)的沼泽地,苏格兰以及英格兰西北部的泥炭地、苔藓地,还有一些山谷和厄尔斯特(Ulster)的海岸上,这种说法是完全正确的。高地的荒地和草地被密集地使用。在佩斯郡(Perthshire),传统上用来作为夏季备用牧场的土地都被开垦,森林被砍伐。通常,这样的"开垦"以及紧随而来的农业耕作会导致生态的改变,导致植物和动物种类居住地的丧失。

圈地运动带来的变化更加剧烈。圈地不是新鲜事物,特别是东南、北部和西部,在这些地方早就出现圈地了。在1500年,德文郡(Devonshire)和康沃尔郡(Cornwall)的很多地方都开始圈地,17世纪末,达拉莫(Durham)东边的很多低地也已经开始圈地。圈地的目的是饲养家畜,家畜在这个地区非常重要;在其他地区是为了更好地耕作,适应新的农业方式,为当地人口提供口粮。有的地方,如米德兰(Midland)地区,古老的公共用地依然保留了下来。18世纪圈地变得更加的普遍,尤其是在中部地区。在这个世纪里,英格兰的21%土地都受到议会圈地法令的影响。在18世纪60年代和70年代,圈地法令很盛行,在法国大革命和拿破仑战争时期同样如此。一旦某个地区的大地主希望圈地,他们会向议会申请圈地的法令,议会派出委员会来负责圈地,委员会组织详细的土地调查,决定谁拥有土地,谁享有放牧权,然后分配他们的权益,安排圈占的土地。圈地既涉及开阔地带分散的块地,也涉及公共牧场和废弃的土地。圈地经常伴随着土地使用期限的改变,伴随着用土地税或者谷物税来取代十一税,以及一系列昂贵的改变,如翻新排水系统、建筑道路等,还伴随着新的农业耕作方法。在农业方面,圈地运动到底发挥着什么样的作用一言难尽,圈地并不一定就会导致效率的提高。当时很多没有被圈占的土地上见证了农业改进、新技术和作物的引进,而更集中更有利于技术传播的圈占土地上却看不到这个过程。圈地通常使农业收益从租种者手中转移到地主手中,因为地租比产量上升得更快。地主支持圈地是因为他们希望地租会大大提高,并且提高对公共用地的控制权。但圈地给那些依赖公共用地的人和小农户带来很大的压力,使他们的生活更加艰苦,迫使他们迁徙,从而给工业提供了许多劳动力,其中有一些离开自己的国家远涉重洋,很多苏格兰人和爱尔兰人因此而去了西印度和北美。圈地,尤其是对公共用地的圈占,对小农户有很大的破坏性,将以自耕农为特征的村落变成了某种全新的东西,使英国逐步走向一个更加两极化的社会,并且也造成社会的动荡。1724年,在苏格兰加罗威地区爆发了反对圈占公共牧场的斗争,农民推翻了用石头砌成的石栏,后来政府派出军队才镇压了这次反抗。1766年,在苏格兰北部的库洛马迪地区,小农户推翻了圈地的石栏来放牧他们自己的羊群,这在当时被定为非法行为。在爱尔兰康诺特省(Connacht),1711—1712年爆发"踝关节者运动",运动中发生了对家畜的攻击。1761—1765年,在爱尔兰的科克(Cork)、基尔肯尼(Kilkenny)、利姆李奇和沃特福德(Waterford)等地方,白衣会会员反抗圈占公共用地,他们攻击土地代理人,破坏围栏和石墙,残害家畜。在1769—1776年白衣会再次出现,影响蒂波雷利、基尔肯尼、卡罗、基尔代尔(Kildare)、威夫特福德等地。在英格兰的北安普顿郡(Northampton),小农户和无地平民通过请愿、威胁、攻击驿站还有其他一些活动来反对议会的圈地。

农业发展的同时,工业已露出革命性变化的苗头,尤其是在纺织业、炼铁业、煤矿开采业和蒸汽动力等领域,虽然对整个工业生产的部门和结构还没有产生实质性的改变,但已经为后来飞速发展的工业化做好了准备。1707年英格兰和苏格兰的合并大大地扩大了国内市场,而对外战争的不断胜利则扩大了海外市场,北美大陆和加勒比海殖民地的扩大,对英国的出口和再出口贸易至关重要。制造业受供求关系影响,国内消费刺激了工业的发展,而海外市场的扩大、尤其是北美殖民地需求的扩大,也大大刺激了工业技术的改进。在早期,工业品在对外贸易中所占比重不高,需求主要在国内,因此受到国内人口、购买能力或者收入分配还有消费观念的限制。到18世纪中期,随着人口的增长,国内需求大大提升,制造业受到刺激,企业的质量、劳动力的供应、技术的发展发生变化,这些都能够减少成本。

纺织业是这一时期重要的产业,占据了工业的主要地位。新技术很重要,不单是因为它带来了生产能力的进步,而且还因为它能够带来连续的变化。纺织业见证了技术的不断发展,约翰·凯(John Kay)的飞梭发明于1733年,它提高了手工纺织工人的工作效率,用它能纺织出双倍宽的布匹,速度还提高了。早期的纺织机械,像哈格里夫斯(James Hargreaves)的"珍妮机",还有梳理羊毛的机器,都大大提高了产量。但工人们把这些机器看作对他们生计的威胁,在1768—1769年,布莱克伯恩(Blackburn)的工人们摧毁了哈格里夫斯的机器。

18世纪60—80年代出现了一系列技术,使得采用机械生产的棉作坊能够生产全棉布匹,其中1768年理查德·阿克赖特(Richard Arkwright)发明了水力纺纱机,采用滚筒纺织的原则。水力纺纱机纺出的线,比珍妮纺纱机纺出的线更加牢固,它光滑而平整,用它织出来的布比手工纺纱织出来的布好很多。阿克赖特等人在兰开斯特建立了很多用水力带动的棉纺厂。第一座于1771年建立,显示了工厂体系的特征,包括劳动力的严密分工和不同生产部门之间的合作。1772年,他在诺丁汉(Nottingham)的一个工厂招聘了300多人,其中有一些是附近教区工场收养的儿童。1776年,兰开斯特郡乔利附近的比尔克尔工厂被一些工人烧掉了——他们的就业受到威胁,因而迁怒于机器。这场暴动中有超过100台机器被烧毁,而议会则支持机器的使用。

机器的发明和运用推动了煤和蒸汽动力的发展。蒸汽机靠煤带动,在此之前,动力主要来自木材,燃烧木材能产生大量的热,但这种热能不稳定,在很多工业部门,木材并不是理想的能源。煤常年都能开采,不受季节影响,而且煤是一种可以转换和控制的能源,相比木材和水力都是更好的动力来源。到1700年为止,在约克郡北部、达拉姆、米德兰和南威尔士等地方,煤矿已经有了不错的发展。然而,采煤很费力,煤的开采和运输成本很高,而木材则比较容易获得,但煤炭的使用越来越普遍。煤炭的开采和运输都刺激着创新和发展,运河和铁路的建设得到了快速的发展。一条主要的运煤路线是从诺森伯兰郡(Northumberland)和达拉姆郡运到泰恩河(Tyne River)河岸,在这里用于工业或者运到伦敦作为家用或者工业用煤。没有交通,煤的价值无法体现,但是煤加上交通可以看作是那些有着大量劳动力和市场需求的混合工业区的基础。为了快速的工业增长,资金、交通、市场和煤炭,成为必不可少的因素。

煤炭给蒸汽机提供动力,是新世界的基础。蒸汽机在瓦特之前就已存在,尽管很原始,但可以把水从矿井中抽出来,在康沃尔的锡矿和铜矿、煤矿和锌矿中发挥重要作用。后来蒸汽机被用来在水轮中提供循环水,还有在铁厂中给炼炉鼓风。蒸汽动力经常用来取代水动力。约翰·伊夫林(John Evelyn)在1702年在康沃尔锡矿中看到的两个巨大的蒸汽机"由几个轮子组成,在泵的原理下把他们想要钻探的地方的水抽出来,它们因为水力持续运转,水在几人宽的地方旋转,能产生很大的能量。水主要通过高高的木渠引入蒸汽机"。为提高蒸汽机利用能源的效率,瓦特(James Wat)改良了蒸汽机,它能在冲程的底部和顶部同时传递能量,1776年瓦特的蒸汽机正式投入实际使用。

蒸汽机不仅在煤矿和其他的矿井用来带动通风设备等机器,而且还用于羊毛和棉纺织厂和其他很多工业部门。1782年瓦特申请了双动循环蒸汽机专利,这种蒸汽机能产生双向运动,可以带动要求平滑运动的机械设备,并提高能源利用效率,使蒸汽机更便宜,在那些本地不产煤因而煤的价格比较高的地方也能使用。蒸汽机在运河的开挖中也起到很大的作用,可以用来填塞水库和处理运河需要修理的斜坡。

煤矿不但从采用蒸汽机抽水和鼓风中获利,而且还从一系列创新中获利,涉及爆破、衬壁和支撑柱,还有地底交通的使用,特别是铁轨的使用,这样运煤车可以在上面推行。陆上交通的改进,如水路运货,道路运输的改革,降低了煤的价格,扩大了需求。1772年,第一艘运煤船通过新伯明翰运河达到伯明翰。在1700年,英国的煤产量大概是 300 万吨,大部分用于家用。西北英格兰是重要的煤场,承担了大概一半的产量。其他的地方,施罗普郡(Shropshire)东部、约克郡南部,还有斯塔福德郡(Staffordshire)南部,依次是最重要的煤场。煤产量在 1750 年达到 520 万吨,以每年 1% 的比例上升;1775 年达到 880 万吨的产量,在本世纪剩下的时间里每年增加 2%,1800 年达到 1 500 万吨。煤炭的开采和广泛使用有利于英国经济的发展,提供了相对欧洲大陆而言有利的竞争优势。

在煤炭行业和蒸汽机发展的同时,炼铁也有了快速发展。英国处于欧洲乃至世界领先地位,炼铁工业的改进对其他的经济部门非常重要,铁的价格降低,产量大大增加,最终使铁制机器取代木制器具。用焦炭而不是木炭来炼制铁和钢,把工业从依赖木材中解放出来。这也是一个用矿物能源取代传统能源的明显例子。从 18 世纪 50 年代开始,随着木炭的价格上涨,再加上技术的提高,焦炉的使用变得更广泛,用煤炭炼制可塑性铁,比木炭炼制和精炼更便宜。

蒸汽动力用于煤炭开采,加上高炉和新的滚轧和开片机,导致炼铁业向煤场集中,威尔士南部就是这样。1801 年威尔士最大的村庄是梅瑟蒂德菲尔(Merthyr Tydfil),在 1750 年这里不过是一个小村庄,但是到世纪末已成为威尔士南部以焦炭和高炉为基础的工业中心,还是世界铁生产的中心。当以煤炭作为基础的炼铁厂兴起以后,炼铁厂也向煤矿多的地方集中。

铁产量从 1720—1724 年的 2.7 万吨增加到 1789 年的 8 万吨。这些铁用于这个时期的工业发展。采矿业的发展要求建筑铁路,修建铁路则要求生产更多的铁。伯明翰的第一座轧钢厂在 1740 年建立;18 世纪上半期开始,轧钢技术用于镀锡行业,给镀锡行业的国际竞争力带来巨大的优势,炼铁业甚至整个冶金业都有了发展。

除了煤炭、炼铁和蒸汽动力等工业部门发展显著之外，还有一些手工业部门也有发展。那些用手工工具和小机器生产的工业部门有了很大的进步，它们从钻机设备和铁条制作技术的创新中获利。金属加工技术对所谓的"玩具制造业"很关键，这是一个制造小金属产品的行业，生产扣子、按钮和鼻烟盒等小玩意儿，在18世纪末期，这个行业也开始机械化。同样明显发展的是陶瓷业，斯塔福德郡的陶瓷工业需要便宜的交通来运输黏土和成品，这得益于新运河的开通。陶瓷业的组织分工明显提高了，尤其是大规模生产，这种生产依靠规模经济、劳动力分工还有质量控制，这些在以前小规模的家庭作坊中都不可能做到。玻璃制造业也在泰恩河畔（Tyneside）这些能方便得到能源的地方发展起来，在17世纪纽卡斯尔（Newcastle）生产全国40％的玻璃。化学工业也在泰恩河畔发展起来，在1778年，罗希在沃克低地地区设立了一个碱厂，这个厂可以利用此处便宜的煤炭和大量的盐。在威尔地区，当地的煤有助于煮盐业、玻璃制造业、陶瓷业和其他工业的发展。更宽泛地说，煤炭是煮酒业、酿糖业和制砖业的主要能源。

由于农村的劳动力非常丰富，价格比起城镇来更加便宜，农村手工业也有了一定的发展。能量消耗也很重要，在有激流的地方水力更容易得到利用，在山村地区林木比较丰富，就像在矿区煤比较多一样。在乡村地区原材料也容易获得，比如说皮革工业用羊皮来制革。纺织对农村工业化的作用是比较稳定的。动力可以由河流提供，乡村家庭纺织业的传统是比较根深蒂固的，水车和纺车在乡村处处可见，纺织品没有在运输中被破坏的风险。农村与城市的纺织工业联系紧密，最后程序通常在城市完成。商人组织外包工作，负责寻找销路，对外销售在这一时期有了一定的发展。由于交通条件不好,煤炭产量有限,大部分农村工业没有机械化,产品基本上为本地市场生产,技术有限,创新能力不足。

运输业把各个经济部门连成一个整体,工业革命开始时,主要的交通方式有运河、陆路和海路交通。运河创造了全新的运输方式,原有的陆路运输效率不高,英国人开始修建运河,1720年在西南英格兰的圣奥斯德尔(St. Austell)的东部开通了第一条运河,这条运河主要用来运输黏土,但它的长度很短,并且在1731年的时候河岸崩塌就停止使用了。更重要的一条运河建立于西北部,桑基布鲁克航行运河完成于1757年,从圣海伦斯(St. Helens)运煤到利物浦,刺激了默西河畔的煤炭业以及柴郡(Cheshire)的煮盐业的发展。弗朗西斯(Francis)在1763年修建了一条运河,把他的沃斯利(Worsley)煤矿的煤运到附近的曼切斯特。两年后,詹姆斯·布林德利(James Brindley)因为设计了连接特伦特(Trent River)和默西的运河而闻名。1766年到1772年建立起来的从特伦特到默西河的46英里长的运河,不但连接斯塔福德郡和伍斯特郡(Worcestershire),还连接了伯明翰运河,并且在斯托港这个新的港口连接了塞文河(Severn River)。这样,斯塔福德郡的煤、铁和陶瓷可以稳定地运输到更多的城市。除了网状运河系统的修建,还出现了一些单独的运河,比如,1770年劳斯运河开通,使这个地方变成了一个港口。很多重要的运河都是在1783年之后修建的,在爱尔兰尤其如此。虽然在1731—1742年已经修建了纽里导航运河,这条运河在波特兰(Portland)港口连接了卡林福德湖(Carlingford Lough)和拜纳河,还连接了厄尔斯特(Ulster)和都柏林(Dublin),把蒂隆西部的煤运到都柏林。这个系统在1769年纽里船运河开通后有所扩展,这条运河的开通使得纽里成为一个重要的港口。蒂隆导航运河在1787年完工,连接了利斯兰和黑水河。从贝尔法斯特到内伊湖(Lough Neagh)地区的拉甘导航运河在18世纪80年代建成。

在发展内部联系方面,尤其是在西米德兰和兰开斯特之间,还有在减少运输成本方面,运河的修建是非常重要的。从欧洲范围来看,英国工业从便宜的交通成本和可靠的交通联系中获益良多,地区专门化的可能性提高了,因为能更便宜地生产某种产品的地区比起那些成本较高的地区来说,更具有竞争优势。不过到18世纪末,英国的运河网仍旧分散而稀疏,尤其在苏格兰、威尔士和爱尔兰更加如此。

当时,英国的陆上交通状况很差,人们不知道如何修路和造路,最常见的方式是在原有道路有坑洼的地方填一些石头,让来往的行人和车辆将其碾平,然而当一辆马车驰过时,石头从车轮两边被压出,坑坑洼洼随之再现,交通变得艰难。道路一般由它经过的教区负责修理,教区居民可能被要求每年在道路上干五六天活。但教区对自己有用的道路可能更加重视,但是对那些他们不用的道路就不好好管理。

为了解决这个问题,在查理二世时开始出现收费公路。到1730年,只修建了少数几条收费公路,18世纪中期大约40年间是修建收费公路的全盛时期,英格兰北部和中西部修建了大量新道路。这些公路的原则是谁修路谁收费,从原则上看很公平,但实际上也出现了一些问题,比如在短短一段公路上可能会有好几个修路公司,于是就会建立太多的收费站,每一个公司都会委派自己的检验员,于是修路的标准就不同。在这段时间里,公路运输缓慢发展,但进展却很明显。尽管随着道路的改善,运输时间减少了,因而成本降低了,但陆路运输还是不适用于煤、铁这样的物资运输,这些物资太重,运输成本会很高。

　　海岸运输是另外一种运输方式。亚当·斯密斯在 1776 年对比陆路运输和海上运输时写道:"一辆宽轮货车,配备两个人手,由八匹马拉,在伦敦和爱丁堡之间花费六个星期的时间来回运送近四吨的货物。同样的时间里,一艘由六到七个人驾驶的船只,在伦敦和雷斯城之间来回的话可以运送两百吨重的货物。这样的话,海上六七个人在同样的时间同样的重量同样是伦敦到爱丁堡之间的距离相当于陆上一百人,外加四百匹马。"有的地方的产品可以通过海洋和市场联系起来,比如泰恩河畔的煤和柴郡的奶酪,不用从货车上转移到船只上,不添加额外的运输费用,是一种经济又实惠的运输方式。小规模的船只可以到达很多小港口,这些地方现在已经不是港口了。

　　整体来讲,18 世纪英国的农业、工业和运输业都有了明显的发展,为重商主义帝国打下了良好的经济基础。

第五章　美国独立与帝国危机

一、北美殖民地危机

七年战争前,在重商主义体制下,英国与北美殖民地之间存在着爆发危机的可能性,但并没有演变成战争。七年战争结束后,英国试图在美洲殖民地征税,执行新的殖民政策,从而引发了北美危机,最终导致美国独立战争,美国获得了独立。美国革命几乎摧毁了重商主义的英帝国,使其向自由主义过渡;美国革命也冲击了重商主义殖民经济的中心地区,英帝国被迫向新的殖民区转移。这些都标志着重商主义英帝国的解体,也预示着自由主义新帝国即将到来。

1763年七年战争结束后签订《巴黎和约》,在英国殖民史上有重大意义。首先,法国的力量从北美大陆驱除,英国殖民地解除了被法国人入侵和包围的危险。其次,法国人从密西西比河流域退走,给英国13个殖民地提供了广阔的西进天地。第三,英国在北美控制的土地扩大一倍,这给英国人和英国的政治家提出了如何管理北美的问题。实际上,大英帝国没有解决好这个问题,不但没有充分利用北美大陆的优势,反而让其脱离帝国建立起美利坚合众国。这个问题后来一直被讨论,殖民地是不是不管发生什么事情最终都会完全独立?还是如果1763—1783年间英国政治家多一点妥协的话,13块殖民地是不会离开英国的?无论如何,事实是在《巴黎和约》签订后,北美殖民地在朝着独立的方向发展。

七年战争结束时,北美13个殖民地自北向南一字排开,从北方的马萨诸塞到南边的佐治亚,其西部边界一直延伸到阿巴拉契亚山脉。殖民地居民主要是英国移民,人口上升非常快,到1763年已经有将近200万人。他们中许多人是农民,开垦土地以养活家人。此外还有各种职业的人,比如新英格的渔民和造船匠很著名,弗吉尼亚和其他南部殖民地往英格兰出售大量烟草,这些烟草大都由黑奴在种植园种植。波士顿、纽约和费城生机勃勃,兴旺繁盛,住满了商人、律师和工匠。殖民地人精神充沛、体力强盛,他们大部分人跨越重洋来到美洲寻找新生活,生活环境迫使他们积极进取、努力劳动,还要与当地土著及未知荒野中的危险做斗争,尤其是在阿巴拉契亚山脉地区,由于地处边远,生活更加艰苦。殖民者带来了英国的制度和自治传统,按照重商主义理论,英国除了控制其对外贸易,对殖民地内部事务几乎不加干涉。在殖民地,政治讨论更加自由,比起伦敦市民来说,殖民地人更热衷于表达自己的观点。

18世纪中叶,美利坚民族开始形成。北美居民认为他们与英国本土居民有所区别,他们是"美利坚人","美利坚人是一种新人,他们根据新的原则行事,因而他们必然拥有新的思想,形成新的看法"。北美13个殖民地的居民有共同的语言——英语,具有共同的民族性格,居住在同一片土地上,殖民地之间逐渐形成经济联系。在反对英国的斗争中,北美殖民地走向联合,美利坚民族意识在斗争中形成，人民对英国的认同感大大削弱了。

北美殖民地的居民大都是英国移民或英国人后裔，因而他们把英国人的自治传统完全继承过来；他们不认为自己是远离母国的遥远边缘地区，而认为应该享有与母国其他地区完全一样的权利。七年战争前，英国曾对殖民地颁布过不少法令，但这些法令被殖民地看成是调控帝国贸易的必要措施。七年战争之后，英帝国的形势发生变化，殖民地开始反对英国议会颁布的一些法令，殖民地居民无法再接受英国政府的高傲态度，重商主义殖民政策已经成为殖民地发展的巨大障碍。在重商主义殖民体系下，英国政治家和商人普遍相信殖民地存在的目的是服从宗主国的经济发展，殖民地应该是英国制造品的市场，原材料应该销往宗主国，保证英国的原料需求，商品交易应该有利于英国的航运业。英国的许多法律都是沿着这条思路制定的。因此，进出殖民地的商品必须由英国或者殖民地的船只来运输，殖民地销往欧洲的商品大部分要在英国转口，很多重要的殖民地出口商品，如烟草、毛皮、树脂和船桅，都只能运往英国，而不是欧洲。殖民地被禁止生产一些商品，如羊毛制品和铁器等。1733年的法案《蜜糖法案》(Molasses Act)严禁从法国或者西班牙的西印度岛屿进口蜜糖到英国殖民地，尽管相对于西班牙政府对殖民地的限制而言，这些规定已经算是宽容了。从这些措施中殖民地也可受益，最明显的是其商品在英国有着稳定的市场。此外，这些法令在18世纪的上半期并没有严格执行，走私大量存在，这在新英格兰成了颇具规模的一种生意，很多商人由此获利，《蜜糖法案》几乎成为一纸空文。然而，随着殖民地贸易的增长，殖民地人认为英国的规定是一种限制，弗吉尼亚的烟草种植商讨厌那些强迫他们将烟草在英国出售的法律，也非常不喜欢英国制定的烟草价格，重商主义的贸易体系对北美殖民地而言慢慢变成了一种束缚。七年战争结束后,北美13个殖民地的经济已有很大发展,其木材业、酿酒业、制铁业和纺织业已经可以与英国一较高低。13个殖民地到独立战争爆发时,人口已达到250万,成为英国对外贸易中仅次于欧洲的重要贸易对象,英国1/3的船运业从事美洲殖民地贸易,纽约、波士顿、费城已发展为殖民地的工业中心。经济的发展使得北美殖民地日趋成熟,难以继续接受英国的管辖,殖民地人对英国的经济限制越来越不满,他们同英国的矛盾越来越多。

同时,七年战争之后,英国夺取了法属加拿大,法国的威胁被解除,北美殖民地对于自身的防卫有了充足的信心,感到即使没有宗主国的保护也能安然无恙。在这种情况下,北美殖民地对于英国的依赖大大减弱,而对英国的控制则越来越不满。这样,随着殖民地的发展,北美具备了强大的经济实力,为北美社会的独立生存和发展奠定了基础,殖民地强烈要求放松经济上的限制,而重商主义者为了获取更多的利润,则需要加强对殖民地的控制,双方的矛盾已无法消除。重商主义殖民政策已无法解决帝国出现的巨大矛盾。

战胜法国后,英国不再重视与印第安人的联盟,战时的联盟也就无法继续维持了。印第安人和殖民地人都不接受英国单方面提出的新条款,殖民地人不肯分担英国长期驻军的费用,而印第安酋长庞蒂亚克(Pontiac)联合其他部落于1763年春举行起义,包围了英国殖民者在底特律(Detroit)的要塞,袭击了弗吉尼亚和宾夕法尼亚的边民,但后来被迫签订了停战协定。这一年,英国政府颁布《1763年王室公告》(*Royal Proclamation of 1763*),宣布阿勒格尼以西地区禁止移民,这极大地惹恼了边境线上的殖民者和那些正准备去西方开拓土地的殖民者。还有更糟糕的,英国政府打算组建一支

1万人的军队驻扎在殖民地,借口是永久抵抗印第安人。这么庞大的军队当然需要经费,但英国纳税人刚刚经历了一场大战,这场大战使英国的国债从6 000万英镑上升到1.5亿英镑,几乎与当时英国的国民收入相等,而利息就高达每年470万英镑。英国在北美殖民地的行政管理和防卫费用也在不断增加,由原来的2万英镑增加到1764年的35万英镑。在英国政治家们看来,由英国纳税人偿还这些债务并不公平,1万人的军队是去保护殖民地的,所以应该让殖民地人自己来承担这笔开支。但这样,无疑会加重殖民地人民的赋税负担,引发后来关于税收问题的一系列事件。在弗吉尼亚,殖民地人对英国商人利用《航海条例》垄断殖民地贸易强烈不满,而总督威廉·伯克利(William Berkley)又剥夺了自由民的选举权并征收人头税,这些做法激起当了殖民地人的反抗,1766年弗吉尼亚发生起义,起义军曾两度占领詹姆士敦(Jamestown),最后被镇压。在此期间还爆发了许多针对殖民统治的暴动。这些起义和暴动表明,七年战争的胜利使英帝国内部的矛盾激化了,面对北美人民的反抗,英军日趋无能为力。

北美殖民地在英帝国中具有重要地位,这体现在北美殖民地同英国之间的贸易急剧增长。1747—1765年,北美殖民地向英国的出口增长很快,由70万镑增至150万镑;殖民地从英国的进口增长更快,约从90万镑增加到200万镑。北美殖民地在英国贸易中的份额由1700年的1/6增至1771年的1/3,成为英国商品的销售市场。七年战争结束后,英国希望通过增加北美殖民地的税赋来增加收入,支付债务,把财政危机转嫁于殖民地。为此英国强化实施贸易条例,严控殖民地商人的走私活动,并采取一系列措施,将防务费用也转由殖民地人负担。1764年英国公布《殖民地通货条例》(*Currency*

Act)和《食糖法》(Sugar Act)。《殖民地通货条例》宣布殖民地发行纸币为违法行为,《食糖法》修改了海关条例,加大了对糖蜜走私的打击力度,因为当时殖民地所消费的酒、水果、茶叶、蔗糖、蜂蜜,9/10 都是靠走私获得的。北美殖民地商人用粮食、鱼、木材等到西印度群岛换回糖、糖蜜,然后用糖蜜制成甜酒,运往非洲西海岸换回黑人奴隶运回西印度群岛,从中获利颇丰。《食糖法》在形式上仍是以往关税形式的延续,但其目的却发生了变化,一是为了增加税收以支付殖民地防卫等方面的开支,二是为了加强对北美贸易的管理,在殖民地人士看来,这触犯了他们的财产权利,已不是一般的关税措施,多数殖民地议会通过了抗议书,纽约议会还向英国议会下院递交了请愿书。

征税必须得到议会的同意,这是英国的古老传统,但殖民地在英国议会没有代表,英国议会怎么能够代表殖民地的意愿呢?如果北美居民在英国议会有代表,那么英国的征税就是合法的;反之就违反了英国宪政和纳税者的权利。纽约议会在请愿书中指出:未经授权的征税是任何一个自由之邦都不能接受的,征税权应该属于人民。弗吉尼亚的抗议书也提到,按照"英国自由"的根本原则,征税法案必须由殖民地居民自己选择的代表来制定。殖民地人认为,殖民地和英国在地理上相距遥远,在英国议会没有代表,英国法律在制定时未经殖民地的同意,要它们服从这些法律就违背了英国的宪政精神。这样,就否认了英国议会向殖民地征税的权力。

《食糖法》严重影响北美商人的贸易,引起了他们强烈的不满。针对英国债台高筑的局面,英国决定扩大对北美及西印度殖民地的征税范围。1765 年,格伦维尔(John Grenville)政府颁布《印花税法》(Stamp Act),规定对所有印刷品,包括法律文件、历书、报纸、扑克、田契和单据等都要贴上"税资付讫"的印花,商人和殖民地上层人士比普通人更多地使用印刷品,因而负担更重。印花税在英国已实施多年,英国每年可征收25万英镑。英国政府估计在殖民地实施这项税收,每年可增加6万—10万英镑的收入。这是英国政府对北美殖民地第一次征收直接税。殖民地人担心这个法令会扩展到用来审查和取缔报纸,同时人们普遍认为,英国政府打算扑灭自由的权利,而印花税是奴役美洲的第一步,这一步一旦成功,英国政府就会颁布其他法案,征收别的税。尽管多数英国政治家认为《印花税法》及已经通过的《食糖法》很公允,从财政上讲也很宽容,但《印花税法》还是激起了广泛的抗议浪潮。尽管在事实上,殖民地经常会应英国政府之请向母国捐赠大量金钱,其数额甚至大到连英国都不好意思而在事后退款的地步,但在殖民地人看来,征收直接税却是在侵犯他们最根本的自由——让他们捐送资金是可以的,但剥夺自由是不能容忍的。《印花税法》首次使英国的征税权渗透到殖民地,从而超越了单纯的经济性质,成为关乎殖民地的基本权利和命运的重大问题。这项法令旨在改善英帝国的财政状况,结果却使帝国体制陷入了重大危机,成为殖民地与宗主国关系的一个转折点。《印花税法》激发了北美民众的反抗风暴,人们焚烧关于该法案的一些传单,捣毁收税者的房子。受《印花税法》影响的各家报社更是对此猛烈抨击,在本来是盖印章的地方印上死人头。商人们达成"不进口"的协议,拒绝购买英国商品。来自9个殖民地的代表在纽约开会,宣布该项法案是对殖民地人自由和权利的破坏。"没有代表权就不纳税"成为对抗英国的口号。在英国本土也有明确支持北美殖民地的人,连威廉·皮特(William Pitt)也反对该法案,他说:我很高兴看到美国人在反抗。英国政府最后未能镇压住北美殖民地的这次抵抗,首先，英国没有足够的军队来镇压北美，北美人其实看到了这一点；其次，英国商人面对反抗遭受了损失，他们给议会施加压力，要求取消这项税法。英国新上台的罗金汉（Rockingham）政府被迫作出让步，1766年3月宣布废除《印花税法》，但与此同时又通过《公告法》（Declaratory Act），重申英国议会对殖民地具有至高无上的权力。英国认为，每个国家都有而且必须有一个至高无上的绝对权威，在英国，这个权力属于英王、上院和下院，因此议会法案对北美殖民地具有约束力。殖民地则反对这一理论，它们否认英国议会的征税权，并认为，征税权与立法权有根本性区别。

罗金汉不久下台，由威廉·皮特接替，为弥补赤字，1767年财政大臣查尔斯·唐森德（Charles Townshend）提出将英国的土地税由20%减至15%，由此产生的差额则依靠从殖民地取得收入来加以弥补，并建议对殖民地的进口商品征税，这一建议获得议会通过。《唐森德税法》（Townshend Acts）立即遭到北美殖民地的反抗，从经济学的角度看，《唐森德税法》的税额很低，人均约4便士，但殖民地人的反应与税额高低没有关联，只要英国政府征收直接税，他们就反对，英国政府同殖民地的矛盾进一步激化了。1770年3月5日，波士顿的英国驻军对抗议群众开枪，打死数人，制造了"波士顿惨案"，激起了更强烈的反英情绪，总督被迫从波士顿撤出军队，枪杀群众的士兵受到审讯。同一天，英国新首相诺思慑于殖民地抵制英货的运动，建议废除《唐森德税法》，但保留对茶叶的征税，以维护英国议会有权向殖民地征税的原则。诺思的政策使英国与北美殖民地的紧张关系有所缓和，但基本矛盾并未解决。1772年，在塞缪尔·亚当斯（Samuel Adams）的领导下，波士顿率先成立了通讯委员会，不久各地都成立了通讯委员会并相互建立联系，通讯委员会推动了殖民地之间协调一致的反英行动。1773年英国议会通过《茶叶法》(Tea Act)，以挽救英属东印度公司的破产。《茶叶法》允许东印度公司将茶叶直接向北美出口，每磅茶叶只征收3便士的茶叶税，东印度公司的茶叶可以不通过英国或北美批发商经销，而是通过其指定的代理商出售。这样就使得东印度公司在殖民地的茶叶销售价格较低，殖民地商人无法与英货的代理人竞争，从而使东印度公司可以垄断北美殖民地的茶叶市场。尽管殖民地人由此能够买到更便宜的茶叶，但他们认为，如果《茶叶法》生效，英国可能对葡萄酒、香料、布匹乃至所有商品实行垄断，而且还能迫使殖民地人民接受英国议会有权对殖民地征税；所以，《茶叶法》也遭到殖民地的坚决反对。殖民地人阻止卸货或者封存茶叶，而波士顿人在亚当斯的领导下，于1773年12月16日夜里袭击了在波士顿湾停泊的三艘茶船，并将价值约9 000英镑的9万磅茶叶倾入海中，这就是著名的"波士顿倾茶事件"(Boston Tea Party)。英国政府认为波士顿倾茶事件是殖民地反对英国统治的有计划的行动，而且波士顿从抵制《印花税法》以来一直是北美殖民地反英斗争的中心，所以决定惩治波士顿，以巩固英国的殖民统治。英国议会通过了一系列惩罚性的法令：《波士顿港口法》(Boston Port Bill)、《马萨诸塞政府法》(Massachusetts Government Act)、《司法法》(Administration of Justice Act)、《宿营法》(Quartering Act)等，接着又通过了《魁北克法》(The Quebec Act)。这些法令规定关闭波士顿港并禁止其进行沿海贸易；改变马萨诸塞殖民地的特许状，以任命的参事会取代选举产生的参事会，加强总督的权力；被控在镇压骚乱或执法过程中犯有杀人罪的人可在英国接受审讯；英军可自由驻扎在旅馆或无人居住的建筑物中；将密西西比河以西和俄亥俄以北的土地并入加拿大。在殖民地人民眼里,这些法令严重侵犯人民的自由,剥夺人民的政治和司法权利,称之为"不可容忍的法令"(Intolarable Acts)。《魁北克法》进一步激化了英国同北美殖民地之间的矛盾,激起了它们的联合反抗。

由英国向北美殖民地征税而引发的英国与殖民地的矛盾日益尖锐,殖民地对英国的主权提出了挑战,这就要求宗主国与殖民地必须作出相应的调整。有人提出理想的方式是建立二元帝国,即在共同拥戴英王的前提下建立联盟关系,北美殖民地则希望英国取消对殖民地的各种经济限制,建立永久互利的联盟。这种联盟的实质是英国放弃对殖民地的主权,使殖民地在英王的名义下实现完全自治。英国拒绝了这个温和的提议,相反它调兵遣将,准备诉诸武力,战争于是不可避免,北美独立战争爆发了。

二、北美独立战争

在战争爆发前,北美殖民地经济已有一定程度的发展,但毕竟处于初级发展阶段,其整体实力远远不能与宗主国相比,因此交战双方力量悬殊。

在英国国内,除了少数大都市的激进政治家和一些不信奉国教的人士以外,大多数英国人都支持对北美战争。他们坚持母国中心的原则,维护英国对殖民地的统治。他们坚持陈旧的重商主义帝国理念,对他们而言,殖民地不服从英国的统治是十分危险的,而一旦殖民地敢于反抗,就应该镇压。

英国是当时世界的头号强国,正在向工业革命迈进,处于国力迅速增长的鼎盛时期。在几个世纪的争霸战争中,英国先后战胜了西班牙、荷兰和法国等劲敌,夺取了海上霸权,建立了横跨欧洲、亚洲、非洲、美洲的强大的殖民帝国。特别在七年战争中,英国在北美占领了法国的领地加拿大,在非洲占领了法国的塞内加尔,在亚洲将法国的势力挤出印度,这不仅大大扩充了英国的势力范围,而且因为有对加拿大、佛罗里达和英属西印度群岛的控制,英国出兵美洲大陆就有了战略根据地。英国本土当时约有 750 万人,连同殖民地人口约 3 000 万人。军事上它拥有一支训练有素、装备精良、作战经验丰富的陆军和海上无敌的强大舰队。其陆军在对北美作战中首次装备和使用了新发明的后膛来复枪;其海军有 300 余艘舰艇,其中装载 77 门火炮以上的主力舰即有 131 艘,拥有无可争议的制海权和海上霸权。北美独立战争爆发前,英国在北美驻军约 8 000 人,战争爆发后陆续增兵,8 年中先后派往北美作战的兵力共 9 万人,其中有 3 万是由德意志布伦瑞克公爵(Duke of Brunswick)和黑森-卡塞尔伯爵(Earl of Hessen-Kaseel)提供的雇佣军。此外,还有 3 万—5 万名效忠派分子和少数印第安人协同作战。

战前北美殖民地仅 300 万人,其中 50 万是黑人,黑人中 90% 是奴隶。被英国宗主国的高压政策所限制,北美殖民地的经济对于支撑一场长期的战争力不从心。战前北美殖民地既没有正规军,也无舰队,战斗打响时,北美只有各地分散的民兵。1775 年 6 月 15 日第二届大陆会议通过组建正规军的决议案,根据这一决议,按志愿入伍原则,建成了一支由师、旅、团、营以及炮兵和骑兵分队组成的大陆军。军队编制总额 88 个营,共约 6 万人,但在战争进程中实际上从未超过 1.9 万人。原英军上校、弗吉尼亚农场主华盛顿(George Washington)被任命为大陆军总司令,阿蒂马斯·沃德(Artemas Ward)、查尔斯·李(Charles Lee)和伊斯雷尔·普特南(Israel

Putnam)分别担任新成立的 3 个师的指挥官。1775 年 9 月华盛顿曾计划建立一支由 26 个步兵团、1 个来复枪团和 1 个炮兵团组成的新军,共计 20 372 人,由大陆会议统一征召,由于种种困难这一计划未能付诸实施。1775 年 10 月 13 日,大陆会议正式决定建立海军。一是各州殖民地的海军,除特拉华(Delaware)和新泽西以外,其余 11 个殖民地均建立担任本州沿岸防御任务的海军,装备单层甲板帆船和武装小艇;二是在大陆会议直接领导下的海军。1775 年 12 月,大陆会议决定建造 13 艘快速战舰,但下水仅 7 艘,剩下未完工的 6 艘为防止落入敌手而自毁。1776 年大陆海军第一任司令霍普金斯(Esek Hopkins)所指挥的大小战舰仅 8 艘,大都由商船改装而成。8 年中服役的各类舰船总共只有 60 艘。这支大陆军装备简陋,弹药缺乏,给养困难,衣衫褴褛。刚组建时人均仅 9 发子弹,3 个士兵才有 1 支火枪和 1 条被子,炮兵装备的火药只有 1 天的使用量。在提康德罗加堡(Fort Ticonderogr),12 万名战士只有 900 双鞋子。华盛顿曾经写道:"士兵们衣不蔽体,夜无毡毯,脚上没鞋,赤脚行军,从他们脚上留下的血迹,就可以找到他们的行踪,他们常常没有口粮。……"同时,由于对这场战争的长期性缺乏思想准备,也由于对常备军的必要性认识不足,大陆会议仅授权建立服役期为 1 年甚至只有 9 个月的军队,以致整个战争期间,一到服役期满,士兵们便几乎跑光了。华盛顿率部渡过特拉华河(Delaware River)袭击特伦顿(Trenton)雇佣军兵营时仅剩下 2 400 人。与强大的英国相比,北美殖民地的军事力量显得如此单薄。

但是,另一方面,北美殖民地也有其独特的优势,这些优势在战争过程中日益发挥决定性作用,并最终使交战双方强弱形势发生转变。首先,这场战争是争取民族独立的解放战争,与北美殖民地全体人民的命运相关,因而受到了人民的支持和拥护,人民群众的革命热情是将战争进行到底的力量源泉。其次,这场战争是在北美的广阔土地上进行的,革命者具有本土作战的地理优势。他们熟悉地形,可以利用有利地形打击敌人,可在广阔的战场上与敌周旋。再次,北美的军民没有受过正规训练,这是他们的弱点,但同时,他们也不受中世纪刻板的战术思想的束缚,而能根据作战需要忽聚忽散,灵活机动地打击敌人。还有,英国虽然是当时的头号殖民帝国,但它战线过长,维护殖民帝国的战略目标与其实力相对不足的矛盾日益突出,特别是英国与北美殖民地远隔重洋,往返一次需数月之久。英军漂洋过海,劳师远征,途中经常受大西洋风暴的袭击。在北美战场上,英军身陷重重敌意,人地生疏,水土不服,孤立无援,寸步难行。加之英军在战术上僵化保守,只习惯于在开阔地上以整齐的步伐行进和排枪齐射,这种线式作战方式行动迟缓,运转不灵,上上下下缺乏独立作战和机动行事的能力。英军引以为荣的整齐横队常常成为对方散兵进行点射的活靶子,英军用以威慑敌人的鲜红的制服也只能起到暴露目标的作用。所有这些都大大制约了英军的作战能力,并最终导致英军在这场战争中失利。

在七年战争中英国取得了彻底的胜利,战败的敌对国都把北美独立战争看成是削弱英国、重新获得均势的机会。一方面,法国在失去了对新法兰西的控制权后,正在酝酿新的战争,西班牙也在准备收复被英国占领的佛罗里达,因此英国必须时刻提防这两个老对手;另一方面,英国在印度和北美的胜利,与其说是英国军队的胜利,不如说是殖民地联盟的胜利,因为英国的胜利更多的是在当地盟友的支持下取得的。在印度,东印度公司的军队得到英国海军的支持,并且利用分而治之的手段拉拢一批土邦王公帮它作战。在北美,英军也得到了当地印第安人和殖民地人组成的地方军队的支持。在亚洲,东印度公司不仅没有能从七年战争的胜利果实中获取巨利,相反还面临严重的财政困难,以致1772年在英国宣布破产。引起困难的主要原因是公司官员在印度发动战争,耗资过巨。当时,公司不断兼并印度领土,与其他势力发生争斗,在印度出现了一个反英大联盟,公司不得不花钱来维持一支数目庞大的印度兵与其他势力作战,故而无法将利润反馈到英国。趁英国东印度公司与印度土邦进行战争的机会,法国介入印度。1782年,法国派一支海军分舰队支持印度最顽固的卡纳塔克邦,东印度公司和英国军队为了保护孟加拉,不得不耗费巨资,而印度的事态也分散了英国对美洲大陆的注意力。

在北美殖民地反抗英国的浪潮中,各殖民地议会摆脱英国总督的控制,改组为地方会议或地方大会。为了统一各地的反抗运动,1774年9月,在费城召开了第一届大陆会议(Continental Congress),大陆会议是北美殖民地摆脱英国殖民统治、建立全美政权的开始。会议经过激烈辩论,宣布《强制法令》(Coercive Acts)是违宪的,拒绝服从,号召殖民地组织军队,中断同英国的一切贸易;会议还起草了《权利宣言和怨由陈情书》(Procalmation of rights and griences),向国王递交了请愿书,但没有提出独立的要求。大陆会议还成立了大陆协会对英国进行贸易抵制。面对北美殖民地的反抗运动,英王及英国政府决定采取武装镇压的方式,从而失去了与殖民地和解的机会。1775年4月初,托马斯·盖奇(Thomas Gage)率一支英军前往莱克星顿(Lexington),企图逮捕波士顿的反英领导人亚当斯等人,并摧毁民兵在康科德(Concord)的军械库,引发英军与当地民兵交战。虽然莱克星顿事件只是一件小事,但它拉开了战争的序幕。后来,盖奇在邦克山战役(Battle of Bunkerhill)中击退了包围波士顿的民兵,但英方损失了40%的兵士。1775年5月,第二次大陆会议在费城召开,会议仍希望避免与英国彻底决裂,会议通过了《橄榄树请愿书》(*Olive Branch Petition*),表示仍效忠英王,向他保证"我们无意结束我们之间长期的和幸福的联合";乔治三世却认为"一个正在进行武装叛乱的集团所送来的《橄榄树请愿书》是没有什么诚意的",再次将其拒绝,还颁布诏谕,宣布殖民地处于叛乱状态。英王派外国雇佣军镇压北美殖民地的反抗,这样,北美殖民地彻底放弃了与英国和解的希望,走上了与英国完全决裂和独立的道路。

随着北美独立战争的爆发,各殖民地的总督大多逃跑或被驱逐,英国在北美殖民地的统治迅速瓦解。从1776年3月开始,各殖民地纷纷宣布独立。1776年7月4日,大陆会议通过了杰斐逊(Thomas Jefferson)起草的《独立宣言》(*The Declaration of Independence*),庄严宣告:"这些联合起来的殖民地从此而且名正言顺地应成为自由联合的独立邦,他们解除与英国的一切从属关系,而它们与不列颠王国之间的一切政治联系从此完全废除。"这极大地鼓舞了大陆军和民兵的战斗意志,北美独立战争进入一个新阶段。1776年3月,接替盖奇出任英军统帅的威廉·豪(William Howe)率英军由波士顿沿海路赶往新斯科舍,7月,豪率领英军到达纽约,华盛顿移兵至纽约附近,但被英军赶出长岛(Long Island),接着被赶出曼哈顿(Manhattan)。如果当时英军继续推进,几乎可以肯定费城将落入英军之手,这个城市实际上没有设防,它的陷落已迫在眉睫,以致大陆会议逃到了巴尔的摩(Baltimore)。但是天性谨慎而又拘泥于欧洲战争观念的豪,已无意在作战季节即将结束的时候采取新的行动。由于他轻而易举地占领了新泽西,他相信北美的抵抗正在瓦解,因而完全可以把最后一击推迟到来年春天,于是他命令康沃利斯(Charles Cornwallis)进入冬季营地,从而耽误了英军一举粉碎美军抵抗的最后也是最好的机会。这一出乎意料的休战给华盛顿的反攻提供了很好的战机,他迅速抓住时机向英国人拉得过长的战线进行反击。1776年圣诞节,华盛顿的军队越过新泽西,渡过特拉华河,到达宾夕法尼亚,奇袭了特伦顿和附近普林斯顿(Princeton)的英军,取得胜利。华盛顿的军队在人数上仅相当于豪的1/6,居然迫使英国人放弃了他们在1776年战役中所获得的大部分地区,这大大鼓舞了美军的士气。1777年10月,约翰·伯戈因(John Burgoyne)率领的英军在萨拉托加战役(Battle of Saratoga)中被美军打败,这是北美独立战争的转折点。1778年2月,美国与法国签订同盟条约,不久法国参战,西班牙和荷兰也相继对英宣战,1780年葡萄牙也加入了反英战争,一场地方性的叛乱演变成为一场欧洲国家的战争,他国的干涉导致英军在北美最终失败。1778年5月,亨利·克林顿(Henry Clinton)接替豪任英军统帅。最后的战役集中在南部,虽然英军先后占领了佐治亚和南卡罗来纳等地,但在1781年的约克敦战役中,法军切断了英军撤退的路线,与美军联合包围了约克敦(Yorktown),法美联军的人数超过英军人数一倍多,康沃利斯率领的英国军队于10月投降。英国将军想向法军投降,但是法军的军官把他礼貌地领到了华盛顿的面前。有人说当英军走出城来投降的时候,他们的乐队演奏着乐曲《颠倒的世界》。这次投降摧毁了英国企图武力征服北美洲的梦想,实际上结束了在北美的战争——即使英国还有3万军队在纽约,但也只能处于守势,虽说海上的战争仍在继续。

英国在其他地区也遭到严重失败:西班牙1781年5月夺取了佛

罗里达的彭萨科拉（Pensacola），不久又夺取地中海的梅诺卡；法国夺取了英国在加勒比地区的几个英属岛屿。在亚洲和非洲，英国也迭遭挫折，英国的商船经常遭到敌国海军和私掠船的袭击，损失惨重。7年内，英国的国债增加了一倍。国内反战呼声越来越高，首相诺思被迫辞职，乔治三世也丧失了对英国下院的控制。在此情况下，新上台的首相罗金汉决定与美国和谈。1783年9月3日，英美在巴黎签订了《凡尔赛和约》（Treaty of Versailles）。根据《凡尔赛和约》，英国须归还法国在多巴哥及西非的一些贸易点，法国在印度、北美和非洲取得了新的立足点；割让佛罗里达给西班牙，西班牙收回梅诺卡；英国承认北美13个殖民地独立，北美独立战争结束。由此英国的殖民事业遭受严重挫折，英帝国处于危急之中，表明重商主义的理论和实践已经无法解决殖民地的新问题。正是政策的失误，使英国失去了北美13个殖民地，其霸权和海上力量受到重大打击。因此，北美战争的失败标志着以美洲为中心的第一英帝国的解体。但英国依然保留了北美大陆的加拿大、新斯科舍、纽芬兰、哈德逊湾。在加勒比地区，除多巴哥外，英国还保留了原来的殖民地。在西非，英国还留有几个奴隶贸易据点。在印度，也还占领着加尔各答、孟加拉和马德拉斯等三个地区。[1] 英帝国残缺了，但仍然是一个大帝国。当时代变化，工业的力量带来翻天覆地的变化，重商主义的理论不再拥有发芽蔓延的现实土壤，殖民地的管理模式期待更新，世界需要新的秩序的时候，新的帝国秩序已经在旧帝国中孕育。到1760年，海外帝国的经济基础和运行理念、民族文化和社会轮廓，

---

[1] W. d. Hussey, *The British Empire and Commonwealth, 1500—1961*, Cambridge, 1963, p.138.

和她的母邦一样，都同 1688 年的时候完全不一样了，自由帝国正在慢慢取代重商帝国。

三、第一英帝国终结

18 世纪的英帝国基本上是一个大西洋帝国，它是《航海条例》所体现的商业原则主导下的帝国；到 19 世纪，英帝国变成了一个以东方殖民地为主的殖民帝国，它经历了脱胎换骨的改造。

美国独立极大地冲击和影响了重商主义，加速了重商主义的衰落。独占排他性是重商主义帝国在经济上的具体表现，而维护独占排他是重商主义指导下的英帝国对殖民地所施行的一切法令、禁令、规章等等的最终目的，对此，英国不惜通过战争来贯彻。亚当·斯密在谈到英国的殖民政策时指出："英国统治殖民地的主要目的，或更确切地说唯一目的，一向就是维持独占。"[①]重商主义性质的独占排他是人为设置的经济壁垒，在北美和西印度，根据独占制的原则，英属殖民地不能与其他国家及其殖民地进行贸易，这意味着北美 13 个殖民地在加勒比地区只能与英属岛屿进行贸易。但北美地域广大，渴望开辟出庞大的、能提供充足原料和消费品的市场，显然英属岛屿无法担当这一重任。为了销售自己的产品，同时也为了获取生产的原料，北美殖民地只能求助于走私，与法属、西属、荷属西印度岛屿进行"非法"贸易。所以，北美独立战争前，殖民地与英国之间围绕着走私与反走私问题发生着激烈的冲突，其实质就是要不

[①] 亚当·斯密：《国民财富的性质和原因研究》下卷，商务印书馆 1983 年版，第 185 页。

要维护重商主义政策指导下的独占排他制度,是不是允许进行自由贸易、自由竞争,对"自由"贸易的追求是美国独立的重要诱因。美国人以自己的行动在英属北美埋葬了重商主义的独占制,同时也迫使英国反省自己的殖民政策。

美国独立也冲击了英国重商主义经济的重心,使其开始向新的地带转移。这些变化促成了英帝国基本秩序的重建,使第一英帝国适时地过渡到第二英帝国,这是一个连续不断的变化过程。19世纪30年代或40年代的英帝国大大不同于18世纪中期的英帝国,但是19世纪初的变化与北美独立战争结束时的情形比较似乎并不明显。18世纪晚期的一些发展变化削弱了旧帝国的基础,并形成了焕然一新的帝国。美国人通过战争从英帝国分离出来,但英国却成功地保持了与新成立的美国的经济联系,这表明旧帝国的商业规则对已经开始的工业革命来说是多余的,只要有高质量和低价格的保证,任何商品都能在市场上占有优势。

毫无疑问,英帝国的特性在18世纪晚期在不断发生着变化,失去北美殖民地和英国工业革命的兴起深刻影响着这些变化,东方变得越来越重要。第一英帝国终结后,英帝国在地理位置上发生了重大转移,面向东方成为新帝国发展的方向。文森特·哈罗(Vincent T. Harlow)在《第二帝国的建立,1763—1793年》中提出,英帝国发展方向由西方向东方的转移大约开始于1763年。[1] 笔者认为这一时间界定可能稍早了些,因为在经济领域内,18世纪的东方在任何方面都不能取代西方。贸易统计数字表明亚洲是英国进口的主要

---

[1] Vincent T. Harlow, *The Founding of the Second British Empire, 1763—1793*, London, 1952, Vol.1, p.62.

来源地，但与西印度群岛的数字相比仍然还是很小的。在整整一个世纪里，作为出口的目的地，它也远远落后于对北美的出口。英帝国与东方贸易的重大发展开始于 18 世纪晚期，我们可以从菲利斯·迪恩(Phyllis Deane)等人的贸易统计数据中明确地知道，英帝国向东方转移大约开始于 18 世纪 90 年代。

失去了北美 13 个殖民地使得英国在西半球的殖民地只剩下西印度一些岛屿，还有加拿大领地。魁北克原来是法国的殖民地，七年战争中被英国征服，1774 年英国政府颁布《魁北克法》，允许当地的法国移民保留天主教信仰，并继续实行法国法律。这一开明政策保证了法国移民在美国独立战争后仍保持对英国的忠诚，因此美国脱离英国独立后，加拿大仍留在英帝国内。而且，大批在美国独立战争时站在英国一边的殖民地居民逃往加拿大，在加拿大建立新的家园，于是就形成了人数众多的英裔居民。英裔居民与法裔居民的背景不同，他们讲不同的语言，文化和宗教信仰也迥然不同。为避免他们之间发生冲突，英国在 1791 年颁布《加拿大法》(*Constitutional Act of Canada*)，将加拿大分为上下两个省，西边的是上加拿大，由英裔居民居住，实行英国法律；东边的是下加拿大，由法裔居民居住，实行法国法律。两个省都有自己独立的立法会议，协助总督进行治理。这样，政府的行政权力和帝国的权威都介入了 1791 年的《加拿大法》，其背后的设想是，如果能在加拿大建立与英国相似的社会和宪法体系，那么英国的主权就能得以维持，而帝国也能生存下去。新斯科舍和纽芬兰仍为单独的殖民地，直到后来并入加拿大。

英国与西印度殖民地的关系仍然十分紧密，食糖产量急剧增长，糖仍是这一时期利润最高的商品。英帝国在加勒比地区部署了大量的军队,目的就是防止其他力量从英国人手中夺走该地区。一些重要地区,如特立尼达岛(Trinidad Island)、圭亚那(Guyana)、德梅拉拉岛(Demerara)、埃塞奎博(Essequibo)和伯比斯(Berbic),在战争结束之后仍然为英国控制。如果说18世纪晚期英帝国开始转向东方的话,那么它并没有远离大西洋。西印度群岛仍是帝国的中心经济区,同时殖民地仍以圣劳伦斯河为中心分布着。美国独立战争后英美贸易发生了一些变化:独立战争前,如果不计走私货物,美洲殖民地的贸易约有2/3—3/4是在帝国范围内进行的;美国独立使帝国输出的货物中美国所占份额减少到1/2,①但英国很快收复了美国市场,其贸易量不断上升,美国的独立并没有在实质上改变英美贸易的趋势。美国独立后的几年内,英国对美国的出口超过了殖民地时期的最高水平。② 到18世纪末为止,美国是英国商品最大的倾销地,这一事实有助于加强由旧殖民体系已形成的种种商业纽带。与此同时,英国也开始将中南美洲视为其追逐的目标,因为西班牙和葡萄牙在维持其殖民地统治方面呈败退趋势,它们在南美的统治走向瓦解。英国与拉丁美洲的贸易急剧增长,这给英国带来了巨额的商业利润,西属殖民地海港大部分对英商开放,这也给英国贸易创造了更多的有利条件。

英国政府在1783年后努力维持与新独立的美国的联系,尽管新独立的美国在1783年的停战和约上从英国获利不少,但新共和国的缺点很明显地显露了出来。联合政府最初政局很不稳定,甚至有时

---

① A. Goodwin, *The New Cambridge Modern History, Vol. Ⅷ*, *The American and French Revolution, 1763—1793*, Cambridge, 1965, p.187.

② P. J. Marshall, *The Cambridge Illustrated History of the British Empire*, Cambridge, 1996, p.16.

候政权似乎有可能被颠覆。虽然密西西比以西的大部分领土在1783年划给了美国,但新领地仍受到英国的影响,因为有大量的货物通过圣劳伦斯河和墨西哥湾(Gulf of Mexico)运送到美国。英国在北美的殖民者急切希望"将高利润的商业经济延伸到太平洋和向南扩张到中西部地区",①他们计划在新奥尔良和佛罗里达建立基地,将英国与美国的西部扩张联系起来。他们试图挽回1783年失败后的损失,扩大对北美大陆殖民地的影响,保持英国对仍留存下来的殖民地的统治,这种情况一直持续到1812年战争结束。

18世纪晚期,英国在亚洲的贸易开支大幅度上涨。政策的变化表明了殖民统治原则的变化,殖民统治更注重商业贸易的渗透和寻求新资源的能力。在东方,英国开始将中国视为头等目标,与中华帝国的冲突即将开始。② 这种优先也体现在组织结构上,将英国在东方的利益由小积大,在这一过程中,英国从印度获得更多的领土。对印度的征服和对中国不断增长的商业贸易促使英国努力夺取荷兰人在17世纪建立的优势。18世纪60年代以来,英国努力在中国与印度之间建立贸易联系,使印度的商品能在中国找到销售市场,形成一个从印度通过中间市场到中国的贸易通道。1786年,第一个这样的中间基地在马来半岛(Malay Peninsula)的槟榔屿(Penang Island)建立起来。

与中国的贸易对英国来说相当重要。中国是茶叶的主要生产和供应大国,18世纪90年代,英国从中国进口价值2 000万英镑的茶叶,十年之后增加到2 500万英镑。茶叶是东印度公司经营的货

---

① Vincent T. Harlow, *The Founding of the Second British Empire, 1763—1793*, London, 1952, Vol.2, p.725.
② Ibid., p.64.

物中利润最高的商品,因茶叶贸易缴纳的税赋占英国政府总收入的6%—7%。① 但是,与中国的贸易也有很多不如意之处,中国仅开放广州为对外贸易港口,外国商人也只能通过一个拥有专卖权的行会或商行进行贸易,而且限制条件很多。在与中国的茶叶贸易中,英国出现了严重的贸易逆差,为了改变这一状况,英国需要寻找能够在中国倾销的商品。英国希望与中国进行谈判以解决市场开放问题,英国要求中国政府开放一个由英国管辖的港口,或者改善广州港的贸易条件,但中国政府不愿作出让步。尽管如此,广州港进出的茶船仍生意兴隆,维持着英国与东亚的繁忙贸易。

1765—1818年间,英国在征服印度殖民地、掠夺殖民利益方面取得了巨大的成功。1773年,英国颁布《调整法》(Regulating Act),把孟加拉、马德拉斯、加尔各答三个公司领地合为一体,以加尔各答总督为主管官,总督由英国议会任命。在印度殖民地,东印度公司统治着4 000万人口,每年征收1 800万英镑的税收,相当于英国在和平时期一年财政收入的1/3。公司拥有18万人的军队,雇佣6 000名英国人,其中包括3 000名军官。② 英国占领印度后,印度原有的生产结构受到冲击,生产的商品由最初的生丝、棉花、青靛和糖变成棉布,棉纺织品成为出口到英国的主要产品。英国从对印度的贸易中获取大量财富,每年超过500万英镑,包括东印度公司向英国政府上缴的税收,以及返回英国的私人财产。③ 印度成为英国政府主要

---

① Hob-Cheng Mui and Lorna H. Mui, *The Nanagement of Monopoly: A Study of East India Company's Conduct of Its Tea Trade, 1784—1833*, Vancouver, 1984.
② Patrick Colquboun, *A Treatise on the Wealth, Power and Resources of British Empire*, London, 1815, pp. 42 - 43.
③ Dharma Kumar ed, *The Cambridge Economic History of India, Vol. II , 1757—1970*, Cambridge, 1983, pp. 826 - 831, 841 - 848.

的收入来源,英国人也开始将东方视为英帝国很重要的一个部分,成千上万的英国人涌向印度,试图在印度成就一番事业。英国殖民政策开始向东方倾斜,政府和商人都意识到印度关系到英国的商业利益。1784年,英国议会颁布《印度法》(Indian Act),规定统治印度的最高权威是英国政府而不是东印度公司,从而把印度的治理权归于英国政府。此后,英国在印度的扩张由公司行为变为政府行为。

美国独立后,如何处理与以前的美洲殖民地的关系,对英国来说是必须严肃考虑的问题。是让它和以前一样享受帝国内部的贸易优惠,还是将其与外国人一样同等对待？第一英帝国时期,殖民地建立在重商主义的基础上,英国人把殖民地看作本国市场的延伸,要求对殖民地的生产和销售进行垄断,将其作为宗主国产品的销售市场和原材料供应地。18世纪中叶,重商主义理论开始受到冲击,重商主义政策也遭遇困难。1766年,英国议会通过一个自由港法(Free port Acts),将西印度岛屿作为例外,向其他国家的船只开放。1786年又通过一个新的《航海条例》,规定与英帝国贸易的商船必须由英国或英属殖民地制造和拥有。1787和1805年对自由港法进行修订,修改了条例,列出例外的情况。美国船只后来也被允许进入英属西印度的港口,美洲商船慢慢控制了英属西印度的供应权。这些情况表明,第一英帝国的重商主义规则正在发生改变,一种新的贸易规则正在悄悄兴起,自由主义将取代重商主义,成为帝国新的指导思想。

工业革命发动后,新技术刺激了英国工业的发展,纺织业作为英国的主要工业部门,18世纪80年代后得到了快速发展,对原棉的需求也急剧增加。巴西作为主要的棉花产地,并不在英国的控制范围内，但是英属西印度在英国政府的鼓励下，可利用其自由港的地位从巴西进口棉花，而西印度群岛的主要产棉区如德梅拉拉岛的原棉也能够出口到英国，这就保证了英国纺织工业的需要，纺织品产量大幅度增加。英国绝大部分的原棉原料来自海外，开始是巴西，后来是美国南部。与此同时，英国将工业产品销售到全世界，工业产品中最重要的是棉布，这是18世纪80年代以后英国出口海外的主要产品，出口地包括美国、欧洲及稍后的拉丁美洲。这些情况也迫使英国改变重商主义政策，将贸易的触角伸到帝国之外。

结语：第一帝国的兴衰

1689—1783年是英帝国发展史上的重要阶段，英帝国史学家们一般把18世纪的英帝国描述为"第一英帝国"，这是英国在海外急剧扩张的时代，也是英国在全世界利益巨大增长的时期之一。第一英帝国是以重商主义理论为指导思想的帝国，是一个商业帝国，它所关心的不是对海外领地的政治统治，而是殖民地带来的商业利润和商业财富。第一英帝国时期，"帝国"不意味着直接统治，而是对殖民地的经济控制，把殖民地置于英国自身经济的总体利益之下，让殖民地为英国经济服务。这一时期的英帝国基本上是一个大西洋帝国，它是《航海条例》所体现的商业规则主导下的帝国，加勒比地区和北美大西洋沿岸是这个帝国的基础。

第一帝国时期，英国通过一系列的对外战争，积极开拓殖民地，英国成了最具实力的殖民国家，世界海洋的霸主，拥有最好的技术和制造业能力。殖民地的财富，特别是印度的财富源源流向英国。在重商主义思想指导下，殖民地的财富酝酿了工业革命，最终使它在19世纪成为世界最强大的工业国。

英帝国的建立和发展依赖于强大的海军，第一帝国在某种意义上可以说就是一个海洋帝国，或者说是大西洋帝国。第一帝国是在重商主义指导下的帝国，它所追求的就是商业利益，而这一切利益的获得离不开其海上霸权。从某种意义说,贸易和海上力量只是一个问题的两个方面而已。第一英帝国时期,英国与欧洲列强尤其是法国的海权之争十分激烈,但通过一次次的战争,英国最终打败了法国,取得了海上优势,成为世界上最大的海军强国。

殖民地成为英国的商品市场和原材料来源地。但是英国对各个殖民地的管理各有侧重,并不是整齐划一的。第一英帝国时期英国对殖民地统治的特点表现为政治上控制松弛、经济上控制严格;其主要的统治形式是地方治理、公司管理等。在印度,英国通过东印度公司积聚了大量的财富;在美洲,英国的政治控制很微弱,殖民地议会拥有很大的权力,而作为英王代表的殖民地总督,行使权力经常很困难。但英国通过《航海条例》等重商主义性质的法令,严格限制殖民地的对外贸易,竭力遏制殖民地工业的发展,以免其与母国竞争。

英帝国版图的扩大和英国军力的逐渐发展,为英国进一步扩张及海外移民提供了必要条件。第一英帝国时期,海外移民一方面为许多英国人找到了新的生存空间,另一方面促进了殖民地的经济发展,帮助建立起帝国范围内的经济和商业体系。为获取商业利润,英国殖民者使用一切手段,包括使用黑人奴隶,与其他殖民国家进行争夺等,发展了殖民地经济。

随着商品经济的发展,国家干预经济活动成为财富增长的重要手段,是重商主义理论和实践的重要组成部分。在重商主义思想指导下,英国利用国家权力和有效的财政政策对海外贸易进行调节,加强对外贸易,取得了巨大的商业利益。这一时期英国的海外贸易主要限于美洲大陆、西印度群岛和印度次大陆,建立在跨洋贸易之上的大英帝国迅速发展。

但北美殖民地争取独立的战争极大地冲击了重商主义,加速了重商主义的衰落。贸易独占是重商主义在经济上的集中表现,在重商主义指导下,英国对殖民地所施行的一切法令和规章的最终目的都是为满足贸易独占的需要,为此不惜以战争为手段来贯彻执行。北美独立战争埋葬了英国在美洲的贸易垄断,同时也迫使英国反省自己的殖民地政策,开始执行新的政策。这以后,英国把帝国的经济重心转向新地区,主要是印度,第一帝国也向第二帝国过渡,逐渐形成与旧帝国不同的新帝国。

总之,美国独立战争结束后,英国失去了北美殖民地,但通过帝国在地理位置上的转移以及随后不久的工业革命,英国走上了现代经济发展的道路,完成了由农业国向工业国的转变。到19世纪,英国成为世界上最有实力和最强大的国家,自由竞争对英国而言意味着所向无敌,更能使英国获得最大的经济效益。因此,虽然第一英帝国解体之际重商主义殖民理论还没有完全退出历史舞台,但亚当·斯密的思想渐入人心,自由贸易成了英国政府追求的目标。在这个基础上,新帝国形成了,虽然我们不能明确确定第二英帝国形成的时间,但可以这么说:在18世纪末,旧帝国和新帝国同时存在,而新帝国正在取代旧帝国,自由主义帝国正在形成。

附　录

一、地　图*

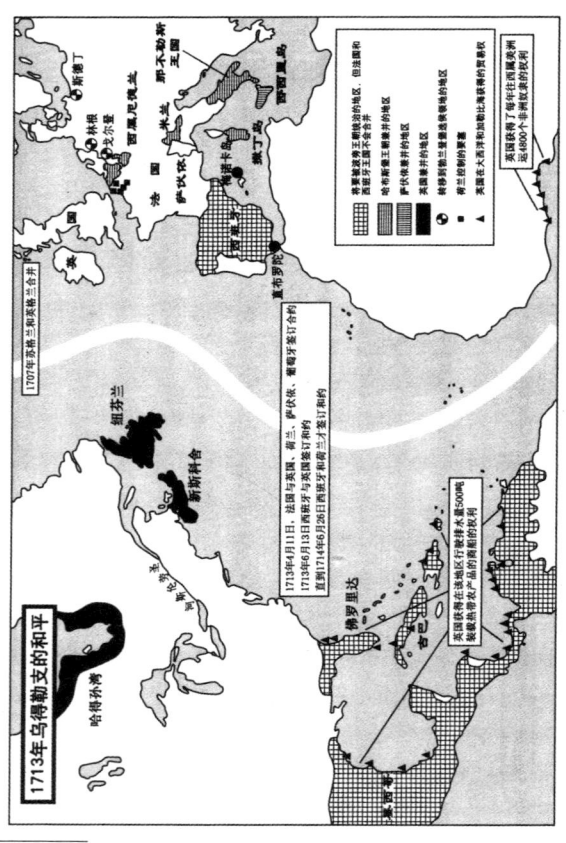

---

* 本书地图引自[英]马丁·吉尔伯特著《英国历史地图》(第三版),王玉菡译,中国青年出版社,2009年。

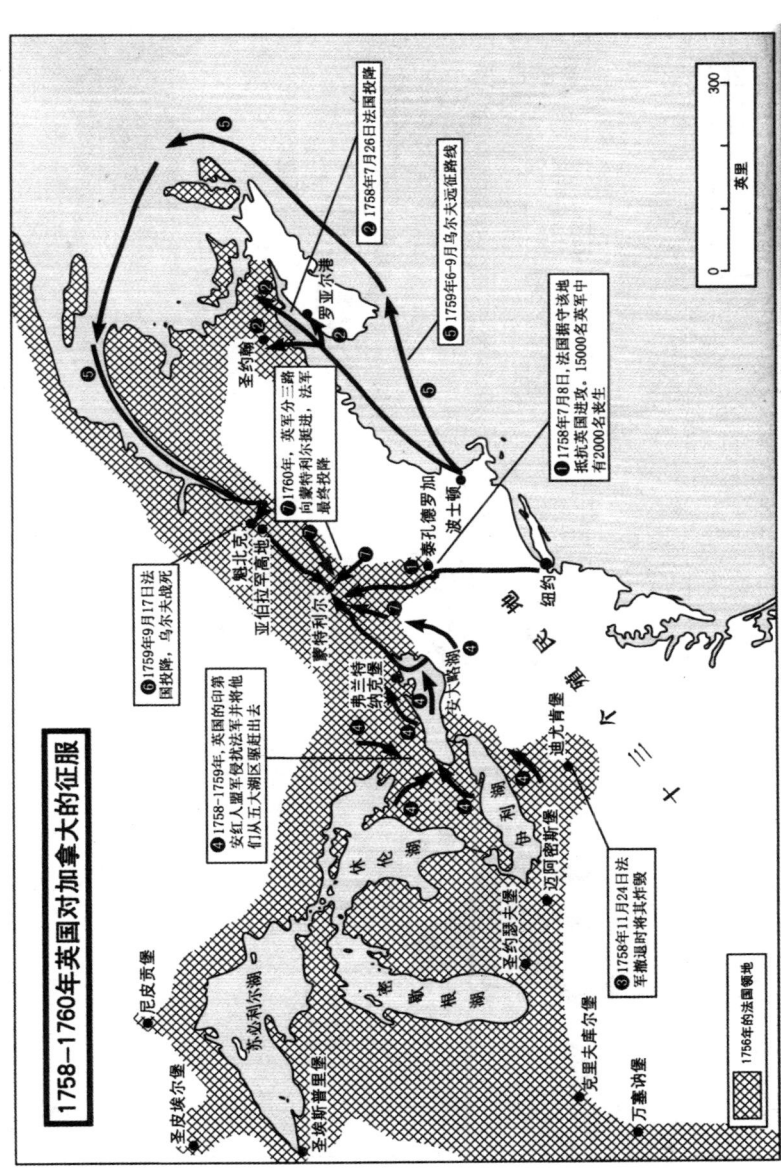

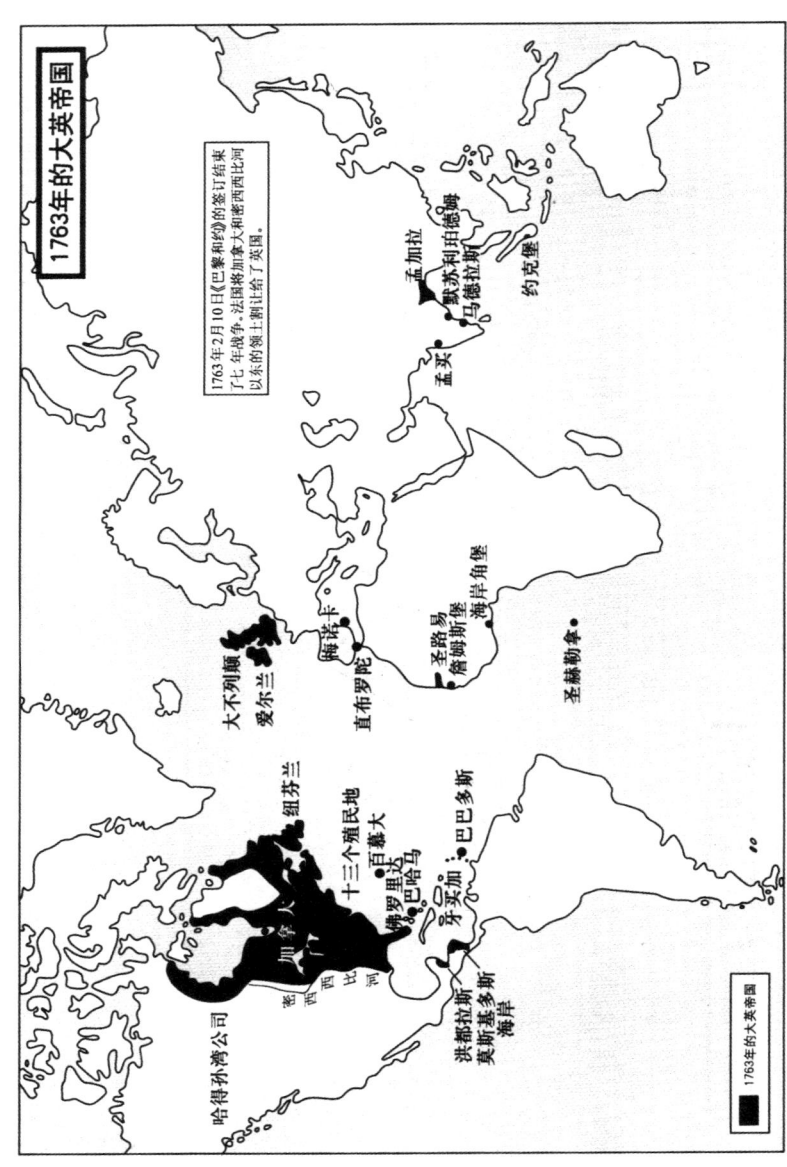

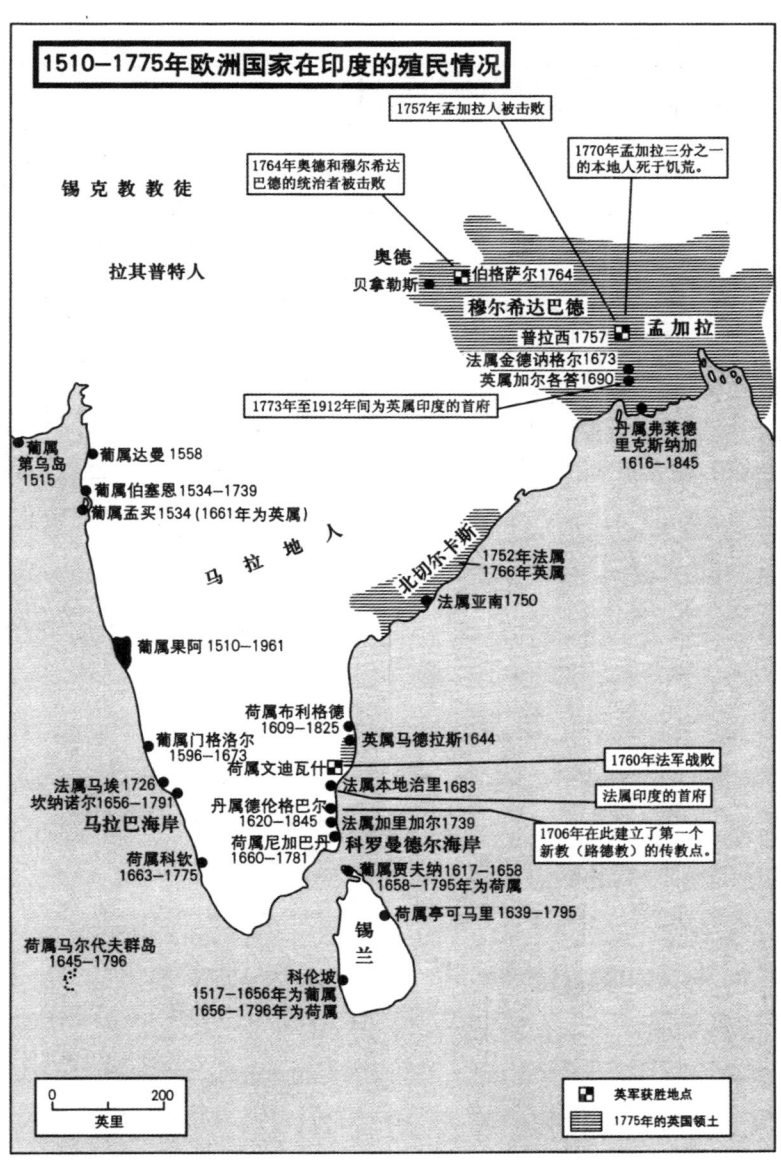

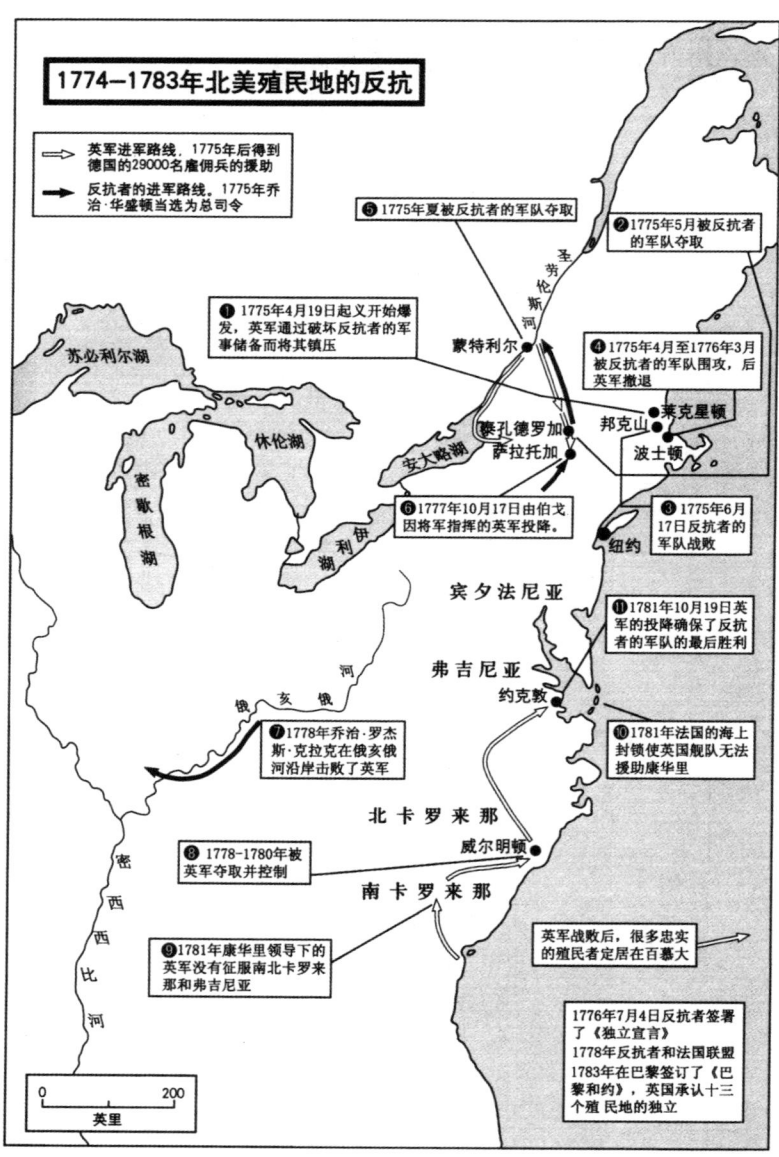

二、大事年表

1688 年	英国发生"光荣革命"
1688—1697 年	奥格斯堡同盟战争
1689 年	英国颁布《权利法案》
1690 年	英国人在加尔各答建立定居点
	东印度公司与莫卧儿帝国缔结和约
1691 年	马萨诸塞重新得到国王颁发的特许状,马萨诸塞成为王室殖民地,普利茅斯被并入马萨诸塞
1696 年	达维南特的《论东印度公司的贸易》出版
	英国议会颁布最后一个《航海条例》
	威廉三世授权成立管理殖民地事务的新机构贸易委员会
	英国在北美殖民地设立海事法庭
	颁布《禁止爱尔兰与殖民地贸易条例》
1697 年	《里斯维克条约》签订
1698 年	达维南特的《论英国的公共收入与贸易》出版
	结束皇家非洲公司的垄断,公开允许私人进行奴隶贸易
	苏格兰试图在巴拿马的戴利营建立殖民地
	东印度公司特许竞争者在印度成立一家公司
1699 年	英国议会通过《羊毛纺织品法案》
	英国通过《爱尔兰毛纺织品法令》
1700 年	戴利营殖民地建立
1701 年	宾夕法尼亚颁布《新权利宪章》
	"大定居点"条例
1702 年	威廉三世去世,安妮女王继位
	西班牙王位战争(安妮女王之战)
	"对东印度贸易的英国商人联合公司"成立
1704 年	马尔博罗在布伦海姆取胜,英国占领直布罗陀
1705 年	允许爱尔兰亚麻布出口美洲
	拉米伊大捷
1707 年	英格兰与苏格兰合并
1708 年	奥德纳尔德战役
1709 年	两个东印度公司合并
	马尔普拉凯战役
1711 年	创建南海公司

1713年	《乌特勒支条约》。英国获得直布罗陀和梅诺卡岛、哈得逊湾、新斯科舍和纽芬兰、整个克里斯托弗岛,并准许向西属北美殖民地输入奴隶
1714年	安妮去世,乔治一世即位,汉诺威王朝开始
1715年	南卡罗来纳州镇压印第安人反抗
1716年	议会通过《七年法案》
1717年	印度莫卧儿帝国皇帝豁免英国商品进入孟加拉的关税
1718年	《放逐条例》,规定把罪犯流放到美洲
1720年	南海泡沫事件
	规定英国议会的最高裁决高于爱尔兰议会的裁决
1721年	沃尔波尔任首相
1729年	南北罗来纳州成为直辖殖民地
1730年	首次发动对牙买加逃亡黑奴的战争
1731年	允许爱尔兰在监督之下从北美洲进口货物
1732年	《帽子法案》,禁止将帽子由一个殖民地输往另一个殖民地
1733年	《蜜糖法令》,规定对来自英国外的糖蜜征税
1739年	詹金斯耳朵之战
1740年	奥地利王位继承权之战
	安森开始环球航海
	沃尔波尔下台
1743年	安森乘船到达马尼拉
1744年	英国攻击法国船只,战争在亚洲爆发
1745年	马萨诸塞占领路易斯巴高
1746年	法国人占领马德拉斯
1747年	法国收回路易斯巴高
	英国收回马德拉斯
1748年	英法签订《艾克斯拉沙佩和约》,奥地利王位战争结束
	在新斯科舍的哈利法克斯建立定居点
1749年	《钢铁法案》,允许殖民地生产为英国市场所需的生铁,但不得建设与英国竞争的铁厂和高炉
1750年	《制铁法令》,鼓励美洲生产铁块,但禁止生产铁制品
1754年	法国人在俄亥俄建造要塞
	英国在阿尔巴会议上计划合并各殖民地
1755年	在新斯科舍驱逐法国殖民者
1756年	七年战争开始
1757年	普拉西战役结束,克莱武击败了纳瓦布,收复加尔各答,东印度公司征服孟加拉

1758年	英国从法国手里夺取圣·路易斯、塞内加尔
1759年	英国夺取魁北克、瓜德罗普
1760年	英国夺取蒙特利尔,法国被迫交出法属加拿大,法国在印度殖民权力结束
1761年	简·莱里投降,法国在印度统治结束
1762年	英国从法国手里夺取马提尼克、格林纳达、圣·文森特、圣·卢希卡,从西班牙手里夺取古巴
1763年	《巴黎条约》签订,七年战争结束,英国夺取布列顿角、魁北克、佛罗里达以及西印度一些岛屿。《王室诏谕》颁布
1764年	《食糖条例》《通货条例》颁布
1765年	《印花税法》《驻军条例》颁布,抵制英国商品运动开始。9个殖民地议会代表在纽约举行会议,发表"关于美洲居民的权力和不满的宣言"。东印度公司在印度取得"底瓦尼"称号
1766年	《公告法令》颁布,强调英国议会对殖民地的立法权,第一次迈索尔战争开始
1767年	纽约议会拒绝实施《叛乱法》
1768年	英国向新英格兰派驻军队。詹姆士·库克开始第一次探险
1769年	第一次迈索尔战争结束 内阁决定废除所有《唐森德法案》 爱德华太子岛从新斯科舍分离,成为独立的英国殖民地
1770年	"波士顿惨案"发生,英国杀死5名美洲殖民地居民 孟加拉大饥荒,1/3人口死去 詹姆士·库克发现澳大利亚东海岸,在植物湾登陆考察
1772年	黑斯廷斯出任孟加拉总督,詹姆斯·库克第二次航行
1773年	《调整法案》颁布,黑斯廷斯成为印度大总督 英国议会通过《茶叶法》,"波士顿倾茶事件"
1774年	英国颁布五项"强制法令",殖民地代表们在费城召开第一届大陆会议 英国议会通过《魁北克法》
1775年	美国独立战争爆发,班克山战役,大陆会议派远征军进攻加拿大 英国在印度发动马拉塔战役 英国停止向北美流放犯人
1776年	潘恩《常识》发表 亚当·斯密《国民财富的性质与原因研究》发表 《独立宣言》发表,美国宣布独立 英国占领纽约,取得长岛战斗胜利 库克开始第三次航行

1777 年	萨拉托加大捷
1778 年	法国卷入美国独立战争
	法国占领格林纳达
	英国在爱尔兰征集志愿军
1779 年	西班牙卷入美国独立战争
	法国占领格林纳达
	库克在夏威夷去世
1780 年	荷兰加入美国独立战争
	第二次迈索尔战争开始
	英国对爱尔兰开放殖民地贸易
1781 年	英军司令康沃利斯在约克镇向美军投降
	法国占领多巴哥
	英国议会下院调查委员会调查印度
1782 年	下院调查委员会开始调查印度
	第一次马拉塔战争结束
	英国放弃了爱尔兰的立法权,授予爱尔兰以立法独立
	英国议会通过《伯克法案》,废除了美洲事务部
1783 年	《巴黎和约》签订,英国承认美国独立,放弃佛罗里达、多巴哥、塞内加尔等地

三、参考书目

(一) 英文参考书目

Abbott, W. C., *The Writings and Speeches of Oliver Cromwell*, Oxford, 1988.

Abdul Majed Khan, *The Transition in Bengal, 1756—1775: A Study of Saiyid Muhammad Reza Khan*, Cambridge, 1969.

Adams, Ian and Somerville, Meredyth, *Cagoes of Despair and Hope: Scottish Emigration to North America, 1603—1803*, Edinburgh, 1993.

Andrews, Charies M., *The Colonial Period of American History*, New Haven, 1964.

Anderson, M. S., *The War of the Austrian Succession*, London, 1995.

Anstey, Roger and P. E. H. Hair, eds., *Liverpool, The African Slave Trade, and Abolition*, Liverpool, 1976.

Arasaratnam, Sinnappah, *Merchants, Companies and Commerce on the Coromandel Coast, 1650—1740*, Delhi, 1986.

Arimitage, David, *The Ideological Origins of The British Empire*, Cambridge, 2000.

Axtell, James, *The Invasion Within : The Contest of Culture in Colonial North American*, Oxford, 1985.

Bailyn, Bernard, *The Ideological Origins of the American Revolution*, Havard University Press, 1976.

Bailyn, Bernard and Philip D. Morgn, eds., *Strangers Within the Realm, Cultural Margins of the First British Empire*, Chapel Hill, NC., 1991.

Bailyn, Bernard, *Voyagers to the West : A Passage in the Peopling of America on the Eve of American Revolution*, New York, 1986.

Barker, Ernest., *The Ideas and Ideals of the British Empire*, Cambridge, 1941.

Baker, W. A., *A General History of English, 1688—1852*, London, 1963.

Barly, C. A., *The New Cambridge History of India*, Cambridge University Press, 1988.

Barrow, Sir John, *The Life of George Lord Anson*, London, 1839.

Bailyn, Bernard, *The Idelugical Origins of the American Revolution*, Harvard University press, 1976.

Bayly, C. A., *Imperial Meridian the British Empire and the World, 1780—1830*, Longman, 1989.

Bassett, John, Spencer, *A Short History of the United States*, New York, 1929.

Baugh, Daniel A., *Brithish Naval Administration in the Age of Walpole*, Princeton, 1965.

Bethell, Leslie, ed., *Cambridge History of Latin American*, Cambridge, 1984.

Beaglehole, J. C., *The Exploration of Pacific*, London, 1966.

Beckett, J. C., *The Making of Modern Ireland 1603—1923*, London and Boston, 1981.

Bemis, Samuel, F., *The Diplomacy of the American Revolution*, Indiana University Press, 1985.

Bennett, George, *The Concept of Empire, Burke to Attire, 1774—1974*, London, 1967.

Black, Jeremy ed., *Knights Errant and True Englishmen : British Foreign Policy, 1660—1800*, Edinburgh, 1989.

Black, Jeremy, *The Origins of War in Early Modern Europe*, Edinburgh, 1987.

Black, Jeremy, *Eighteenth Century Britain 1688—1783*, London, 2008.

Bowen, H. V., *Elites, Enterprise and the Making of the British Overseas*

Empire 1688—1775, London.

Bowle, John, *The Imperial Achievement, The Rise and Transformation of British Empire*, London, 1974.

Brathwaite, Edward, *The Development of Creole Society in Jamaica, 1770—1820*, Oxford, 1971.

Breen, T. H., "An Empire of Goods: The Anglicization of Colonial America 1690—1776", *Journal of British Studies XXV*, 1986.

Brewer, John, *The Sinews of Power: War, Money and the English State 1688—1783*, New York, 1989.

Brun, G., *Europe in Evolution 1415—1815*, Boston, 1945.

Bumsted, J. M., *The People's Clearance: Highland Emigration to British North Ameirica, 1770—1815*, Edinburgh, 1982.

Cady, John F., *Southeast Asia: It's Historical Development*, McGraw-Hill Book Company, 1964.

Cain, P. J, and A. G., Hopkins, *British Imperialism: Innovation and Expansion, 1688—1914*, London, 1993.

Canny, Nicholas ed., *Europeans on the Move: Studies on European Migration, 1500—1800*, Oxford, 1994.

Carrington, C. E., M. A., The *British Overseas: Exploits of a Nation of Shopkeepers*, Cambridge, 1950.

Carless, J. M. S., *Canada—A Study of Challenge*, Cambridge University Press, 1953.

Cawand, Nicholas ed., *The Oxford History of the British Empire*, Oxford, 1998.

Chartres, J., *Agricultural Markets and Trade*, Cambridge, 1990.

Chaudhuri, K. N., *The Trading World of Asia and English East India Company*, London, 1978.

Chistie, I. R., *Crisis of Empire, Great British and the American Colonial, 1754—1783*, London, 1982.

Chistie, Ian, R., *Wars and Revolutions: Britain 1760—1815*, London, 1982.

Clay, C. G. A., *Economic Expansion and Change: England 1500—1700*, Cambridge, 1984.

Cohn, Bernard, S., *Colonialism and Its Forms of Knowledge, The British in India*, Princeton University Press, 1996.

Colbourn, H., *The Colonial Experience: Readings in Early America*, H. Trevour Mifflin Company, 1966.

Colquboun, Patrick, *A Treatise on the Wealth, Power and Resources of British Empire*, London, 1815.

Commager, Henry S., *Documents of American History*, New York, 1978.

Cowan, Helen I., *British Emigration to British North America: The First Hundred Years*, Toronto, 1961.

Cowice, Leonard W., *Seventeenth Century Europe*, London, 1984.

Cowice, Leonard W., *Hanoverian England, 1714—1837*, London, 1978.

Curtin, Philip D., *The Atlantic Skave Trade*, Wisconsin, 1970.

Davis, Harold E., *The Fledgling Province: Social and Cultural Life in Colonial Georgia, 1773—1776*, Chapel Hill, NC., 1976.

Davis, Ralph, *The Industrial Revolution and Britain Oversea Trade*, Leicester University Press, 1979.

Davies, K. G., *The Royal African Company*, London, 1957.

Davis, R., "English Foreign Trade", *Economic Historical Review*, No. 2, 1954.

Dean and Cole, and W. E. Minchinton, ed., *The Growth of England Oversea Trade in the Seventeenth and Eighteenth Centuries*, London, 1969.

Deane, P. and Cole, W. A., *British Economic Growth, 1699—1959*, Cambridge, 1964.

Desantis P., *American Past and Present*, Boston, 1968.

Devine, *The Transformation of Rural Scotland: Social Change and Agrarian Economy, 1660—1815*, Edinburgh, 1994.

Dickson, R. J., *Ulster Emigration to Colonial America, 1718—1775*, London, 1966.

Dickinson, H. T., ed., *Britain and the American Revolution*, Longman, 1998.

Dodd, A. H., *The Character of the Early Welsh Emigration to the United State*, Cardiff, 1957.

Dodwell, H. H., ed., *The Cambridge History of the British Empire*, Cambridge, 1929.

Donnon, Flizabeth, *Documents Illustrative of the History of the Slave Trade to America*, Washington, 1930.

Easterbook, W. T., *Canadian Economic History*, University of Toronto Press, 1988.

Eccles, W. J., *Canada under Louis XIV, 1663—1701*, London, 1964.

Eerton, H. E., *A Short History of British Colonial Policy*, London, 1897.

Egerton, Hugh, Edward, *A Short History of Colonial Policy*, London, 1924.

Ekirch, A. Roger, *Bound for American: The Transportation of British Convicts to the Colonies, 1718—1775*, Oxford, 1987.

Elton, Lord, *Imperial Commonwealth*, New York, 1946.

Emmer, P. C., ed., *Colonialism and Migration, Indentured Labour Before and*

After Slavery, Dordrecht, 1986.

Farish, Hunter Dickinson, ed., *Journal and Letters of Philip Vickers Fithian: A Plantation Tutor of the Old Dominion, 1773—1774*, Charlottesville, 1957.

Fieldhouse, D. K., *The Colonial Empire—A Comparative Survey From the Eighteenth Century*, MacMillan, 1982.

Floud, Roderick, *The Economic History of Britain Since 1700, Vol. II, 1700—1860*, Cambridge University Press, 1981.

Forbes, Duncan, ed., *An Essay on the History of Civil Society*, Edinburgh, 1966.

Forrest, Sir G., *Selecting from the State Paper of the Government of India, Lord Cornwallis*, London, 1926.

Fryer, P., *Staying Power, The History of Black People in Britain*, London and Sydney, 1984.

Galensson, David, *White Servitude in Colonial America, An Economic Analysis*, Cambridge, 1982.

Galloway, Joseph, *A Candid Examination of the Mutual Claims of Great Britain and Colonies*, New York, 1775.

Gamble, Andrew, *Britain in Decline*, London, 1981.

Garaty, John A., *A Short History of the American Nation*, New York, 1981.

Geggus, David, P., *Slavery War and Revolution*, Oxford, 1982.

Gemery, Henry A. and Jan S. Hogendorn, eds., *The Uncommon Market: Essay in the Economic History of the Atlantic Slave Trade*, New York, 1979.

Gentles, Steinfiekd, eds., *Dream On, American: A History of Faith and Practice*, Sanfrancisco, 1971.

George, Hereford B., *The Historical Geography of the British Empire*, London, 1919.

Gipson, Lawrence, Henry, *The British Empire Before The American Revolution*, New York, 1974.

Green, Jack, P., *Settlement to Society 1670—1763*, New York, 1975.

Green, Jack P. ed., *Great Britain and the America Colonies*, Columbia, 1972.

Goetziman, William H., *The Colonial Horizon*, Massachusetts, 1969.

Goodman, Paul, ed., *Essays in American Colonial History*, New York, 1967.

Hall, D. G. E., *A History of Southeast Asia*, London, 1968.

Handy, Robert T., *A Christian America: Protestant Hopes and Historical Realities*, New York, 1984.

Harding, Richard, *The Evolution of the Sailing Navy 1509—1815*, London, 1996.

Harlow, Vincent, *British Colonial Developments, 1774—1834*, Oxford, 1953.

Harris, Bob, "American Idols": *Empire War and the Middling Ranks in Mid-Eighteenth-Century Britain*, Past and Present, CL., 1996.

Hatton, Ragnhild, *Europe in the Age of Louis XIV*, London, 1969.

Heaton, H., *The Economic History of Europe*, New York, 1936.

Hill, Brandon, *A Survey of British History III*, London, 1976.

Hudson, Winthrop S., *Religion in America*, New York, 1987.

Hunt, William, *The Political History of the England*, Vol. X, New York, 1969.

Hussey, W. D., *The British Empire and Commonwealth*, Cambridge, 1963.

Hobsbawm, E. J., *The Pelican Economic History of Britain*, Vol. 3, *From 1750 to the Present Day, Industry and Empire*, Penguin, 1969.

Hoffman Philip T., and Kathryn Norberg, eds., *Fiscal Crises, Liberty and Representative Government, 1450—1789*, Stanford, Calif., 1994.

Holland, J. Rose, *The Cambridge History of the British Empire*, Cambridge, 1933.

Hom, D. D. &. Ransome, May *English Historical Documents* (1714—1783) Vol. X, London, 1969.

Hopkins, A. G., *An Economic History of West Africa*, London, 1977.

Israel, *Dutch Primacy in World Trade*, Oxford, 1989.

Iward, Evan, *The Balance of Power, The System of International Relation*, New York, 1992.

James, Lawrence, *The Rise and Fall of the British Empire*, London, 1994.

Jensen, Merrill, ed., *English Historical Documents: American Colonial Documents to 1776*, New Port, 1955.

Jernega, M. W., *The American Colonies 1492—1752*, New York, 1959.

Johnson, Richard, R., *Adjustment to Empire: The New England Colonies, 1675—1715*, Leicester, 1981.

Jones, Deane, *The English Revolution: An Introduction to English History*, London, 1962.

Jones, D. W., *War and Economy in the Age of William III and Marlborough*, Oxford, 1987.

Jones, Maldwyn, Allen, *American Immigration*, Chicago, 1960.

Judd, Denis, *Empire—The British Imperial Experience from 1765 to the Present*, London, 1996.

Karl de Schweinitz Jr., *The Rise and Fall of the British India*, London, 1983.

Kanmen, Michael G., ed., *Politics and Society in Colonial America*, New York,

1967.

Kavenage, W. K., ed., *Foundations of Colonial America: A Document History*, New York, 1973.

Keith, A., Berriedale, *Constitutional History of the First British Empire*, Oxford, 1930.

Kelly, Robert, *The Shaping of the American Past: to 1877*, New Jersey, 1978.

Koebner, Richard, *Empire*, Cambridge, 1966.

Kennedy, Paul, *The Rise and Fall of British Naval Mastery*, New York, 1976.

Kitchen, Martin, *The British Empire and Commonwealth, A Short History*, MacMillan, 1996.

Klein, Herbert S., *The Middle Passage: Comparative Studies of Atlantic Slave Trade*, Princeton, 1978.

Knight, Franklin W., *The Caribbean—The Genesis of Fragmented Nationalism*, Oxford, 1990.

Kohn, Hans, *The Idea of Nationalism: A Study in Its Origins and Background*, New York, 1946.

Kumar, Dharma ed., *The Cambridge Economic History of India, Vol. II, 1757—1970*, Cambridge, 1983.

Land, Aubrey C., ed., *Letter from America by William Eddis*, Cambridge, 1969.

Langford, Paul, *The Eighteenth Century 1688—1815*, Oxford, 2002.

Largford, Paul, *A Polite and Commercial People: England 1727—1783*, Oxford, 1989.

Langford, Paul, *Eighteenth Century Britain: a Very Short Introduction*, Oxford, 1984.

Lecky, W. E. H., *A History of England in the Eighteenth Century*, New York, 1968.

Lenman, Bruce, *Britain's Colonial Wars, 1688—1783*, London, 2001.

Lucas, Sir Charles, *The British Empire*, Enry Holt and Company, 1924.

Lloyd, Christopher, *The Navy and the Slave Trade*, London, 1945.

Lloyd, T. O., *The British Empire, 1558—1995*, Oxford, 1997.

Lord Elton, *Imperial Commonwealth*, New York, 1946.

Lord Mahen, *History of England: From The Peace of Utrecht to The Peace of Versailles 1713—1783*, New York, 1975.

Lovejoy, Paul E., *Transformations in Slavery*, Cambridge, 1983.

Lower, Arthur R. W., *A History of Canada Colony to Nation*, Toronto, 1981.

MacFarlane, Athong, *The British in the Americans 1480—1815*, Longman, 1994.

Mackay, David, *In the Wake of Cook, Exploration, Science and Empire, 1780—1801*, London, 1985.

Mackay, Donald, *Scotland Farewll: The People of the Hector*, Toronto, 1980.

Mashall, Dorothy, *Eighteenth Century England 1714—1783*, Longman, 1980.

Marshall, P. J., *The Cambridge Illustrate History of British Empire*, Cambridge, 1996.

Marshall, Peter and Williams, Glyn, ed., *The British Atlantic Empire before the American Revolution*, London, 1980.

Mathias, Peter, *The Transformation of England*, London, 1979.

McHery, Rebort, ed., *The New Encyclopaedia Britainnica*, Chicago, 1993.

Mclanghlin, Andrew, C., *The Foundation of the American Constitutionalism*, New York, 1932.

Middleton, Richard, *Colonial America*, Oxford, 1996.

Miller John, C., *Origins of the American Revolution*, Stanford University Press, 1959.

Muir, Ramsay, *The Making of British India 1756—1858, Described in a Series of Dispatches, Treaties, Statutes and Other Documents*, London, 1923.

Moody, T. W, and W. E. Vaughan, ed., *A New History of Ireland, Vol. IV, Eighteenth-Century Ireland, 1691—1800*, Oxford, 1986.

Morgan, K. O., *The Oxford Illustrated History of Britain*, Oxford University Press, 1984.

Morgan, Kenneeh, *Bristol and the Atlantic Trade in the Eighteenth Century*, Cambridge, 1993.

Morris, Richard, B., *Encylopedia of American History*, New York, 1982.

Mukherjee, Ramkirshna, *The Rise and Fall of East India Company*, Berlin, 1958.

Muir, Ramsay, *The Making of British India*, London, 1923.

Nolan, Cathal J., *Wars of the Age of Louis XIV, 1650—1715: An Encyclopedia of Global Warfare and Civilization*, London, 2008.

Norton, Thomas, Elliot, *The Fur Trade in Colonial New York 1686—1776*, Madison, 1974.

O'Farrell John, *An Utterly Imperial History of Britain*, London, 2007.

Owen, John B., *The Eighteenth Century 1714—1815*, London, 1974.

Pares, Richard, *War and Trade in the West India 1739—1763*, Oxford, 1936.

Pares, Richard, *A West-India Fortune*, London, 1950.

Patrick, Richardson, *Empire & Slavery*, Longman, 1968.

Peckham, Howard, H., *The Colonial Wars*, 1689—1762, Chicago, 1964.

Perkins, Edwin J., *The Economy of Colonial American*, New York, 1980.

Philips, C. H., *The East India Company*, 1784—1834, Manchester, 1940.

Pitman, F. W., *The Development of the British West Indias*, 1700—1763, New Haven, 1917.

Pollard, A. F., *The British Empire, Its Past, Its Present and Its Future*, London, 1909.

Potter, G. R., ed., *The New Cambridge Modern History*, Cambridge, 1978.

Prest, Wilfred, *Albion Ascendant: English History 1660—1815*, Oxford, 1988.

Reese, Trevor, Richarel, *Colonial Georgia: A Study in British Imperial Policy in the Eighteenth Century*, Athens, Ga., 1963.

Rodger, N. A. M., *The Insatiable Earl: A Life of John Montagu, Fourth Earl of Sandwich, 1718—1792*, London, 1993.

Rogers, Wicholas, *Whigs and Cities: Popular Politics in the Age of Walpole and Pitt*, Oxford, 1989.

Rose, J. Holland & P. Newton & E. A. Benians, *The Cambridge History of British Empire, Vol. I, The Old Empire to 1783*, Cambridge, 1929.

Russell, John, *The Free Negro in Virginia*, Baltimore, 1913.

Seeley, Sir J. R., *The Expansion of England, Two Course of Lecture*, Macmillan, 1925.

Smelser, M., *American Colonial and Revolution History*, New York, 1963.

Solow, Barbara L., *Slavery and the Rise of the Atlantic System*, Cambridge, 1991.

Spear, Percival, *The Oxford History of Modern India 1740—1975*, Oxford University, 1978.

Speck, W. A., *Stability and Strife: England 1714—1760*, London, 1980.

Steeg, C. L., *The Formative Years 1607—1763*, New York, 1964.

Steele, Tan, K., *The English Atlantic 1675—1740: An Exploration of Communication and Community*, New York, 1986.

Stone, Lawrence, *Social Change and Revolution in England*, London, 1967.

Stone, Lawrence, *An Imperial State at War: Britain from 1689 to 1815*, London, 1994.

Thomas, Peter D. G., *British Politics and the Stamp Act Crisis*, Oxford, 1975.

Thorntar, A. P., *The Imperial Idea and Its Enemies*, New York, 1985.

Trevelyan, G. M., *English Social History*, London, 1946.

Treveyan, G. M., *England under the Stuarts*, Methuen, 1980.

Wallerstein, Immanuel, Idem, *The Modern World System Ⅱ: Mercantilism and the European World Economy*, New York, 1980.

Wallker, Eric, A., *The British Empire: Its Structure and Spirit 1497—1953*, Cambridge Publish Ltd., 1953.

Watson, Steven, *The Reign of George Ⅲ, 1760—1815*, Oxford, 1960.

Webb, Stephen, Saunders, *The Governors General: The English Army and the Definition of Empire*, Chapel Hill, NC., 1979.

Weber, David, J., *The Spanish Frontier in North America*, New Haven, 1992.

White, L. W., *Government in Great Britain, the Empire and the Commonwealth*, Cambridge, 1965.

Wiener, Joel, *Great Britain: Foreign Policy and the Span of Empire 1689—1971, A Documentary History*, New York, 1972.

Willan, T. S., *Studies in Elizabethan Foreign Trade*, Manchester, 1959.

Williams, William, A., *From Colony to Empire*, New York, 1972.

Williamson, James, A., *A Notebook of Empire History*, MacMillian, 1942.

Williamson, James, A., *A Short History of British Expansion*, MacMillian, 1927.

Wilson, C., *England's Apprenticeship 1603—1765*, Cambridge, 1965.

Wilson, Kathleen, *The Scence of the People: Politics, Culture and Imperialism in England 1715—1785*, Cambridge, 1995.

Woolverton, John, Freerick, *Colonial Anglicanism in North America*, Detroit, 1984.

Zinn, Howard, *A People's History of the United States*, New York, 1980.

（二）中文参考书目

阿尔弗雷德·塞耶·马汉:《海军战略》,蔡鸿幹等译,商务印书馆2003年版。

阿尔弗雷德·塞耶·马汉:《海权对历史的影响》,安常容等译,解放军出版社1998年版。

阿尔弗雷德·塞耶·马汉:《海权论》,范利鸿译,陕西师范大学出版社2007年版。

阿·莱·莫尔顿:《人民英国史》,谢琏造等译,生活·读书·新知三联书店1976年版。

阿萨·勃里格斯:《英国社会史》,陈书平等译,中国人民大学出版社1991年版。

埃里克·罗尔:《经济思想史》,陆元诚译,商务印书馆1981年版。

埃里克·威廉斯:《加勒比地区史(1492—1969年)》,辽宁大学经济系翻译组译,辽宁人民出版社1976年版。

艾里克·威廉斯：《资本主义与奴隶制度》，陆志宝等译，北京师范大学出版社1982年版。

爱德蒙·惠特克：《经济思想流派》，徐宗士译，上海人民出版社1974年版。

爱德蒙·柏克：《美洲三书》，缪哲译，商务印书馆2005年版。

保尔·芒图：《18世纪产业革命——英国近代大工业初期的概况》，杨人楩等译，商务印书馆1983年版。

保罗·肯尼迪：《大国的兴衰》，陈景彪等译，国际文化出版公司2006年版。

波将金等编：《外交史》第一卷（上），史源译，生活·读书·新知三联书店1979年版。

布赖恩·拉平：《帝国斜阳》，钱乘旦等译，上海人民出版社1996年版。

布罗代尔：《15至18世纪的物质文明、经济和资本主义》，顾良等译，生活·读书·新知三联书店1993年版。

查尔斯·达维南特：《论英国的公共收入与贸易》，胡企林译，商务印书馆1995年版。

陈紫华：《一个岛国的崛起：英国产业革命》，西南师范大学出版社1992版。

E. E. 里奇、C. H. 威尔逊：《剑桥经济史》第五卷，高德步等译，经济科学出版社2002年版。

高德步：《英国的工业革命与工业化》，中国人民大学出版社2006年版。

郭家宏：《从旧帝国到新帝国：1783—1815年英帝国史纲要》，商务印书馆2007年版。

H. J. 哈巴库克、M. M. 波斯坦主编：《剑桥欧洲经济史》第六卷，王春法等译，经济科学出版社2002年版。

J. H. 帕里、P. M. 舍洛克：《西印度群岛简史》，天津市历史研究所翻译室译，天津人民出版社1976年版。

J. R. 希尔：《英国海军》，王恒涛等译，海洋出版社1987年版。

J. 布卢姆：《美国的历程》，杨国标译，商务印书馆1988年版。

汉斯·豪斯赫尔：《近代经济史：从十四世纪末到十九世纪下半叶》，王庆余等译，商务印书馆1987年版。

黄绍湘：《美国史纲，1492—1823》，重庆出版社1987年版。

姜守明：《从民族国家走向帝国之路——近代早期英国海外殖民扩张研究》，南京师范大学出版社2000年版。

蒋孟引：《英国史》，中国社会科学出版社1988年版。

杰弗里·帕克：《剑桥战争史》，傅景川等译，吉林人民出版社1999年版。

卡洛·M. 奇波拉主编：《欧洲经济史》第三卷，吴良健等译，商务印书馆1989年版。

克拉潘：《现代英国经济史》，姚增廙译，商务印书馆1997年版。

肯尼思·O. 摩根主编:《牛津英国通史》,王觉非等译,商务印书馆1993年版。

李剑鸣:《美国的奠基时代1585—1775》,人民出版社2001年版。

李文业:《印度史——从莫卧儿帝国到印度独立》,辽宁大学出版社1988年版。

理查德·希尔:《铁甲舰时代的海上战争》,谢江萍译,上海人民出版社2005年版。

卢森贝:《政治经济学史》,袁绩藩译,生活·读书·新知三联书店1959年版。

鲁友章:《重商主义》,商务印书馆1964年版。

尼尔·弗格森:《帝国》,雨柯译,中信出版社2011年版。

欧内斯特·莫斯纳、伊恩·辛普森·罗斯编:《亚当·斯密通信集》,林国夫等译,商务印书馆2000年版。

P. J. 马歇尔主编:《剑桥插图大英帝国史》,樊新志译,世界知识出版社2004年版。

帕姆·杜德:《英国和英帝国危机》,苏仲彦等译,世界知识出版社1954年版。

R. C. 马宗达、H. C. 赖乔杜里、卡利金卡尔·达塔:《高级印度史》,张澍霖等译,商务印书馆1986年版。

R. C. 西蒙斯:《美国早期史——从殖民地建立到独立》,朱绛等译,商务印书馆1994年版。

钱乘旦、许洁明:《英国通史》,上海社会科学院出版社2002年版。

钱乘旦:《第一个工业化社会》,四川人民出版社1988年版。

钱乘旦:《现代文明的起源与演进》,南京大学出版社1991年版。

钱乘旦:《在传统与变革之间——英国文化模式溯源》,浙江人民出版社1992年版。

钱乘旦主编:《英国通史》第四卷,江苏人民出版社2016年版。

乔治·马尔科姆·汤姆森:《英国历届首相小传》,高坚等译,新华出版社1986年版。

琼·罗宾逊、约翰·伊特韦尔:《现代经济学导论》,陈彪如译,商务印书馆1982年版。

屈勒昧林:《英国史》,钱端升译,中国社会科学出版社2008年版。

塞谬尔·埃利奥特·莫里森、亨利·斯蒂尔·康马杰、威廉·爱德华·洛伊希滕堡:《美利坚共和国的成长》,南开大学历史系美国史研究室译,天津人民出版社1991年版。

塔塔里诺娃:《英国史纲:1640—1815》,何清新译,生活·读书·新知三联书店1962年版。

托克维尔:《论美国的民主》,董果良译,商务印书馆1997年版。

托马斯·孟、尼古拉斯·巴尔本、达德利·诺思:《贸易论》(三种),顾为群译,商务印书馆1997年版。

托马斯·孟:《英国得自对外贸易的财富》,袁南宇译,商务印书馆1997年版。

W. H. B. 考特:《简明英国经济史:1750 至 1939》,方廷钰等译,商务印书馆 1992 年版。
王觉非主编:《近代英国史》,南京大学出版社 1997 年版。
王觉非主编:《英国政治、经济和社会现代化》,南京大学出版社 1989 年版。
王绳祖主编:《国际关系史》,世界知识出版社 1995 年版。
王友平:《开创现代文明的帝国——英国百年强国历程》,黑龙江人民出版社 1998 年版。
王章辉:《英国文化与现代化》,辽海出版社 1999 年版。
威廉·配第:《配第经济著作选集》,陈冬野等译,商务印书馆 1981 年版。
威廉·配第:《政治算术》,陈冬野译,商务印书馆 2014 年版。
温斯顿·丘吉尔:《英语国家史略》,薛力敏等译,新华出版社 1985 年版。
温斯顿·丘吉尔:《英语民族史》第三卷,薛力敏等译,南方出版社 2004 年版。
夏尔·季德、夏尔·利斯特:《经济学说史》,徐卓英等译,商务印书馆 1986 年版。
亚当·斯密:《国民财富的性质和原因的研究》,郭大力、王亚南译,商务印书馆 2007 年版。
亚·沃尔夫:《18 世纪科学技术和哲学史》,周昌忠等译,商务印书馆 1997 年版。
晏智杰:《亚当·斯密以前的经济学》,北京大学出版社 1996 年版。
杨跃:《海洋争霸——英国皇家海军与大英帝国的兴衰》,军事科学出版社 2007 年版。
林承节:《殖民统治时期的印度史》,北京大学出版社 2004 年版。
杨生茂、陆镜生:《美国史新编》,中国人民大学出版社 1990 年版。
于俊文:《亚当·斯密》,商务印书馆 1987 年版。
张顺洪:《大英帝国的瓦解——英国的非殖民化与香港问题》,社会科学文献出版社 1997 年版。
张卫良:《英国社会的商业化进程》,人民出版社 2004 年版。
张亚东:《重商帝国:1689—1783 年的英帝国研究》,中国社会科学出版社 2004 年版。

四、译名对照表

A

1763 年公告　Proclamation of 1763
阿尔泰马哈河　Altamaha River
阿盖尔郡　Argyll
阿格斯图斯·凯佩尔　Augustus Keppel
阿卡迪亚　Acadia
阿勒格尼山脉　The Alleghenies
杰弗里·阿默斯特　Jeffrey Amherst
阿西恩托条约　The Asiento Treaty
埃塞奎博　Essequibo

埃文港　Avon Port
爱德华·博斯科恩　Edward Boscawen
爱德华·布拉多克　Edward Broadock
爱德华·弗农　Edward Vernon
安圭拉岛　Anguilla
安提瓜　Antigua
奥德　Oudh

B

巴巴多斯　Barbados
巴布达岛　Barbuda
白衣会　Whiteboys
贝洛港　Portobello
背风群岛　Leeward Islands
本地治里　Pondicherry
比哈尔　Bihar
槟榔屿　Penang
波士顿港口法　Boston Port Bill
植物湾　Botany Boy
伯比斯　Berbice
伯利兹　Belize
贝纳德·贝林　Bernard Bailyn
北卡罗来纳州　North Carolina
布坎南　Buchanan
布莱恩维里　Celoron de Blainville
布雷斯特　Brest
布里斯托尔　Bristol
布里特尼　Britanny
布伦海姆　Blenheim

C

查理·达维南特　Charles D'avenant
查理·汤森　Charles Townshend
查理敦　Charlestown
查塔姆　Chatham
茶叶法　Tea Act of 1773

D

达连湾　Darien
拉斯　de Grasse

大陆会议　Continental Congress
大陆协会　Continental Association
克雷泽　Crouzet
丹巴顿　Dumbarton
德格拉斯　de Grasse
德肯斯尼堡　Fort Duquesne
德梅拉拉　Demerara
迪波维尔　Pierre Le Moyre d'Iberville
地方大会议　Provincial Congresses
地方会议　Provincial Conventions
都柏林　Dublin
杜普莱克斯　Jean-Francois Dupleix
多巴哥　Tobago
多米尼加　Domonica

E

俄亥俄　Ohio

F

菲利浦·柯廷　Philip Curtin
菲利普·斐逊　Philip Fithian
菲尼斯特雷角　Finisterre
佛兰德　Flanders
弗吉孟　Fogelman
弗龙　Vernon
弗龙特纳克　Frontenac
福特·威廉·亨利　Fort William Henry

G

盖勒伟　Galloway
戈里　Goree
格拉斯福　Glassford
格拉斯哥　Glasgow
格里诺克　Greenock
格林纳达　Grenada
格伦盖里　Glengarry
格伦维尔　Grenville
公告法　Declaratory Act
古吉拉特邦　Gujarat

瓜德罗普岛　Guadeloupe
贵格会派　Quakers
光荣革命　Glorious Revolution

H

哈得逊海湾公司　Hudson's Bay Company
哈蒙兹港　Hamoaze
哈瓦那港　Havana
海德拉巴　Hyderabad
亨利·克林顿　Henry Cliton
怀特海恩　Whitehaven
护国公　Lord protector
辉格党　Whig

J

几内亚公司　Guinea Company
加的斯港　Cadiz
加尔各答　Calcutta

K

卡纳蒂克　Carnatic
卡桑德海湾　Cawsand Bay
卡塔基那　Catagena(Cartagena)
开孟群岛　Cayman
凯思内斯　Caithness
坎伯兰　Cumberland
坎宁安　Cunningham
康科德　Concord
康涅狄格　Connecticut
康沃利斯　Lord Cornwallis
科尔贝　Colbert
科克　Crok
科罗孟德尔　Coromandel
克伦威尔　Oliver Cromwell
克莱德　Clydeside
克里奥人　Creole
克利尔海角　Cape Clear
魁北克法　Quebec Act

L

拉各斯　Lagos
兰开斯特　Lancaster
来克星顿　Lexington
鹿野　Deerfield
路易斯安那　Louisiana
路易斯堡　Louisburg
伦弗鲁　Rhode Island
罗伯特·沃尔波尔　Sir Robert Walpole
罗得岛　Rhode Island
罗德里克·戈登　Roderick Gordon
罗金汉　Rockingham
罗思和克罗马蒂郡　Ross and Cromarty

M

马德拉斯　Madras
孟索尔　Mysore
马拉塔人　Maratha
马里兰州　Maryland
马尼拉　Manila
马萨诸塞政府法　The Massachusetts Government Act
马提尼克岛　Martinique
马休·普赖尔　Matthew Prior
芒斯特　Munster
贸易局　Board of Trade
梅诺卡　Minorca
蒙特利尔　Montreal
孟加拉湾　The Bay of Bengal
米尔·贾法尔　Mir Jafar
莫卧儿　Mughal
默西河　Mersey

N

南卡罗来纳州　South Carolina
《奈梅亨条约》　the Treaty of Nimegen
尼维斯岛　Nevis
尼扎姆　Nizam
纽约　NewYork

纽芬兰　New Foundland
纽卡斯尔公爵　The Duke of Newcastle
诺孟底　Normandy
诺思　Lord North

P

帕得　Pardo
庞蒂亚克　Pontiac
培根　Nathaniel Bacon
佩斯利　Paisley
朴次茅斯　Portsmouth
普拉西　Plassey
普利茅斯　Plymouth
普林斯顿　Princeton

Q

乔治·杰孟　George Germain
乔治·安森　George Anson
乔治·华盛顿　George Washington
乔治湖　Lake George
权利法案　the Bill of Rights
切萨皮克　Chesapeake
骑士议会　Cavalier Parliament

S

萨凡纳　Savannah
萨拉托加　Saratoga
萨姆森　Simson
萨瑟兰　Sutherland
萨斯奎哈纳河　Susquehanna
赛尔加尔　Senegal
塞缪尔·亚当斯　Samuel Adams
塞维利亚条约　The Treaty of Seville
桑特群岛　the Saintes
桑威奇　Sandwich
尚普兰湖　Lake Champlain
圣奥古斯汀　St. Augustine
圣海伦　St. Helen
圣基茨岛　St. Kitts
圣劳伦斯　St. Lawrence

圣文森特　St. Vincent
圣约翰　St. John
食糖法　Sugar Act
斯古吉尔河　Schuylkill River
斯皮尔斯　Speirs
斯匹海特港　Spithead
斯特林　Stirling
苏拉特　Surat

T

托利党　Tory
泰孔德罗加要塞　Fort Ticonderoga
泰晤士河　Thames
汤姆斯·格雷夫斯　Thomas Graves
汤姆斯·莫蒂默　Thomas Mortimer
特立尼达岛　Trinidad
特拉华州　Delaware
特伦顿　Trenton
通讯委员会　Committee of Correspondence
土伦港　Toulon
托贝港　Torbay
托马斯·盖奇　Thoms Gage

W

威廉·伯克利　William Berkely
威廉·埃迪斯　William Eddis
威廉·菲浦斯　Sir William Phipps
威廉·戈登　William Gordan
威廉·豪　William Howe
威廉·罗伯茨　William Roberts
威廉·麦克凯　William Mackay
威廉·佩恩　William Penn
威廉·佩第　Sir William Petty
威廉·皮特　William Pitt
威茅斯子爵　Weymouth
塞缪尔·威奇　Samual Vetch
沃伦·黑斯廷斯　Warren Hastings

X

西拉杰-乌德-道拉　Siraj-ud-Daula

暹罗　Siam
向风群岛　Windward
谢南多厄　Shenandoah
新奥尔良　New Orleans
新罕布什尔州　New Hampshire
新港　New Port
新普利茅斯　New Plymouth
新普罗维登斯　New Providence
新斯科舍　Nova Scotia
新泽西州　New Jersey

Y

牙买加　Jamaica
亚伯拉罕高原　Heights of Abraham
伊丽莎白·麦克唐纳德　Elizabeth MacDonald
易洛魁人　Iroquis
因弗内斯郡　Inverness

印花税法　Stamp Act
约翰·伯戈因　John Burgoyne
约翰·雷　John Ree
约翰·麦克唐纳德　John MacDonald
约翰·赛尔登　John Selden
约克敦　Yorktown
佐治亚　Georgia

Z

詹姆士·奥格尔索普　James Oglethorpe
詹姆士·汤姆森　James Thomson
詹姆士·沃尔夫　James Wolfe
直布罗陀　Gibraltar
殖民地通货条例　Colonial Currency Act
驻军法　Coercive Acts
佐治亚　Georgia

后　记

本卷由张亚东撰写,钱乘旦修改定稿。